新时代全面从严治党研究丛书

姚宏志　主编

安徽省哲学社会科学规划重大项目

“习近平总书记关于全面从严治党重要论述研究”

（项目批准号为 AHSKZD2018D01）最终研究成果

贯彻落实好党的组织路线

严宏　陈鹏　等著

学习出版社

图书在版编目（CIP）数据

贯彻落实好党的组织路线 / 严宏，陈鹏等著. -- 北京：学习出版社，2024.2（2025.2重印）

（新时代全面从严治党研究丛书 / 姚宏志主编）

ISBN 978-7-5147-1260-5

Ⅰ. ①贯… Ⅱ. ①严… ②陈… Ⅲ. ①中国共产党—组织建设—研究 Ⅳ. ①D262

中国国家版本馆CIP数据核字（2024）第020136号

贯彻落实好党的组织路线

GUANCHE LUOSHIHAO DANGDE ZUZHI LUXIAN

姚宏志　主编

严　宏　陈　鹏　等著

责任编辑：李　岩

技术编辑：刘　硕

装帧设计：壹读闻话

出版发行：学习出版社

北京市崇外大街11号新成文化大厦B座11层（100062）

010-66063020　010-66061634　010-66061646

网　　址：http://www.xuexiph.cn

经　　销：新华书店

印　　刷：河北鹏润印刷有限公司

开　　本：710毫米×1000毫米　1/16

印　　张：18.25

字　　数：218千字

版次印次：2024年2月第1版　2025年2月第3次印刷

书　　号：ISBN 978-7-5147-1260-5

定　　价：68.00元

序

全面建设社会主义现代化国家，全面推进中华民族伟大复兴，关键在党。党的十八大以来，以习近平同志为核心的党中央，紧紧围绕建设什么样的长期执政的马克思主义政党、怎样建设长期执政的马克思主义政党的重大时代课题，以前所未有的勇气和定力深入推进全面从严治党，解决了党内许多长期想解决而没有解决的突出问题，推动新时代全面从严治党取得了历史性、开创性成就，产生了全方位、深层次影响。不仅如此，习近平总书记还就全面从严治党问题发表了一系列重要论述，提出了事关党的长远发展的一系列新举措新思想新战略，比较系统地回答了全面从严治党的重大理论和现实问题，形成了内涵丰富、逻辑严密、系统完备的科学思想体系，丰富和发展了中国共产党管党治党、兴党强党的新鲜经验，标志着我们党对马克思主义执政党建设规律的认识达到了新高度和新境界，为深入推进新时代党的建设新的伟大工程提供了根本遵循。

为深入研究新时代全面从严治党的理论与实践，特别是深刻阐释习近平总书记关于全面从严治党的重要论述，安徽省哲学社会科学规划办公室设立安徽省哲学社会科学规划重大项目，面向全省高校和科研机构公开招标。本次招标首个选题方向和范围就是“习近平新时代中国特色社会主义思想专题化系列研究”，要求围绕习近平总书记各方面重要论述，分专题进行研究阐释，成果形式为系列专著。据此，由本人为首席专家牵头申报，并以“习近平总书记关于全面从严治党重要论述研究”为题进行投标，后经专家评审，报中共安徽省委宣传部批准，最终成功中标立项。

本项目研究的设计思路是：基于中国特色社会主义进入新时代这一全新历史方位，围绕中国共产党建设面临的新形势新要求以及所肩负的伟大历史使命，力图从总体上全面梳理党的十八大以来习近平总书记关于全面从严治党的系列重要论述，深入阐发这些重要论述的生成背景、丰富内涵、科学体系、鲜明特征、精神实质和实践要求，以期从总体上全面理解和深刻把握这一思想体系。基于这一研究思路，课题组成员经过深入研讨，确定了本项目的6个子课题，名称分别如下：

第一个子课题为“全面从严治党永远在路上”，以习近平总书记关于全面从严治党永远在路上重要论述为文本依据，深刻阐释习近平总书记这些重要论述的生成逻辑、主要内容、基本目标、逻辑体系、主要特点等，力求完整、准确地把握习近平总书记全面从严治党的科学内涵和精神实质，深入阐发习近平总书记关于全面从严治党永远在路上重要论述的理论意义和现实价值。

第二个子课题为“把党的政治建设摆在首位”，以习近平总书记关于党的政治建设重要论述为文本依据，深刻阐释坚定无产阶级政治信仰、坚持党中央权威和集中统一领导、紧扣民心这个最大政治、营造风清气正的政治生态、严明党的政治纪律和政治规矩、着力防范化解重大政治风险、努力提高领导干部政治能力等方面内容，同时注重对这些重要论述的思想史梳理和社会史还原，以期深入揭示习近平总书记关于党的政治建设重要论述的历史继承性、思想丰富性、现实针对性。

第三个子课题为“拧紧思想信念‘总开关’”，以习近平总书记关于党的思想建设重要论述为文本依据，深刻阐释思想建设是党的基础性建设、坚持不懈用习近平新时代中国特色社会主义思想武装全党、补足中国共产党人精神之“钙”、党性教育是中国共产党人“心学”、坚持思想建党和制度治党相统一等方面内容，从历史、理论、实践等方面着力概括习近平总书记关于党的思想建设重要论述的基本特征、历史地位、理论价值和指导作用。

第四个子课题为“贯彻落实好党的组织路线”，以习近平总书记关于党的组织建设特别是党的组织路线重要论述为文本依据，深刻阐释组织体系建设是新时代党的组织工作和组织路线的重点、着力培养忠诚干净担当的高素质干部、着力聚集爱国奉献的各方面优秀人才、做好年轻干部工作等方面内容，旨在揭示习近平总书记关于党的组织建设重要论述的提出背景、主要内容、理论意义与实践意义。

第五个子课题为“以钉钉子精神狠抓作风建设”，以习近平总书记关于党的作风建设重要论述为文本依据，深刻阐释党风问题关于党的生死存亡、弘扬党的光荣传统和优良作风、纠正“四风”不能止步、党性问题是改进作风的重要着眼点、把家风建设作为领导干部作风建设重要内容、持之以恒抓作风建设等方面内容，进而剖析习近平总书记关于党的作风建设重要论述的思想来源、科学内涵、理论创新和现实价值。

第六个子课题为“把纪律和规矩挺在前面”，以习近平总书记关于党的纪律建设重要论述为文本依据，深刻阐释用严明的纪律管全党治全党、建立健全各项纪律和规矩、严明政治纪律和政治规矩、把严明组织纪律贯穿管党治党全过程、使纪律真正成为带电的高压线等方面内容，旨在深入概括习近平总书记关于新时代党的纪律建设重要论述的生成背景、主要内容、核心观点、建设路径和现实意义。

上述6个子课题之间形成了“1+5”的框架结构和逻辑关系。这里的“1”即第一个子课题，主要是从全局性、宏观上对习近平总书记关于全面从严治党重要论述进行整体性阐述，这是总论；这里的“5”即其他5个子课题，分别从政治建设、思想建设、组织建设、作风建设、纪律建设等五大具体领域和局部内容，对习近平总书记关于全面从严治党某方面重要论述进行专题化阐释，这是分论。“1+5”研究框架有清晰的总分结构，第一个子课题与其他5个子课题之间，以及5个子课题相互之间，既各有区别、各有侧重，又相互联系、相互补充，共同构成了一个有机联系的统一整体。

这里要特别感谢本项目各子课题负责人及课题组全体成员的大力支持。第一至第五个子课题负责人依次为张正光教授、王先俊教授、高正礼教授、严宏教授、沈燕培教授，第六个子课题负责人由首席专家兼任。在项目推进过程中，首席专家和各个子课题负责人以及课题组其他成员多次召开汇报会、推进会和研讨会，细化工作实施方案，深入研讨框架结构，相互切磋、解疑释惑，通报各自研究进度，共同推动项目研究工作的有序开展和持续推进，确保项目如期完成和高质量结项。经过课题组全体成员整整4年的共同努力，项目最终结项成果经安徽省哲学社会科学规划办公室审核，达到免于鉴定条件，于2022年10月正式结项。

为使研究成果早日与读者见面，一俟本项目结项，首席专家便与各个子课题负责人以及课题组全体成员根据结项评审专家的意见建议，对研究成果作了进一步修改、丰富和完善，并冠以“新时代全面从严治党研究丛书”之名，由学习出版社出版发行。

习近平总书记关于全面从严治党重要论述，立意高远，内涵丰富，思想深邃，为新时代推进管党治党、全面从严治党指明了前进方向。研究和阐释习近平总书记关于全面从严治党重要论述，不仅有着重大理论意义，而且有着重大现实意义。思想理论界对习近平总书记关于全面从严治党重要论述的深入研究和深刻阐释，已经取得了不少研究成果，但也只是刚刚开始，我们的研究同样只是起步，祈愿本研究成果能够对思想理论界有所裨益。

姚宏志

2022年12月

目录

前 言 *1*

第一章 中国共产党的组织体系建设 1

一、严密的组织体系是马克思主义政党的独特优势和力量所在 3

（一）组织严密是马克思主义政党的优良传统 3

（二）重视组织体系建设是中国共产党的宝贵经验 5

（三）加强组织体系建设是全面建设社会主义现代化国家的组织保障 6

（四）加强组织体系建设是中国共产党不断推进伟大自我革命的必然要求 9

二、党的组织体系建设的百年历程 12

（一）新民主主义革命时期：党的组织体系初步建立 13

（二）社会主义革命和建设时期：党的组织体系在曲折中发展 22

（三）改革开放和社会主义现代化建设新时期：党的组织体系基本定型　28
（四）中国特色社会主义新时代：党的组织体系的创新性发展　30
三、党的组织体系的鲜明特征　33
（一）政治性　33
（二）系统性　35
（三）科学性　37
（四）高效性　38
四、百年党的组织体系建设的基本经验　40
（一）坚持党的组织体系建设服务于政治建设　41
（二）坚决维护党中央权威和集中统一领导　43
（三）重视筑牢党的基层根基　46
（四）重视党员干部队伍建设　49
五、进一步加强党的组织体系建设的时代要求　54
（一）清除“拦路虎”，跑稳中央和国家机关这个“最初一公里”　55
（二）破除“中梗阻”，跑好地方党委这个“中间段”　59
（三）打通“断头路”，跑赢基层党组织这个“最后一公里”　61

第二章 着力培养忠诚干净担当的高素质干部 65

一、好干部的标准 69

（一）忠诚 70

（二）干净 73

（三）担当 74

二、当前干部培养体系中存在的问题 75

（一）干部素质培养的系统性、持续性、针对性需要增强 76

（二）干部考核评价的科学性、精准性、实效性有待提高 79

（三）干部选拔任用的制度化、规范化、科学化尚存不足 81

（四）干部管理上存在“失之于宽、失之于软”的问题 84

（五）干部担当作为的正向激励机制需要进一步健全完善 87

三、建立健全干部培养体系的路径选择 89

（一）建立健全干部的素质培养体系 90

（二）建立健全对干部的知事识人体系 94

（三）建立健全对干部的选拔任用体系 98

（四）建立健全对干部的从严管理体系 102

（五）建立健全对干部的正向激励体系 105

第三章　着力集聚爱国奉献的各方面优秀人才 113

一、加强人才队伍建设的重要性与紧迫性 115

（一）马克思主义经典作家一直非常重视人才 115

（二）面对激烈国际竞争的现实需要 120

（三）加快实施人才强国战略的内在要求 130

二、改革与完善人才队伍建设机制 135

（一）要深化改革人才发展体制机制 136

（二）要完善人才培养机制 140

（三）要改进人才评价机制 147

（四）要创新人才流动机制 152

（五）要健全人才激励机制 156

三、要实行更加积极、更加开放、更加有效的人才引进政策 160

（一）要着眼“高精尖缺” 161

（二）要强化效益意识和柔性引才理念 166

第四章　做好年轻干部工作 171

一、实现中华民族伟大复兴关键在于培养造就一代又一代可靠接班人 173

二、中国共产党人高度重视年轻干部工作 181
三、当前年轻干部工作存在的问题 189
（一）年轻干部自身存在的问题 189
（二）部分地区党组织年轻干部工作存在的问题 204
四、优秀年轻干部的标准 207
（一）对党忠诚 207
（二）有足够本领 209
（三）当老实人、讲老实话、做老实事 211
五、加强年轻干部工作的有效路径 212
（一）宏观路径 212
（二）微观路径 220

参考文献 253

后　记 261

前言

坚持新时代党的组织路线需要放在中国共产党100年的历史中来考察，因此要对中国共产党成立以来的组织路线进行全面梳理，只有这样，才能更深刻地认识和坚持新时代的组织路线。

但在全面梳理1921年以来中国共产党组织路线之前，需要对“组织路线”一词的含义有一个简单的概括。从最一般意义上看,“组织路线”是一个复合词汇，是由“组织”与“路线”组成的。《现代汉语词典》解释，这两个词语都是多义词，都有多种含义。就“组织”一词而言，共有7种意思。如果立足社会科学角度，“组织”应该可以界定为“按照一定的宗旨与系统建立起来的集体”[①]，但是如果放在中国共产党这样的语境中来理解，这里的“组织”似乎不是这层意思。因为如果这样理解，那么就意味着“组织”代表的是整个中国共产党，组织路线是

① 中国社会科学院语言研究所词典室:《现代汉语词典》第5版，商务印书馆2005年版，第1750页。

中国共产党所有的路线总和，很显然这种认识是不准确的。在中国共产党的文献中，“组织路线”常常与“思想路线”“政治路线”或者“群众路线”同时出现，它无法涵盖其他3种路线，那么“组织路线”中的“组织”就不是广义的那种含义。既然不是那种含义，那么又是什么含义？对照《现代汉语词典》中的“组织”的含义，应该与这种界定最为符合——安排分散的人或事物使具有一定系统性或整体性[①]——在一定意义上说，政党组织也是有机体，从纵向组织构成上说，是由中央组织、地方组织与基层组织组成的。事实上，这三者关系也构成了新时代组织路线的重要内容。对“组织”一词有了比较清晰的界定之后，就需要明确“路线”一词的含义，对照《现代汉语词典》中的“路线”的含义，比较贴切的是“思想上、政治上或工作上所遵循的根本途径或基本准则”[②]。因此，把“组织、路线”集合在一起，就可以这样表达：“安排分散的人或其他构成要素形成一个系统或整体所遵循的基本准则。”中国共产党的组织路线就可以这样概括，即“安排党员领导干部或其他构成部分形成一个坚强而严密整体所遵循的基本准则”。那么这100多年来，中国共产党又是通过哪些准则使之成为一个坚强而严密的整体的呢？

---

① 中国社会科学院语言研究所词典室：《现代汉语词典》第5版，商务印书馆2005年版，第1750页。

② 中国社会科学院语言研究所词典室：《现代汉语词典》第5版，商务印书馆2005年版，第850页。

虽然学界认为，“组织路线”一词最早是在1928年莫斯科召开的中国共产党第六次全国代表大会上提出的，但是不代表在此之前的时间，中国共产党没有形成自己的组织路线。有学者认为，中国共产党一开始就是按照马克思、恩格斯奠定的组织原则建立起来的。党的一大确立了“苏维埃管理制度”，并规定党的各级领导机构实行委员会制度。党的二大把党员入党要求、程序以及党的组织系统与结构、组织规范与原则、组织纪律与制度等写进了党的章程。党的四大把组织问题作为党生存和发展的最重要问题，提出扩大党员数量[①]。在党的六大上提出“组织路线”这一概念之前，瞿秋白在大会所作政治报告以及政治决议案中提出了“路线”“政治的路线”“总路线”等概念。他指出“现在谈到党的组织与纪律上的问题。以前在组织上反对八七会议及不执行新政策路线的同志，最少应该给他严重处罚”[②]，“我们今后的工作：（一）在政治的路线上，要有真正布尔什维克的路线”，“争取群众是现时的总路线”。在这里，“路线”的提法应该指的是政治路线，因为针对大革命失败，当时的党中央认为，脱离群众是一个重要原因。瞿秋白就说：“八七会议之前我们是背向着群众的，八七会议之后才转到群众一方面来。现在我们应该要更进一步，要深入到群众之

---

① 高中伟：《新时代党的组织路线的历史逻辑》，《湖湘论坛》2019年第3期。

② 《建党以来重要文献选编（1921—1949）》第5册，中央文献出版社2011年版，第284页。

中去。"[①]在此次会议上通过的《组织问题决议案提纲》指出，为完成把党建设成为"工人阶级自己的群众化的战斗的党"的任务，需要克服"农民的意识将影响到党的组织路线上来"等危险现象[②]。不过并没有进一步提出组织路线的具体内容。直到1929年5月召开的党的六届二中全会，在政治决议案中提出了"党在组织上的正确路线，必须认定：（一）欲扩大党的无产阶级基础，要首先深入到产业工人群众中去，寻求积极而斗争的分子吸收入党，以改善党员的质量。（二）支部是党的基础群众的核心，党要以建立中心的产业支部，创造产业支部生活，并以试办工厂小报为联系党与群众关系、发动群众斗争的主要武器。（三）地方党部目前在组织上应以建立中心工作，实行党内正确的民主化，造就工人干部，注意马克思列宁主义教育和分配宣传品的工作，指导党员职业化为其重要工作。（四）上级党部应努力于政治及中心工作的指导，加紧巡视工作。（五）党与工农群众组织必须划分，两者中间不同的性质必须弄清，相互的关系必须有正确的规定"[③]。从今天的认识来看，上述5个方面的内容已不仅仅是组织路线能涵盖得了的，以至于习近平总书记指出："我们党在党的六大时就提出了组

① 《建党以来重要文献选编（1921—1949）》第5册，中央文献出版社2011年版，第294页。

② 《中国共产党第六次全国代表大会档案文献选编》下卷，中共党史出版社2015年版，第896页。

③ 《建党以来重要文献选编（1921—1949）》第6册，中央文献出版社2011年版，第290页。

织路线这个概念，但很长时间没有作出概括，直到2018年全国组织工作会议提出并阐述新时代党的组织路线。”①

在抗战时期，与政治路线同时出现的大多不是“组织路线”这一概念，而是“干部”或者“干部路线”这样的提法。在1938年召开的党的六届六中全会上，毛泽东指出“政治路线确定之后，干部就是决定的因素”②，在此基础上提出了“任人唯贤”的干部路线，并进一步解释了其丰富的内涵。“共产党的干部政策，应是以能否坚决地执行党的路线，服从党的纪律，和群众有密切的联系，有独立的工作能力，积极肯干，不谋私利为标准，这就是‘任人唯贤’的路线。”当时并不只有毛泽东一人提出干部对执行政治路线的重要性，陈云作为党的中央组织部部长也说，“党的一切决议和政策，都要通过干部去实现。党的干部不同于一般党员，是党的骨干。干部在党的组织中占重要地位。党看重干部的作用，认为没有坚强的干部队伍，我们党的事业就不能发展，就不能取得革命胜利”③。如果说，党的六届二中全会对组织路线的理解是泛化，那么毛泽东和陈云等人的认识就是具体化的。当时这种具体化的理解是与斯大林的影响分不开的。1934年、1935年斯大林连续两年分别在《在党的第十七次代表大会上关于联共（布）中央工作

---

① 习近平：《贯彻落实新时代党的组织路线　不断把党建设得更加坚强有力》，《求是》2020年第15期。

② 《毛泽东选集》第2卷，人民出版社1991年版，第526页。

③ 《陈云文选》，人民出版社1995年版，第211页。

的总结报告》以及《在克里姆林宫举行的红军学院学员毕业典礼上的讲话》中说：“在正确的政治路线提出以后，组织工作就决定一切，其中也决定政治路线本身的命运，即决定它的实现或失败。”“干部决定一切。”[①]这种窄化的理解在当时产生了重要影响，而且还在相当长的时间内影响了中共领导人对“组织路线”的认识。

同之前组织路线与政治路线几乎同时出现一样，改革开放之后党的文献中组织路线也几乎与政治路线一起出现，所不同的是，与它们同时出现的还有思想路线。1978年党的十一届三中全会召开以来，党开始在各条战线上进行拨乱反正，依次恢复思想路线、政治路线与组织路线。首先是放弃了“两个凡是”的方针，恢复“实事求是，一切从实际出发，理论联系实际，坚持实践是检验真理的标准”[②]的思想路线，随后重新牢固确立了“一心一意地搞四个现代化”的思想，并认为“这件事情，任何时候都不要受干扰，必须坚定不移地、一心一意地干下去。许多问题，不搞四个现代化解决不了”。[③]邓小平等人认为，光是恢复了思想路线与政治路线是不够的，还必须要确立正确的组织路线，因为“政治路线确立了，要由人来具体地贯彻执行。由什么样的人来执行，是由赞成党的政治路线的人，还是由不赞成的人，或者是由持中间态度的人来执行，结

① 《斯大林选集》下卷，人民出版社1979年版，第343、第371页。

② 《邓小平文选》第2卷，人民出版社1994年版，第278页。

③ 《邓小平文选》第2卷，人民出版社1994年版，第276页。

果不一样”[1]。但是直到1979年7月，组织路线还没有真正解决。邓小平判断：“现在反对党的政治路线、思想路线的，还大有人在。他们基本上是林彪、‘四人帮’那样一种思想体系，认为中央现在搞的是倒退，是右倾机会主义。他们打着拥护毛泽东同志的旗帜，搞‘两个凡是’，实际上是换个面貌来坚持林彪、‘四人帮’那一套。这些人大体上都是文化大革命中提起来的，是既得利益的。”[2]考虑经过十年“文化大革命”，不论是地方还是军队，各级班子存在岁数太大，精力不够用等现象，因此邓小平认为“解决组织路线问题，最大的问题，也是最难、最迫切的问题，是选好接班人”，提出“一定要趁着我们在的时候挑选好接班人，把那些表现好的同志用起来，培养几年，亲自看他们成长起来”。为了更好地培养接班人，邓小平还提出要建立退休制度，并认为这也是组织路线的重要方面。怕有的老同志思想上想不通，他指出，“庙只有那么大，菩萨只能要那么多，老的不退出来，新的进不去，这是很简单的道理。因此，老同志要有意识地退让。要从大处着眼，小道理要服从大道理，不要一涉及到自己的具体问题就不通了”[3]。邓小平之所以能这么说，是因为他看到了当时“已经有不少比

---

① 中共中央文献研究室本书编写组编：《三中全会以来重大决策的形成和发展》，中央文献出版社1998年版，第48页。

② 《邓小平军事文集》第3卷，军事科学出版社、中央文献出版社2004年版，第158页。

③ 《邓小平文选》第2卷，人民出版社1994年版，第193页。

较优秀的年轻人，在经济建设、科学技术、文化教育等各个领域中，都有不少有专业知识、有管理能力、很能干的人。政治思想好、党性强，又有见解、有本领的人”[1]。邓小平在1980年全面提出了干部队伍建设的“四化”方针，他说：“要在坚持社会主义道路的前提下，使我们的干部队伍年轻化、知识化、专业化，并且要逐步制定完善的干部制度来加以保证。提出年轻化、知识化、专业化这三个条件，当然首先是要革命化，所以说要以坚持社会主义道路为前提。”[2]江泽民指出：“马克思主义执政党不仅要有正确的思想路线和政治路线，而且要有正确的组织路线，关键是要选好人、用好人。”[3]胡锦涛也指出，正确的思想路线、政治路线要靠正确的组织路线来保证，要由人来具体贯彻执行。

党的十八大以来，以习近平同志为核心的党中央非常重视党的组织工作，坚持贯彻新时代好干部的标准，着力培养选拔信念坚定、为民服务、勤政务实、敢于担当、清正廉洁的好干部。坚持德才兼备、以德为先，坚持五湖四海、任人唯贤，突出政治标准，培养造就忠诚干净担当的干部队伍。严把选人用人政治关、品行关、作风关、廉洁关，改进干部推荐考察方式。同时树立大抓基层鲜明导向，持续整顿软弱涣散基层党组织，推动基层党组织全面进步、全面过硬；以提升组织力为重

---

① 《邓小平文选》第2卷，人民出版社1994年版，第281页。

② 《邓小平文选》第2卷，人民出版社1994年版，第361页。

③ 《江泽民文选》第3卷，人民出版社2006年版，第418页。

点，突出政治功能，把各领域基层党组织建设成为宣传党的主张、贯彻党的决定、领导基层治理、团结动员群众、推动改革发展的坚强战斗堡垒。要求党支部担负好直接教育党员、管理党员、监督党员和组织群众、宣传群众、凝聚群众、服务群众的职责，引导广大党员发挥先锋模范作用。但是即便如此，一些地区一些部门组织工作还存在这样那样的问题，主要是在党员、干部队伍中，有的不守政治纪律和政治规矩，妄议中央大政方针，当面一套、背后一套，当两面派、做两面人；有的理想信念“总开关”常年失修，对共产主义心存怀疑，不信马列信鬼神，世界观、人生观、价值观全面蜕变；有的干事创业精气神不够，不担当、不作为，奉行“既不落后头，也不出风头”，怕决策失误，不敢拍板定事，干工作推诿拖延；有的热衷于搞“小圈子”“拜码头”“搭天线”；有的反对形式主义、官僚主义、享乐主义和奢靡之风不坚决、不彻底，耍花样，搞变通；有的不顾党中央三令五申，依然不收敛、不收手，以权谋私、腐败堕落；有的基层党组织政治功能不强，弱化、虚化、边缘化问题没有解决；有的地方人才队伍发展不平衡不充分、创新创造活力不强，有的引才不切实际，贪大、贪高、贪洋。针对上述存在的突出问题，2018 年 7 月，习近平总书记在全国组织工作会议上明确提出了新时代党的组织路线的具体内涵，这就是：全面贯彻新时代中国特色社会主义思想，以组织体系建设为重点，着力培养忠诚干净担当的高素质干部，着力集聚爱国奉献的各方面优秀人才，坚持德才兼备、以德为先、任人唯贤，为坚持和加强党的全面领导、坚持和发展中国特色社会主义提供坚强组织保证。同年 11 月，在主持十九届中央政治局第十次集体学习时，习近平总书记强调正确的政治路线要靠正确的组织路线来保证。中国共产党要团结带领人民实现“两个一百年”奋斗目标、实现中华民族伟大复兴的中国梦，必须全面贯彻新时代党的组织路线，严把德才标准，坚持公正用人，拓宽用人视野，激励干部积极性，努力造就一支忠诚干净担当的高素质干部队伍。2020 年中国共产党成立 99 周年前夕，十九届中央政治局举行第二十一次集体学习，习近平总书记发表题为《贯彻落实新时代党的组织路线　不断把党建设得更加坚强有力》的讲话，阐明了组织建设与政治建设、思想建设的重要意义，重点阐述了“三个抓好”，即抓好党的组织体系建设、抓好执政骨干队伍和人才队伍建设、抓好党的组织制度建设。2021 年 11 月党的十九届六中全会通过《中共中央关于党的百年奋斗重大成就和历史经验的决议》，全面总结了新时代的组织路线，即“明确信念坚定、为民服务、勤政务实、敢于担当、清正廉洁的新时代好干部标准，突出政治素质要求、树立正确用人导向，坚持德才兼备、以德为先，坚持五湖四海、任人唯贤，坚持事业为上、公道正派，坚持不唯票、不唯分、不唯生产总值、不唯年龄，不搞‘海推’、‘海选’，强化党组织领导和把关作用，纠正选人用人上的不正之风。党要求各级领导干部解决好世界观、人生观、价值观这个‘总开关’问题，珍惜权力、管好权力、慎用权力，自觉接受各方面监督，时刻想着为党分忧、为国奉献、为民造福。党坚持党管人才原则，实行更加积极、更加开放、更加有效的人才政策，深入实施新时代人才强国战略，加快建设世界重要人才中心和创新高地，聚天下英才而用之。党不断健全组织体系，以提升组织力为重点，增强党组织政治功能和组织功能，树立大抓基层的鲜明导向，推动党的组织和党的工作全覆盖”[①]。

通过上述可以得知，无论是习近平总书记在2018年的全国组织工作会议上的讲话，还是2020年的中央政治局集体学习时的讲话抑或是党的第三个历史决议，对新时代组织路线主要是从组织体系、干部队伍建设、党管人才等几方面概括。在干部队伍建设方面，习近平总书记不仅强调一般意义上的干部队伍建设，更加关注党的事业是否后继有人这个根本大计，重视年轻干部的培养与成长。基于此，本书以2018年7月3日习近平总书记在全国组织工作会议上的讲话为基本依据来谋篇布局，即以组织体系为重点、着力培养忠诚干净担当的高素质干部、着力聚集爱国奉献的各方面优秀人才以及做好年轻干部工作，以上4个部分构成了本书的4章内容。

① 《中共中央关于党的百年奋斗重大成就和历史经验的决议》，人民出版社2021年版，第32页。

第一章

中国共产党的组织体系建设

组织体系建设是新时代党的组织工作和组织路线的重点。经过百年奋斗和建设历程，中国共产党的组织层级经历了从简单到复杂的发展过程，并形成了包括党的中央组织、地方组织、基层组织在内的严密的组织体系。贯彻新时代党的组织路线，落实党中央决策部署，必须跑稳中央和国家机关的“最初一公里”，跑好地方党委这个“中间段”，跑赢基层党组织“最后一公里”。

一、严密的组织体系是马克思主义政党的独特优势和力量所在

重视组织体系建设，是马克思主义建党学说的一条重要原则和马克思主义政党的优良传统，也是作为马克思主义政党的中国共产党的优势所在、力量所在。回顾已经走过的百年历程，中国共产党之所以能历经百年风雨、经受千锤百炼，从一个只有 50 多名党员的弱小、稚嫩政党发展到如今有 9800 多万名党员的强大、成熟政党，并团结带领全国各族人民克服种种艰难险阻，最终赢得中国革命、建设和改革事业的伟大胜利，取得重大成就，其中一个极其重要的原因就是高度重视党的组织体系建设，不断织密建强党的组织体系。新时代新征程党带领人民夺取新的伟大胜利、全面从严治党，同样需要不断加强党的组织体系建设。

（一）组织严密是马克思主义政党的优良传统

注重加强组织建设是马克思主义政党区别于其他政党的显著特点。早在创建无产阶级政党之初，马克思、恩格斯就非常重视党的组织建设。在世界范围内资本主义占绝对优势的情况下，无产阶级如何才能在革命运动中积蓄力量并赢得革命运动的胜利？在马克思、恩格斯看来，“组织是最重要的武器”[①]。“工人的一个成功因素就是他们的人数，但是只有当工人通过组织而联合起来并获得知识的指导时，人数才能起举足轻重的

① 《马克思恩格斯全集》第 25 卷，人民出版社 2001 年版，第 499 页。

作用。”[①]无产阶级要取得革命斗争的胜利，其基本前提是依靠严密的组织，只有把无产阶级联合、组织成一个整体才能扭转力量对比、实现能量聚集以对抗资产阶级。1847年《共产主义者同盟章程》明确提出“支部的组成至少三人”“区部委员会是区部内各支部的权力执行机关”“中央委员会是全盟的权力执行机关”“代表大会是同盟的立法机关”[②]，代表大会、中央委员会、总区部、区部、支部共同构成了共产主义者同盟严密的组织体系。《共产党宣言》更是提出了把无产阶级“联合成一个紧密团结的、准备战斗的和有组织的阶级”[③]的号召。1850年12月修订的《共产主义者同盟章程》去掉了原来组织体系中的“总区部”，形成了由支部、区部、中央委员会和代表大会共同构成的四级组织体系。

列宁认为，建设一个组织严密、纪律严明的政党至关重要，政党一旦组织起来，就能够产生统一的意志和巨大的物质能量。在《进一步，退两步》中，列宁强调，“无产阶级在争取政权的斗争中，除了组织，没有别的武器”[④]，无产阶级“所以能够成为而且必然会成为不可战胜的力量，就是因为它根据马克思主义原则形成的思想一致是用组织的物质统一来巩固的，这个组织把千百万劳动者团结成一支工人阶级的大军”[⑤]。列宁强调，“党应当是组织的总和（并且不是什么简单的算术式的总和，而是一个整体）”。[⑥]无产阶级政党是工人阶级一切组织中的“最高组织

---

① 《马克思恩格斯选集》第3卷，人民出版社2012年版，第10页。

② 《马克思恩格斯全集》第42卷，人民出版社1979年版，第420—421页。

③ 《马克思恩格斯选集》第1卷，人民出版社1995年版，第246页。

④ 《列宁全集》第8卷，人民出版社2017年版，第415页。

⑤ 《列宁全集》第8卷，人民出版社2017年版，第415页。

⑥ 《列宁选集》第1卷，人民出版社1995年版，第471页。

形式”，“党只有成为由统一意志、统一行动和统一纪律团结起来的部队时，才能起先进部队的作用”[①]。列宁对无产阶级政党组织的相关论述丰富了马克思恩格斯关于无产阶级政党组织建设的思想，为无产阶级政党组织建设奠定了重要基础。

世界无产阶级革命运动的历史证明，组织严密的马克思主义政党是无产阶级革命运动的领导者、组织者和推动者。严密的组织架构、严明的组织纪律、完善的组织制度确保马克思主义政党的集中统一和团结稳定，确保马克思主义政党能够既抵抗外界的干扰破坏，又能够葆有强大的生命力和持续的战斗力。

（二）重视组织体系建设是中国共产党的宝贵经验

“马克思主义政党力量的凝聚和运用，在于科学的组织。”[②]回望中国共产党成立以来百年波澜壮阔的伟大历程，可以说是取得了“当惊世界殊”的丰功伟绩，从“开天辟地”的建党伟业到“改天换地”的建国大业，从“翻天覆地”的改革宏业到“惊天动地”的新时代伟业，都离不开中国共产党对组织体系建设的高度重视，离不开对组织建党、组织兴党、组织强党的坚持和坚守。

中国共产党是按照马克思主义建党学说和建党原则组建起来的，党章明确规定：“党是根据自己的纲领和章程，按照民主集中制组织起来的统一整体。”[③]由党的中央组织、地方组织和基层组织构成的组织体系结

---

① 《列宁全集》第 8 卷，人民出版社 2017 年版，“前言”第 5 页。

② 《十七大以来重要文献选编》下，中央文献出版社 2013 年版，第 1022 页。

③ 《中国共产党章程》，人民出版社 2022 年版，第 17 页。

构严密、关系明确、功能清晰、分工科学、运行高效、充满活力，这个组织体系使全党形成一个统一的整体，为党赢得了无可比拟的组织力量。“在当今世界诸多执政党中，像中国共产党这样连续执政 70 年还在继续执政，且取得巨大成就的党可以说没有。”[①] 严密的组织体系既是中国共产党无与伦比的组织优势，是中国共产党历经百年仍然风华正茂的密码和经验总结，也是中国共产党区别于世界上其他任何政党和组织的鲜明特质，为世界各国政党建设提供了可供参鉴的“他山之石”。如果没有对组织体系建设的高度重视，中国共产党就不可能在势单力薄的初创时期形成坚不可摧的战斗集体，从而成功面对国内外强大的反动势力和血雨腥风的战争环境；如果没有严密的组织体系，中国共产党就不可能成为一个团结统一的整体，从而释放出强大的组织效能，带领中国人民夺取新民主主义革命和社会主义革命的伟大胜利、社会主义建设和改革开放的辉煌成就；如果没有严密的组织体系，中国共产党就不可能成为时代先锋和民族脊梁，担负起夺取新时代中国特色社会主义伟大胜利、实现中华民族伟大复兴中国梦的历史使命。

（三）加强组织体系建设是全面建设社会主义现代化国家的组织保障

政党的力量强弱与政党的组织化程度、政党组织的体系化程度密切相关，政党组织体系越严密，党的组织化程度越高、力量越大。“党的力量来自组织”这一科学命题在新时代、新征程体现得更为充分。“党的全

① 谢春涛：《中国共产党 70 年治国理政的主要经验》，《中国领导科学》2019 年第 7 期。

面领导、党的全部工作要靠党的坚强组织体系去实现。进入新时代，开启新征程，我们必须更加注重党的组织体系建设，不断增强党的政治领导力、思想引领力、群众组织力、社会号召力，把党员组织起来，把人才凝聚起来，把群众动员起来，为实现党的十九大提出的宏伟目标团结奋斗。"[①]站在"两个一百年"奋斗目标的历史交汇点召开的党的十九届五中全会，从9个方面对2035年基本实现社会主义现代化的目标进行了规划，提出要在"中华民族伟大复兴战略全局和世界百年未有之大变局"的重要时刻，"全面建设社会主义现代化国家、全面深化改革、全面依法治国、全面从严治党的战略布局"[②]的"四个全面"新表述，从而正式开启了全面建设社会主义现代化国家的新征程。

建设社会主义现代化国家是中国共产党矢志不渝的奋斗目标。在现代化的道路上，中国经历了长期的迷茫、挫败，"中国几乎对西方出现过的各种现代化模式都进行过快速的试选择，这是各国现代化进程中罕见的记录"。[③]鸦片战争后，中国一步步沦为半殖民地半封建社会。在随后七八十年的时间里，为了摆脱民族危亡、落后挨打的命运，晚清各种政治力量做出了各种探索和努力，但均未获得成功。以曾国藩、李鸿章等为代表的洋务派打出"中体西用""自强求富"的口号，试图在不动摇晚清封建统治根基的情况下"采西学""制洋器"，创办军事工业和民用工业，

① 习近平：《论坚持党对一切工作的领导》，中央文献出版社2019年版，第259页。

② 《中共中央关于制定国民经济和社会发展第十四个五年规划和二〇三五年远景目标的建议》，人民出版社2020年版。

③ 罗荣渠：《现代化新论——世界与中国的现代化进程》，北京大学出版社1993年版，第339页。

但在外有西方列强殖民、内有封建势力腐朽的双层夹击下，洋务运动最终以“甲午战败”宣告破产；以康有为、梁启超为代表的资产阶级改良派发动了维新运动，主张仿照日本明治维新，在封建政权内部通过自上而下的改良建立君主立宪政体，然而仅仅百日，戊戌变法就宣告失败；以孙中山为代表的革命派发出了“振兴中华”的呼喊，并通过资产阶级革命最终结束了封建帝制，但终因革命不彻底没能走上资本主义现代化道路。

历史和人民最终选择了自带先进基因的中国共产党及其领导的社会主义现代化道路。在内忧外患的复杂环境中成立的中国共产党认识到，一个支离破碎、贫弱不堪的国家是不可能建成现代化强国的。因此，自成立之日起，中国共产党就勇敢地用革命的方式挑起了救亡图存、民族解放的历史重任。正是有了党的坚强有力的领导，中国才有了新中国的成立和中国人民的“站起来”，从此改变了长期丧权辱国、山河破碎、备受欺凌的命运，“克服了社会低组织化状态和国家权力分散化状态，为中国现代化提供了坚实的权威基础”。[①]正是有了党的坚强有力的领导，中国才摆脱了西方资本主义国家的“封锁”“禁运”，避开了现代化的发展陷阱，经受住了与现代化伴生的各种风险挑战，实现了从“站起来”到“富起来”的伟大飞跃并大踏步地走在从“富起来”到“强起来”，“全面建设社会主义现代化国家”的大道上。

要在21世纪中叶实现社会主义现代化强国的目标，仍然必须坚持党的集中统一领导，坚持党总揽全局、协调各方的领导核心地位，同时通过自我革命改善党的领导、加强党的建设，以“强党”引领“强国”目

---

① 陈明明：《在革命与现代化之间——关于党治国家的一个观察和讨论》，复旦大学出版社2015年版，第298页。

标的实现。而这一切，都必须以严密的组织体系作为基本依托。习近平总书记从战略和全局高度科学概括了党的组织路线并强调“以组织体系建设为重点”，就是因为只有把组织体系建设好了，党的领导和执政、党和人民的事业才有依托和支撑。在中国，中国共产党是最高政治领导力量，而离开了党的组织体系，党的一切领导、一切工作都会无所依托。换言之，全面建设社会主义现代化国家，实现中华民族伟大复兴的目标，必须确保党的组织体系上下贯通、执行有力，充分发挥党的组织体系的组织优势积蓄人才、积聚力量，以党的严密的组织体系把党员组织起来、把人才凝聚起来、把群众动员起来，从而汇聚起全党全国上下奋力完成千秋伟业、实现宏伟目标的磅礴力量。这也是习近平总书记强调“加强党的组织建设，根本目的是坚持和加强党的全面领导，为推进中国特色社会主义事业提供坚强保证”①的深刻用意之所在。

（四）加强组织体系建设是中国共产党不断推进伟大自我革命的必然要求

组织力量的壮大离不开组织体系的健全和完善。经过多年的实践探索，党的组织体系逐步健全完善。党的十八大以来，随着“四个全面”战略布局特别是全面从严治党的实施和推进，多项组织方面的法规制度的出台，党的集中统一领导得到加强，党的组织建设更加规范有序，党的组织体系不断健全完善。党的组织机构设置更加科学、组织制度更加健全、组织关系更加清晰、组织功能更加完善，党的各级组织管党治党

① 习近平：《贯彻落实好新时代党的组织路线　不断把党建设得更加坚强有力》，《求是》2020 年第 15 期。

的主体责任更加明确，基层组织的凝聚力、号召力更强，党员干部的组织观念得以强化，党的组织队伍更加纯洁，党的组织优势更加凸显。

但是，在肯定成绩的同时也不得不承认，党执政面临的“四大考验”与“四种危险”依然存在。党的十八大以来，中国共产党十分重视完善组织体系的制度建设，分别制定了《中国共产党组织工作条例》《中国共产党中央委员会工作条例》《中国共产党地方委员会工作条例》《中国共产党重大事项请示报告条例》等，为组织体系建设提供了良好的制度保障。但在实际运行过程中还存在一些问题，比如，在一些地方党的组织架构和设置上，还存在上下级、同级组织机构设置不够科学、难以适应新形势新任务新要求的情况；在党的组织关系上，还存在过于强调集中而发扬民主不够的问题；在党的组织功能发挥上，还存在对上负责有余而对下负责不足的情况，导致实践中官僚主义、形式主义屡禁不止，党的全面领导难以真正落实。“实现党内又有集中又有民主，又有纪律又有自由，又有统一意志又有个人心情舒畅、生动活泼的政治局面仍任重道远。”[①]党中央权威和集中统一领导仍需进一步加强。在地方，少数地方党委贯彻落实党的路线方针政策不坚决、有偏差，党中央决策落实还存在“中梗阻”，有的党组织管党治党不力，有的党组织设置不合理、工作覆盖不到位、履行职责不彻底。在基层，有的党组织仍然存在弱化、虚化、边缘化问题，有的组织生活不规范、组织纪律不严明，有的干部引领表率作用发挥不到位，有的党员党性观念不强、宗旨意识淡化等。“在一些国有企业，党的领导融入公司治理在总部一级做得比较好，再往

① 韩强、李剑：《新时代党的组织路线的科学内涵与实践路径》，《党政研究》2020年第5期。

下延伸则存在层层递减问题。在高校，党委领导下的校长负责制是明确的，但把党的领导贯穿办学治校、教书育人全过程则存在较大差距。在中小学、医院、科研院所，党组织领导的校长（院长、所长）负责制还没有建立起来。”[①]党的组织自身存在的这些问题彰显了党的组织体系建设的重要性和必要性，也必须通过进一步加强党的组织体系建设切实加以解决。

而且，“当今世界正经历百年未有之大变局，国际形势复杂多变，改革发展稳定、内政外交国防、治党治国治军各方面任务之繁重前所未有，我们面临的风险挑战之严峻前所未有。”[②]在这种形势下，作为一个有着 9800 多万名党员的世界最大执政党，中国共产党要从容应对风云变幻的国际形势和日益复杂严峻的风险挑战，要进行伟大斗争、建设伟大工程、推进伟大事业、实现伟大梦想，要领导有着 14 亿多人口的大国进行改革开放和社会主义现代化建设，要对庞大的党员队伍进行有效管理，要对方方面面的力量进行全面领导和有效动员，这些都迫切需要织密建强各级党组织。“组织体系不严密，政党组织就容易变成‘大车店’‘大卖场’‘俱乐部’，党的组织活动就难免陷于想走就走、想吆喝就吆喝、出入自由的乱象。”[③]唯有进一步加强党的组织体系建设，才能使党的各级组织各司其职、各负其责，既分工合作又步

---

① 习近平：《论坚持党对一切工作的领导》，中央文献出版社 2019 年版，第 260 页。

② 《习近平关于防范风险挑战、应对突发事件论述摘编》，中央文献出版社 2020 年版，第 196 页。

③ 齐卫平：《中国共产党组织建设百年历史实践纵论》，《行政论坛》2021 年第 2 期。

调一致，才能增强党的各级组织的领导力、组织力、执行力、凝聚力、号召力，最大限度发挥好党的组织优势。正因为此，在中国共产党99岁生日的前一天，十九届中共中央政治局围绕“深入学习领会和贯彻落实新时代党的组织路线”这一主题进行第21次集体学习，习近平总书记提出了“抓好党的组织体系建设”的明确要求。这是对党的组织体系建设实践经验的科学总结，是党领导人民推进伟大事业对党的组织体系建设提出的客观要求，也是对新时代党面临的风险挑战和党的组织建设现状的积极回应。

二、党的组织体系建设的百年历程

从1921年党的成立到100多年后的今天，中国共产党走过了百年风风雨雨和艰难险阻的不平凡历程，历经领导中国革命28年、领导中国社会主义革命和建设29年、领导中国改革开放44年。百年以来，“作为一个始终承载着促进国家统一、推进现代化建设、实现文明复兴等重大历史使命的现代政党”[①]，中国共产党始终把组织体系建设放在非常重要的位置，逐渐走出了一条具有中国特色的组织体系建设之路，形成了包括党的中央组织、地方组织、基层组织在内的严密组织体系。从一定意义上来讲，不深入了解党的组织体系建设的历程，就无法全面理解中国共产党的百年发展史；不深入了解中国共产党的组织体系的独特优势，就无法真正破解“中国共产党为什么能”的密码。

---

① 唐皇凤：《使命型政党：新时代中国共产党长期执政能力建设的政治基础》，《武汉大学学报（哲学社会科学版）》2018年第3期。

（一）新民主主义革命时期：党的组织体系初步建立

中国共产党从创建之日起就高度重视党的组织建设。党的一大通过的《中国共产党第一个纲领》中明确规定要把工农劳动者和士兵“组织起来”，对中央执行委员会、地方委员会、地方执行委员会等做了初步规定：“有五名党员的地方可建立地方委员会……超过十人者，应设财务委员一人，组织委员一人，宣传委员一人；超过三十人者，应组织执行委员会……在党员人数超过五百，或已成立五个以上地方执行委员会时，应选择一适当地点成立由全国代表会议选出之十名委员组成之中央执行委员会。”[①]党的一大选举产生了中央局，成为党的第一个中央机关。随后，上海、北京、湖南等党的地方执行委员会或地方委员会相继成立。可见，中国共产党自诞生之日起就是一个新型的组织严密的无产阶级革命政党。

党的二大通过了党史上首部党章，这部党章采取分章的体例，包括党员、组织、会议、纪律、经费、附则等六章二十九条，详细规定了党员条件、入党手续，党的组织原则、组织系统、组织机构，以及党的纪律和其他制度。关于党的组织，这部党章有以下几个特点：一是首次正式提出了党的“组织系统”的概念，明确了包括党的全国代表大会、中央执行委员会、区执行委员会、地方执行委员会和地方支部在内的自上而下、层次完整的组织系统，并对党的各级组织机关的产生、规模、职能、干部任期等都做了明确规定。二是强调基层组织的重要性，首次提

---

① 《共产国际与中国革命资料选辑（1919—1924）》，人民出版社 1985 年版，第 84 页。

出基层党组织的最小单位是党小组："凡有党员三人至五人均得成立一组，每组公推一人为组长，隶属地方支部……各组组织，为本党组织系统，训练党员及党员活动之基本单位，凡党员皆必须加入。"[①]三是在组织制度上，二大党章对党的各级组织作出了推举制、任期制、委员长制等具体规定。比如，各级执行委员会委员均由党员大会或代表会推举产生，中央执行委员会委员、地方执行委员会委员都有一定的任期，各委员会都要互推委员长一人总理党务等。四是对民主集中制有开创之功。规定"全国大会及中央执行委员会之议决，本党党员皆须绝对服从之"，[②]"下级机关须完全执行上级机关之命令；不执行时，上级机关得取消或改组之"；"本党一切会议均取决多数，少数绝对服从多数"；"凡有关系全国之重大政治问题发生，中央执行委员会未发表意见时，区或地方执行委员会，均不得单独发表意见，区或地方执行委员会所发表之一切言论倘与本党党纲宣言章程及中央执行委员会之议决案及所定政策有抵触时，中央执行委员会得令其改组之"[③]；等等，这些体现了下级服从上级、少数服从多数、全党服从中央的民主集中制原则。党的二大选出由 5 名委员和 3 名候补委员组成的中央执行委员会，代替了党的一大成立的中央局，从此建立了正式的中央领导机构。党的二大还通过了《关于共产党的组织章程决议案》，明确提出：共产党"应当是无产阶级中最有革命精神的广大群众组织起来为无产阶级之利益而奋斗的政党，为

① 《中国共产党重要文献汇编》第 2 卷，人民出版社 2022 年版，第 261 页。

② 《建党以来重要文献选编（1921—1949）》第 1 册，中央文献出版社 2011 年版，第 167 页。

③ 《中国共产党重要文献汇编》第 5 卷，人民出版社 2022 年版，第 75 页。

无产阶级做革命运动的急先锋”，“党的内部必须有适应于革命的组织与训练”。[①]进一步丰富了党章关于党的组织体系建设的内容。

三大党章在组织系统、组织制度、发展党员等问题上基本延续二大党章的规定，并规范了中央执行委员会的工作机制，规定了地方委员会的工作任务和机构组成。1924 年 5 月召开的中央执行委员会扩大会议明确提出：“必须使我们的党及其各个机关能有更明显的组织形式。”[②]党的四大通过的《对于组织问题之议决案》提出：“组织问题为吾党生存和发展之一个最重要的问题。”[③]党的四大第一次明确提出无产阶级领导权问题，决定设立中央组织部以更好地对地方党组织进行指导，同时把党的最高领导人由“委员长”改称为“总书记”；进一步细化了党支部成立的标准和工作，采取 3 人即可成立支部的具体措施。“我们党的基本组织，应是以产业和机关为单位的支部组织”，“支部的工作，不能仅限于教育党员，吸收党员，并且在无党的群众中去煽动和宣传，帮助他们组织俱乐部、劳动学校、互助会”。[④]为了切实增强党的组织力，除了上述举措外，党的四大还简化了党员入党程序，明确了在国民党及其他有政治性

---

① 中共中央党校党史教研室编：《中国共产党史稿（1921—1949）》第 1 卷，中共党史出版社 2006 年版，第 393 页。

② 《建党以来重要文献选编（1921—1949）》第 2 册，中央文献出版社 2011 年版，第 72 页。

③ 《建党以来重要文献选编（1921—1949）》第 2 册，中央文献出版社 2011 年版，第 258 页。

④ 《建党以来重要文献选编（1921—1949）》第 2 册，中央文献出版社 2011 年版，第 259 页。

质的政治组织中组织党团以“从中支配该党和该团体的活动”[①]等措施。

1927 年 4 月 12 日，蒋介石发动了四一二反革命政变，大革命遭遇失败。在这样一个生死存亡关头，如果没有健全的党组织和强有力的中央领导机构，就无法担负起在危急关头领导、挽救革命的重任。正是在这样的背景和迫切需要下，党的五大于 1927 年 4 月 27 日至 5 月 9 日在汉口召开。会议通过的《组织问题议决案》强调维护党的纪律尤其是政治纪律的重要性，指出：“党内纪律非常重要，但宜重视政治纪律，不应将党的纪律在日常生活中机械的应用。”[②]这是首次将政治纪律列入党内纪律检查范围。为了纯洁党的组织、严格党的纪律，党的五大设立了中央纪律检查监督机构——中央监察委员会，明确了中央监察委员会的职权，这在党的历史上是第一次。

党的五大闭幕后不久，中共中央政治局通过了《中国共产党第三次修正章程决案》，五大党章也成为唯一一次不是由党的全国代表大会通过的党章。五大党章增加了“党的建设”章节，明确提出“党部的指导原则为民主集中制”，这是在党章中第一次提出民主集中制。五大党章进一步将党的组织系统划分为全国—全国代表大会—中央委员会，省—省代表大会—省委员会，市或县—市或县代表大会—市或县委员会，区—区代表大会—区委员会，生产单位—支部党员全体大会—支部干事会等五级纵向体系，并明确了各级党组织的职责。“党的完整组织体系至

① 《建党以来重要文献选编（1921—1949）》第 2 册，中央文献出版社 2011 年版，第 260 页。

② 《建党以来重要文献选编（1921—1949）》第 4 册，中央文献出版社 2011 年版，第 208 页。

此已具雏形。”[①]五级纵向体系实质是按照地域原则划分的中央、省、市或县、区委员会和党支部。同时，在“党的中央机关”章节中还规定由中央委员会选举产生党的总书记、中央政治局：“中央委员会，选举正式中央委员一人为总书记及中央正式委员若干人组织中央政治局指导全国一切政治工作，并选正式中央执行委员若干人为中央政治局候补委员。”[②]这项规定实质上是强调党的集体领导。

为了总结大革命失败的经验教训，批判和纠正陈独秀的右倾机会主义错误，解决党内思想混乱、组织涣散的问题，1927 年 8 月在汉口召开了八七会议，会议通过的《党的组织问题议决案》提出，要“改正党的组织路线上的机会主义，和建立坚固的能奋斗的秘密机关”。[③]会议撤销了陈独秀在党内的职务，选出了新的临时中央政治局，确定了土地革命和武装斗争的总方针。在这次会议上，毛泽东提出了著名的“枪杆子里出政权”的论断。同年 9 月 29 日至 10 月 3 日，毛泽东在江西领导了著名的“三湾改编”，创造性地确立了“党指挥枪”“支部建在连上”“党代表制度”“官兵平等”等一整套崭新的治军方略。通过支部建在连上、班与排设立党小组、连以上设立党代表、营团设立党委的安排初步解决了如何建设无产阶级信任的人民军队、如何在以农民及旧军人为主要成分的革命军队中实现党的领导权问题，在组织上确立了党对军队的领导，

---

① 杨德山、朱一鸣：《中国共产党组织建设百年历史经验研究》，《中共中央党校（国家行政学院）学报》2021 年第 2 期。

② 《建党以来重要文献选编（1921—1949）》第 4 册，中央文献出版社 2011 年版，第 270 页。

③ 中共中央组织部、中共中央党史研究室、中央档案馆编：《中国共产党组织史资料》第 8 卷，中共党史出版社 2000 年版，第 139 页。

为无产阶级领导的新型人民军队建设奠定了良好的基础。

到1928年6月党的六大召开时，党的组织逐步得到恢复，但由于突击发展党员和党的组织，在一定程度上忽视了党员质量，党员队伍阶级成分非常复杂、农民党员较多，党组织涣散、纪律散漫，一些基层党组织出现了家族势力、地方主义等问题。6月18日至7月11日，党的六大在莫斯科召开，其中一项重要议题就是总结大革命失败的教训、解决党内思想混乱和组织涣散无力问题。六大党章首次将“党的组织系统”单独设章，提出了党“以地域原则划分”为中央、省、县或市、区委员会、党支部，明确了民主集中制的组织原则：“中国共产党与共产国际的其他支部一样，其组织原则为民主集中制。”[①]六大党章详细规定了民主集中制的基本原则，包括下级党部与高级党部由党员大会、代表会议及全国代表大会选举产生，各级党部对选举自己的党员应作定期的报告，下级党部一定要承认上级党部的决议，为1938年中共中央六届六中全会确立“四个服从”的组织原则奠定了基础。六大党章还特别重视基层党组织建设，强调建立并健全支部的组织与生活，并将“支部”一章提到前面，紧随“党的组织系统”之后，这对于恢复当时被严重破坏的基层党组织和在国民党白色恐怖条件下开展地下秘密工作具有重要意义。此外，六大党章还规定在少数民族地区党委之下设立“少数民族工作部”。

从党的二大开始，中国共产党便正式加入共产国际，此后直到1943年共产国际宣告解散，党在组织问题上一直受到共产国际的影响和干预，党的六大尤为突出。由于党的六大是在共产国际的直接帮助和指导下召

---

① 《建党以来重要文献选编（1921—1949）》第5册，中央文献出版社2011年版，第472页。

开的，六大党章明显地带有共产国际的印记，在内容和体例上深受苏共十四大党章的影响，比如强调“中国共产党为共产国际之一部分”，在入党资格条件中增加了“服从共产国际”，党的全国大会需“由中央委员会得共产国际同意后召集之”等。[①]这些规定都明显强调共产国际对于中国共产党的领导，造成中国共产党过于依赖共产国际，甚至迷信共产国际的权威，在一定程度上使中共丧失了组织上的独立自主性。

1929 年召开的古田会议在着重强调从思想上建党和从政治上建军的同时，要求“努力去改造党的组织，务使党的组织确实能担负党的政治任务”，[②]明确了“以战斗兵为主要对象”的“党员的发展路线”。[③]这些举措是对于中国共产党组织路线的宝贵探索。但是，随后开始的王明“左”倾教条主义在组织上推行宗派主义，对不同意其错误路线者采取“残酷斗争、无情打击”，严重干扰了党的思想、政治和组织路线，破坏了党的民主集中制原则，严重损害了党和革命事业。

1931 年 11 月，中央苏区第一次党代表大会通过的《党的建设问题决议案》，提出“要使支部真正成为党与群众的连环”。[④]1935 年 1 月召开的遵义会议纠正博古、王明等人的“左”倾错误，在极端危急的历史

---

① 《建党以来重要文献选编（1921—1949）》第 5 册，中央文献出版社 2011 年版，第 470—478 页。

② 《建党以来重要文献选编（1921—1949）》第 6 册，中央文献出版社 2011 年版，第 735 页。

③ 《建党以来重要文献选编（1921—1949）》第 6 册，中央文献出版社 2011 年版，第 736 页。

④ 《建党以来重要文献选编（1921—1949）》第 8 册，中央文献出版社 2011 年版，第 631 页。

关头肯定了毛泽东的正确主张并事实上确定了毛泽东在党和红军中的领导地位。1937 年 5 月，在中国共产党全国代表会议上，毛泽东强调“党组织要向全国发展”。[①]10 月，在《目前抗战形势与党的任务报告提纲》中，毛泽东以专题的形式强调了“建立全中国的强固的共产党”的问题，提出要“从苏区与红军的党走向建立全中国的党”，[②]把“发展党与巩固党，建立各地的领导机关”[③]作为党的一项重要任务。全面抗战爆发后，为适应建立抗日根据地、抗日民族统一战线的需要，解放区、敌占区、国统区都陆续建立了抗日民主政权，党员和党的组织呈现出井喷式发展的态势。在 1938 年召开的党的六届六中全会上，毛泽东提出了“政治路线确定之后，干部就是决定的因素”[④]的科学论断，明确提出了“才德兼备”的干部标准，制定了“任人唯贤”的干部路线和政策；张闻天提出了“使组织工作中国化”[⑤]的主张，强调了党内生活的民主化等，标志着新民主主义革命时期党的马克思主义组织路线和干部路线的确立。1939 年，在《〈共产党人〉发刊词》一文中，毛泽东系统总结了党自创建以来 18 年的建设经验，提出了如何才能“建设一个全国范围的、广大群众性的、思想上政治上组织上完全巩固的布尔塞维克化的中国共产党”[⑥]的问题，并将其称为“党的建设的伟大工程”。

---

① 《毛泽东选集》第 1 卷，人民出版社 1991 年版，第 277 页。

② 《毛泽东文集》第 2 卷，人民出版社 1993 年版，第 59 页。

③ 《毛泽东文集》第 3 卷，人民出版社 1993 年版，第 60 页。

④ 《毛泽东思想年编（1921—1975）》，中央文献出版社 2011 年版，第 210 页。

⑤ 《建党以来重要文献选编（1921—1949）》第 25 册，中央文献出版社 2011 年版，第 665 页。

⑥ 《毛泽东著作选读》上册，人民出版社 1986 年版，第 305 页。

1945 年党的七大召开。此时共产国际已经解散，中国共产党已经完全独立自主地处理党和国家面临的各项任务、解决党的建设面临的各种问题。七大党章也成为党成立以来第一部完全独立自主制定的章程。在内容和体例上，七大党章增设“总纲”章节，并把“中国共产党是按民主的集中制组织起来的，是以自觉的、一切党员都要履行的纪律联结起来的统一的战斗组织”[①]写入“总纲”；把毛泽东思想确立为全党的指导思想，标志着党在政治、思想、组织上的成熟。在组织体系建设上，七大党章对党的组织路线、组织纪律、民主集中制、干部标准和政策、党员权利与义务、党的基层组织等均作了更加完善、详尽的规定。比如，在党的组织结构和组织系统设置上，七大党章强调按照民主集中制原则构建包括全国代表大会、省代表大会、县或市代表大会、区代表大会以及地方支部委员会在内的组织系统。对于党的集中统一领导，七大党章明确规定：“凡关于全国性质的问题，在中央没有发表意见和决定以前，各部分和各地方党的组织及党的负责人，除自行讨论及向中央建议外，均不得自由发布意见和决定。”[②]七大党章更加科学地表述了党的民主集中制原则，首次把“党员个人服从所属党的组织，少数服从多数，下级组织服从上级组织，部分组织统一服从中央”[③]的“四个服从”载入党章，并对扩大党内民主、实行集中统一领导作了具体规定。七大党章提出

① 《建党以来重要文献选编（1921—1949）》第 22 册，中央文献出版社 2011 年版，第 535 页。

② 《建党以来重要文献选编（1921—1949）》第 22 册，中央文献出版社 2011 年版，第 541 页。

③ 《建党以来重要文献选编（1921—1949）》第 22 册，中央文献出版社 2011 年版，第 539 页。

了“党的基础组织”的概念，指出“党的基础组织，是党的支部”，[①]并对党支部的地位和任务作出了明确规定。为“加强党的影响、实现党的政策”，提出了“党外组织中的党组”[②]的概念，规定：“在政府、工会、农会、合作社及其他群众组织的领导机关中，凡有担任负责工作的党员三人以上者，即成立党组。党组的任务，是在各该组织的领导机关中指导党员为加强党的影响、实现党的政策而工作。”[③]自此以后，在党外组织中设立党组的传统和做法一直延续至今。这种做法有利于扩大党的组织基础，增强党的组织体系的整合和动员能力。为便于指导各地方党的工作，七大党章规定：“中央委员会按情况之需要，在数省或几个边区范围内，得成立中央局与中央分局。”[④]七大党章是新民主主义革命时期最成熟完备的一部党章，为党的组织体系建设构建了新的框架、奠定了组织体系建设的良好基础。

（二）社会主义革命和建设时期：党的组织体系在曲折中发展

中华人民共和国成立后，中国共产党从领导人民为夺取全国政权而奋斗的党转变成为领导人民掌握全国政权并长期执政的党，领导党和执

---

① 《建党以来重要文献选编（1921—1949）》第22册，中央文献出版社2011年版，第545页。

② 《建党以来重要文献选编（1921—1949）》第22册，中央文献出版社2011年版，第547页。

③ 《建党以来重要文献选编（1921—1949）》第22册，中央文献出版社2011年版，第547页。

④ 《建党以来重要文献选编（1921—1949）》第22册，中央文献出版社2011年版，第541页。

政党的双重身份、执政环境的变化对党的组织体系建设提出了新的更高的要求，构建适应全面执政条件的党的组织体系成为势所必然。

第一，在政府机构内建立党的组织机构。随着各级政府的相继成立，在各级政府中建立党的组织成为巩固党的执政地位的必然要求。1949 年 11 月通过的《关于在中央人民政府内组织中国共产党党委会的决定》和《关于在中央人民政府内建立中国共产党党组的决定》对在政府机构建立党的组织的问题作出明确规定："特决定组织中央人民政府机关内党委会。凡参加中央人民政府工作之党员，除中央允许者外必须一律参加支部组织，过党的组织生活。"[①]各级地方政府按照文件规定建立了基层党组织，使基层党组织覆盖到一切政府机关，从组织上保证了党对国家政权的领导。

第二，以城市为重点建立党的组织。为适应党的工作重心由农村转移到城市的需要，1949 年 3 月召开的党的七届二中全会提出了党的组织建设要围绕"在城市中恢复和发展生产"这个中心任务展开。为了解决城市管理和工业发展中的干部不足问题，党的七届二中全会提出在城市公开建党、重点在工人中发展党员、团结教育改造知识分子和旧人员、大量培养提拔新干部和工人干部等举措并很快取得实效，为夺取全国革命的胜利和即将开始的新中国建设做了很好的组织准备。1950 年 5 月 21 日，中共中央发布《关于发展和巩固党的组织的指示》，明确指出："今后发展党的重点，应放在城市中，首先是工人阶级上，在三年到五年内要从产业工人中接收三分之一的人入党。""为了保证无产阶级成分在党

---

① 中央档案馆、中共中央文献研究室编：《中共中央文件选集（1949 年 10 月—1966 年 5 月）》第 1 册，人民出版社 2013 年版，第 74 页。

内有一定的比例，今后对农民党员的发展，应加以限制。”[①]尤其是由秘密建党到公开建党的转变，成为党的组织建设史上的一个重要里程碑。“公开建党的目的，是为了更密切党与群众的联系，把党放在群众的切实帮助与监督之下，建设一个有战斗力的、纯洁的布尔什维克式的党。”[②]

第三，加强党中央集中统一领导。根据《中央人民政府关于撤销大区一级行政机构和合并若干省市建制的决定》，1954年6月，大区一级行政机构被撤销。“国家计划经济的建设，要求进一步加强中央集中统一的领导。为了中央直接领导省市以便于更能切实地了解下面的情况，减少组织层次，增加工作效率，克服官僚主义；为了节约干部加强中央和供给厂矿企业的需要，并适当地加强省、市的领导，撤销大区一级的行政机构，是完全必要的和适时的。”[③]撤销大区一级行政机构后，同级别的党组织也相应撤销，其主要职能收归中央，党中央的领导权力得到加强。1955年6月，为了更好地在全国实现全面执政，也为了更好地对接中央书记处的工作，中共中央决定建立省、市书记处。1956年起，随着资本主义工商业改造的完成，中央决定在所有企业中实行党委集体领导制度。与此同时，在高校、科研院所等机构也建立了党的组织。

第四，加强基层党组织建设。建立基层党组织、加强与群众的联系是巩固执政基础的客观要求。1951年2月召开的中央政治局扩大会议

---

① 中央档案馆、中共中央文献研究室编：《中共中央文件选集（1949年10月—1966年5月）》第3册，人民出版社2013年版，第59页。

② 《建国以来重要文献选编》第1册，中央文献出版社1992年版，第244页。

③ 《建国以来重要文献选编》第5册，中央文献出版社1993年版，第317页。

专门讨论了党的基层组织建设问题。同年 3 月底至 4 月初召开的第一次全国组织工作会议确定了全国基层党组织的具体整顿方针，刘少奇作了《关于整顿党的基层组织的意见》的报告。在具体措施上，一方面，“着重在产业工人中建立党的组织和发展党员”[①]，弥补城市基层党组织建设的不足；另一方面，“为了扩大和加强与劳动人民群众的联系，扩大和加强我们党对于人民群众的领导作用，也需要在城市和新区以及其他许多没有党的组织的地方发展我们党的组织”[②]。对于已经建立基层党组织的厂矿企业，要按照积极慎重的方针，采取个别吸收先进分子入党的措施；在尚未发展党员和建立基层党组织的厂矿企业，则要先在一些空白点建立工会，然后再逐步建立党的基层组织。根据毛泽东“在一切大的和中等的私营企业的工人、店员中建立党的支部，加强党的工作”[③]的指示精神，结合“三反”“五反”运动，各地私营厂矿企业中陆续建立了党的基层组织。此外，为加强与群众的联系，各级党委积极组建和发展工会、青年团等群众性组织，并从中选拔培养优秀分子发展新党员，为壮大党的基层组织创造条件。

第五，整顿党的组织。新中国成立后，全国党员人数激增，党组织也遍布全国，与此同时产生了党员思想不纯、组织不纯等问题。自 1950 年起，中共中央先后开展了整风、整党运动。5 月 1 日发布的《关于在全

---

① 中央档案馆、中共中央文献研究室编:《中共中央文件选集(1949 年 10 月—1966 年 5 月)》第 6 册，人民出版社 2013 年版，第 35 页。

② 中央档案馆、中共中央文献研究室编:《中共中央文件选集(1949 年 10 月—1966 年 5 月)》第 6 册，人民出版社 2013 年版，第 35 页。

③ 《毛泽东文集》第 6 卷，人民出版社 1999 年版，第 201 页。

党全军开展整风运动的指示》强调，整风的重点是各级领导机关和干部，目的是克服骄傲自满情绪、官僚主义和命令主义，密切党和人民群众的联系。5月21日，中共中央又发布了《关于发展和巩固党的组织的指示》，提出："一年来党的发展工作是有严重缺点的。一般地说，当条件不成熟或不完全成熟时，即开始了实际上是大量发展的行动，因而没有保证新发展党员一定的质量。"[①]"其中很多人的思想作风极为不纯，还没有来得及给以有计划的教育训练。"[②]依据这个判断和分析，中共中央确定了"党的发展工作，必须采取严格审查的方针和稳步前进的办法"[③]。6月召开的党的七届三中全会提出了在全党开展大规模的整风运动的计划和安排，要求各级党组织在和各项工作任务密切结合而不是相分离的条件下进行一次大规模的整风运动。1951年2月，《中共中央政治局扩大会议决议要点》提出了8个要点，其中第六条即为"整党及建党"，并根据当时党的组织状况把党员分为4类，即"具备党员条件的""不完全具备党员条件，或者有较严重的毛病，必须加以改正提高的""不够党员条件的消极落后分子""混入党内的阶级异己分子、叛变分子、投机分子、蜕化变质分子等"，[④]明确规定要将"第四部分人"清洗出去。1951年3月，在党的第一次全国组织工作会议上，刘少奇作了《为更高的共产党员的条件而斗争》的报告，明确提出："我们的党是伟大的、光荣的和正确的，但是存

① 《建国以来重要文献选编》第1册，中央文献出版社1992年版，第242页。

② 《建国以来重要文献选编》第1册，中央文献出版社1992年版，第243页。

③ 《建国以来重要文献选编》第1册，中央文献出版社1992年版，第243页。

④ 韩晓青：《组织的力量——新中国成立以来中国共产党组织工作研究》，人民出版社2017年版，第13页。

在着问题”“许多党员不够标准”，[①]并结合革命胜利后党情的新变化提出了“提高党员的条件”的问题。从整风迅速转向整党，是党的建设向纵深推进的重要标志，对于纯洁党的组织具有重要意义。

全面建设社会主义时期党的组织建设开端良好。1956年召开的党的八大通过了党成为执政党后的第一部党章。八大党章第一次把民主集中制概括为“在民主基础上的集中和在集中指导下的民主”。[②]在“党的中央组织”一章中提出，中央委员会除选举中央政治局以外，还选举中央政治局的常务委员会，并明确了各层级委员会与常务委员会之间的关系。八大党章首次将“党的基层组织”单列一章，对党总支部、党支部和党小组的产生机制、办法和职能作了更加具体的规定，明确党的基层组织的组织形式是“基层委员会—（总支）—支部—小组”，规定：“每一个工厂、矿山或者其他企业，每一个乡和民族乡，每一个镇，每一个农业生产合作社，每一个机关、学校和街道，人民解放军中的每一个连队和其他基层单位，凡是有正式党员三人以上的，都应当成立党的基层组织。”[③]八大党章既是新中国成立后的第一部党章，也是党的历史上较好的党章之一。遗憾的是，1957年“反右倾”斗争的扩大化，使执政党组织建设的良好开端被迫中断；1959年庐山会议后阶级斗争扩大化的错误延伸至党的高层，民主集中制原则遭到严重破坏；十年“文化大革命”更是使大批党员干部受到错误打击，党的组织建设出现了严重偏差。

---

① 《刘少奇选集》下卷，人民出版社1985年版，第65页。

② 《建国以来重要文献选编》第9册，中央文献出版社1994年版，第318页。

③ 《建国以来重要文献选编》第9册，中央文献出版社1994年版，第334页。

（三）改革开放和社会主义现代化建设新时期：党的组织体系基本定型

党的十一届三中全会以后，邓小平着手“恢复党的第八次代表大会所决定并在十年间证明是必要和有效的制度”，[①]党的组织体系建设重新回到正确的轨道上来。第一，清理党的组织。1982年年底，中共中央发出《关于清理领导班子中“三种人”问题的通知》，通过清理组织的工作，把邓小平所称的最危险的“三种人”[②]，即“文化大革命”中追随林彪、江青反革命集团造反起家的人，帮派思想严重的人，打砸抢分子，清除出党的组织，解决了党的组织不纯问题，为党的十一届三中全会以来路线方针政策的顺利执行扫除了障碍。

第二，过渡性地设置中央顾问委员会。1980年8月召开的中央政治局会议正式提出要实行党和国家领导制度改革，邓小平提出设置中央顾问委员会的想法：“中央已经设立了纪律检查委员会，正在考虑再设立一个顾问委员会（名称还可以再考虑），连同中央委员会，都由党的全国代表大会选举产生，并明确规定各自的任务和权限。”[③]在1982年党的十二大上，中国共产党中央顾问委员会正式成立。作为“中央委员会政治上的助手和参谋”，中央顾问委员会的任务是：“对党的方针、政策的制定和执行提出建议，接受咨询；协助中央委员会调查处理某些重要问题；在党内外宣传党的重大方针、政策；承担中央委员会委托的其他任

① 《三中全会以来重要文献选编》上，人民出版社1982年版，第438页。

② 《邓小平文选》第3卷，人民出版社1993年版，第37页。

③ 《邓小平文选》第2卷，人民出版社1994年版，第339页。

务。”[①]不过，中央顾问委员会是一个过渡性的机构，到1992年党的十四大时即完成其历史使命并宣布撤销。

第三，丰富发展党的组织路线。“从新中国成立到改革开放新时期，党的文献中‘组织路线’狭义就是指‘干部路线’（干部队伍建设原则、方针、政策），广义还包括组织体系的建设及运行机制的调整。党的十一届三中全会以后，党的组织路线的内涵基本上仍然延续了此前的狭义广义之分，只是具体内容更为丰富，具体举措朝着制度化、规范化、程序化方向发展。”[②]中国共产党重新确立了实事求是的思想路线和“一个中心、两个基本点”的政治路线，同时也丰富发展了与党的思想路线、政治路线相适应的正确的组织路线。邓小平反复强调：“组织路线是保证政治路线贯彻落实的”，“中国的稳定，四个现代化的实现，要有正确的组织路线来保证”[③]，“三中全会以后，党中央考虑，不进一步解决党的组织路线问题，政治路线、思想路线就得不到可靠的保证”[④]。可见，邓小平所谈的组织路线，多是与党的思想路线、政治路线相提并论的。另外，改革开放新时期对党的组织路线的丰富和发展更多地体现在干部队伍建设上，特别是党的十二大党章增加了“党的干部”的单独章节。

第四，完善党的组织体系。1982年党的十二大通过的党章第一次精

① 《十二大以来重要文献选编》上，中央文献出版社1986年版，第78页。

② 杨德山、朱一鸣：《中国共产党组织建设百年历史经验研究》，《中共中央党校（国家行政学院）学报》2021年第2期。

③ 《邓小平文选》第2卷，人民出版社1994年版，第193页。

④ 《邓小平文选》第2卷，人民出版社1994年版，第275页。

准、简练地概括了包括"党的中央组织""党的地方组织""党的基层组织"在内的党的组织体系，较详细地规定了党中央组织的机构设置，将省、自治区、直辖市、设区的市、自治州、县（旗）、不设区的市、区中的党组织统称为"党的地方组织"，并将"党组"单列一章，对其产生、职责、制度等进行了更为详细的规定。十二大党章对党的组织体系的设置和概括更加科学合理，此后历届党章基本上沿用了十二大党章的设置和概况，只是根据形势变化稍作变动，比如十三大党章增加了中央书记处的相关规定、十四大党章删除了中央和省级顾问委员会的相关条文、十六大党章增加了在非公有制经济组织中设置党的基层组织的相关条文。

（四）中国特色社会主义新时代：党的组织体系的创新性发展

党的十八大以来，习近平总书记站在战略和全局的高度，紧紧围绕新时代"建设一个什么样的党、怎样建设党"这一党的建设根本的、重大的问题，创造性地提出了一系列新思想新观点新论断，丰富和发展了马克思主义建党学说。

2018 年 7 月，党的全国组织工作会议召开，习近平总书记提出并阐述了新时代党的组织路线，即"全面贯彻新时代中国特色社会主义思想，以组织体系建设为重点，着力培养忠诚干净担当的高素质干部，着力集聚爱国奉献的各方面优秀人才，坚持德才兼备、以德为先、任人唯贤，为坚持和加强党的全面领导、坚持和发展中国特色社会主义提供坚强组织保证"。[①]习近平总书记对新时代党的组织路线的科学概括，在理论上对马克思主义建党学说作出了开创性重大贡献，在实践上为新时代党的

① 《十九大以来重要文献选编》上，中央文献出版社 2019 年版，第 560 页。

建设和组织工作指明了方向、提供了遵循。

“党的组织体系”是新时代党的组织路线中的一个重要概念。习近平总书记高度重视党的组织体系建设，不仅提出了“党的组织体系”的完整概念，对党的组织体系进行了科学架构，还反复强调党的组织体系的重要意义和独特优势。在党的十八届中央纪委三次全会上的讲话中，习近平总书记强调：“党的力量来自组织，组织能使力量倍增……党中央作出的决策部署，党的组织、宣传、统战、政法等部门要贯彻落实，人大、政府、政协、法院、检察院的党组织要贯彻落实，事业单位、人民团体等的党组织也要贯彻落实，党组织要发挥作用。”[①] 在全国组织工作会议上，习近平强调：“党的力量来自组织。党的全面领导、党的全部工作要靠党的坚强组织体系去实现。”“我们党是按照马克思主义建党原则建立起来的，形成了包括党的中央组织、地方组织、基层组织在内的严密组织体系。这是世界上任何其他政党都不具有的强大优势。”[②]

“党的组织体系”概念的提出，是与全面从严治党之全面、深入推进密切相关的。“党的组织体系”概念既是对党注重组织体系建设的优良传统的继承和创新，是对党的组织体系建设百年探索的总结、概括和凝练，也是对马克思主义建党学说的丰富和发展，是对执政党建设规律和党的组织建设规律的深刻认识和理论升华，更是对新时代建设什么样的党的组织体系、怎样建设党的组织体系的深入思考。“党的组织体系”概念更强调党组织的整体性、系统性，有利于从整体视角全方位、多层次地审视党的组织的多维样态。

① 《习近平谈治国理政》第 1 卷，外文出版社 2018 年版，第 395—396 页。

② 《十九大以来重要文献选编》上，中央文献出版社 2019 年版，第 560 页。

党的组织是一个层级分明、上下贯通、紧密衔接的体系。党中央处于党的组织体系的顶端，统摄整个党的组织体系，是贯彻党中央决策部署的“最初一公里”，承担着统筹全局、宏观指导的职责；党的地方组织处于党的组织体系的“中间段”，是贯通中央和基层的桥梁，其根本任务是确保党中央决策部署贯彻落实，同时要因地制宜地处理好地方事务；党组是党在中央和地方国家机关、人民团体、经济组织、文化组织和其他非党组织的领导机关中设立的领导机构，是党对非党组织实施领导的重要组织形式；党的基层组织处于党的组织体系的末端，是贯彻落实党中央决策部署的“最后一公里”，是宣传党的路线方针政策、贯彻党的决定、推动生产发展、联系服务群众和监督、教育、管理、服务党员的最前沿阵地。

党的十八大以来，为了加强组织体系建设，中国共产党采取了多项措施，出台了多个文件。在党的中央组织层面，2018 年 2 月发布了《中共中央关于深化党和国家机构改革的决定》，其目标之一就是“形成总揽全局、协调各方的党的领导体系”①；2019 年 11 月审议修订了《中国共产党党和国家机关基层组织工作条例》，明确要建设“让党中央放心、让人民群众满意的模范机关”②。在党的地方组织层面，2015 年 12 月印发《中国共产党地方委员会工作条例》，明确了地方党委的权责；2017 年十九大党章增加了党组“讨论和决定基层党组织设置调整和发展党员、

---

① 《中共中央关于深化党和国家机构改革的决定》，人民出版社 2018 年版，第 16 页。

② 《中国共产党党和国家机关基层组织工作条例》，人民出版社 2020 年版，第 5—6 页。

处分党员等重要事项”[①]的权力；2018年6月印发的《中国共产党党组工作条例（试行）》对党组的机构设置、人员编制、职责范围、基本权力和等级标准做了专门论述；2019年4月修订的《中国共产党党组工作条例》对党组如何开展工作作了详细规定。在党的基层组织层面，十八大党章对党的基层组织的范围、界限和标准作了更为明确的规定；2018年12月印发的《中国共产党支部工作条例（试行）》明确了党的工作覆盖和组织覆盖的问题；2020年7月印发的《中国共产党基层组织选举工作条例》详细规定了基层组织选举工作的流程；等等。

三、党的组织体系的鲜明特征

在不同时期，中国共产党组织体系建设的侧重点、方式有所不同。比如，在党员人数较少、组织力量弱小的革命战争年代，发展党员、壮大组织是最为重要的任务；在党的组织力量逐渐壮大、组织机构逐渐完善的执政条件下，党的组织的系统化、规范化、制度化建设日益凸显出来。但是，无论在革命战争年代还是成为长期执政党的今天，党的组织体系都具有鲜明的政治性、系统性、科学性、高效性等特点。

（一）政治性

政治性是中国共产党的根本属性，是中国共产党与其他政党、社会团体、经济组织、社会组织的根本区别。党的组织体系的政治性主要体现

① 《中国共产党第十九次全国代表大会文件汇编》，人民出版社2017年版，第100页。

在两个方面。一方面，政治性贯穿于党的组织设置、建设、运转的各个方面、各个环节。政治建设是中国共产党的根本建设，统领党的其他一切建设、一切工作，当然也包括党的组织建设、组织工作。政治建设之所以能统领党的其他建设，是因为它直接决定党的建设目标、方向，包括组织体系建设的目标、方向。党的组织体系如何设置、如何建设、如何运转，都是由党的政治性决定的，都取决于党的政治纲领、政治任务。

另一方面，党的组织体系建设服从、服务于党的政治任务。毛泽东同志曾这样强调党的事业与政治路线、组织建设的关系："一个政党要引导革命到胜利，必须依靠自己政治路线的正确和组织上的巩固。"① 邓小平指出："正确的政治路线要靠正确的组织路线来保证。"② 新时代党的组织路线的落脚点在于"为坚持和加强党的全面领导、坚持和发展中国特色社会主义提供坚强组织保证"。③ 2021年5月22日，中共中央印发《中国共产党组织工作条例》，提出党的组织工作是："巩固党的执政基础、实现党的全面领导、完成党的全部工作的重要保证，是党领导人民不断夺取革命、建设、改革胜利的优良传统和独特优势。"④ 这些强调的都是组织建设服务于政治建设、组织路线服务于政治路线的道理。党的政治任务最终要落实到共产党员的先锋模范作用、领导干部的骨干带头作用、各级党组织的领导核心作用尤其是基层党组织的战斗堡垒作用上来，而这些都属于党的组织建设范畴，都要依靠党的组织体系建设。从中国共

---

① 《毛泽东选集》第1卷，人民出版社1991年版，第303页。

② 《邓小平文选》第3卷，人民出版社1993年版，第380页。

③ 《十九大以来重要文献选编》上，中央文献出版社2019年版，第560页。

④ 《中国共产党组织工作条例》，人民出版社2021年版，第3—4页。

产党的百年历史来看，没有严密的组织体系，就没有中国共产党的从小到大、从弱到强；从中国革命、建设、改革的历史来看，没有组织严密的中国共产党，就没有新中国的成立、社会主义制度的建立和中国特色社会主义事业的辉煌成就，也没有中华民族从站起来到富起来、从富起来再到强起来的伟大飞跃。换言之，无论是党自身的发展壮大，还是党领导的中国特色社会主义事业的顺利推进，都必须以党的严密的组织体系为依托。

（二）系统性

中国共产党是以组织化、体系化的整体存在的，系统性是党的组织体系的内在属性。党的组织体系的系统性主要体现在纵横两个方面。从纵向来看，层级分明是党的组织体系的鲜明特点。党的中央组织、地方组织、基层组织和党组共同构成了一个有机统一的整体。党的中央组织是党的中央委员会、中央政治局、中央政治局常务委员会等，履行“把方向、谋大局、定政策、促改革”职责；党的地方组织包括省、自治区、直辖市、自治州、市辖区的代表大会及其产生的各级党委会，履行“把方向、管大局、作决策、保落实”职责；党的基层组织指在企业、农村、机关、学校、医院、科研院所、街道社区、社会组织设置的党组织，是党在社会基层组织中的战斗堡垒，是党的全部工作和战斗力的基础；党组是在中央和地方的国家机关、人民团体、经济组织、文化组织和其他非党组织领导机关中设置的单位，履行“把方向、管大局、保落实”职责。[①]如果把党的组织体系比喻为人体的话，那么，党的中央组织是人体的大

① 《中国共产党组织工作条例》，人民出版社2021年版，第8—10页。

脑中枢，党的地方组织是人体的四肢躯干，党的基层组织是人体的神经末梢。

从横向来看，无论是党的中央组织还是地方组织、基层组织，每一级组织都是由不同机构、部门及其成员有机组合在一起的。比如，中央委员会有中央组织部、中央宣传部、中央统战部、中央对外联络部等职责明确的部门机构，这些机构都配备相应的人员编制。虽然这些机构、部门和人员责权范围和分工不同、履职方式和侧重点有差异，但都在各自的领域发挥着各自的作用，同时又都是党的有机体的重要组成部分，都是为了贯彻落实党中央决策部署而通力合作、协同配合。

《中国共产党组织工作条例》提出："按照党章规定建立健全党的各级各类组织，形成包括党的中央组织、地方组织、基层组织在内，涵盖党的纪律检查机关、党的工作机关、党组，纵向到底、横向到边的严密组织架构。"[①] 总体来看，党的中央组织、地方组织和基层组织构成了党的组织体系的纵向坐标，组织机构、干部队伍、党员队伍构成了党的组织体系的横向坐标。党的组织体系从纵向上看层级分明、上下贯通，从横向上看分工明确、协调配合，纵横结合共同构成完整的、系统的党的组织体系的物质形态。"在组织体系中，党员、各级组织和干部是最基本的资源，是组织存在的物态化要素。"[②] 党的"组织体系"概念、以组织体系为重点的组织路线的提出和阐释，都是立足于党的组织建设的系统性、整体性，致力于党的思想路线、政治路线、群众路线和组织路线的

① 《中国共产党组织工作条例》，人民出版社2021年版，第8页。

② 齐卫平：《中国共产党组织建设百年历史实践纵论》，《行政论坛》2021年第2期。

协同性，提升全面从严治党的质量。

（三）科学性

截至 2021 年 12 月 31 日，中国共产党党员总数为 9671.2 万名，中国共产党现有基层组织 493.6 万个。其中基层党委 27.8 万个，总支部 31.6 万个，支部 434.2 万个[①]。那么，数量如此庞大的组织、机构、党员是如何组成一个有机整体的？

一靠科学的思想理论指导。自创建之日起，中国共产党就遵照马克思主义建党理论和先进文化组织起来。在百年探索过程中逐渐形成了科学的指导思想、理论和先进的文化，从而为党的组织体系提供了思想、理论和文化上的保障，使党具有强大的内聚力和号召力。二靠科学的组织制度、机制、原则。党的组织体系是按照一定的规则、制度、原则形成和建设的。其中，民主集中制是党的根本组织制度和领导制度，也是实践证明的科学合理而又有效率的制度，它把充分发扬党内民主和正确实行集中有机结合起来，既可以最大限度激发各级党组织和广大党员的创造活力，又可以有效防止和克服议而不决、决而不行的分散主义，进而统一全党思想和行动，保持全党政治上高度统一、行动上强大有力。除此之外，党在组织建设的百年实践中形成了一系列以党章为核心的党内法规体系。党的十八大以来更加重视组织制度建设的系统性、协调性，在党的中央组织层面，出台了《中国共产党中央委员会工作条例》。在党的地方组织层面，制定和修订了《中国共产党党组工作条例》《中国共产党地方委员会工作条例》等党内法规。在党的基层组织方面，

---

① 中共中央组织部：《中国共产党党内统计公报》，《党建研究》2022 年第 7 期。

制定、修订了《中国共产党党和国家机关基层组织工作条例》《中国共产党支部工作条例（试行）》等党内法规。党的十九届四中全会进一步把健全维护党的集中统一的组织制度作为坚持和完善党的领导制度体系的重要内容。一系列与组织体系建设相关的具有指导性、规范性、实操性的党内法规为党的组织体系建设提供了法律保障，使各个层级、主体、要素有机地融入党的组织体系之中，从而实现党的组织体系静态上的结构严密、设置科学、权责明确和动态上的层级衔接、上下贯通、高效运转，确保党的集中统一领导和党的政令畅通，确保党的强大战斗力。

（四）高效性

党的组织体系的高效性是建立在政治性、系统性和科学性的基础之上的。正是因为有高度一致的政治方向和政治目标，有纵向到底横向到边的系统结构，有科学规范的组织制度和组织法规，党才能在不同历史时期切实把党员有效组织起来、把人才有效凝聚起来、把群众有效动员起来，从而克服一个又一个困难、夺取一个又一个伟大胜利。

中央、地方、基层组织既各司其职又协调配合，才能实现党的组织体系的整体功能，发挥党组织的整体合力并对社会产生强大号召力、影响力。比如，在新冠疫情总体战、防控战中，党的组织优势彰显得淋漓尽致。作为党中央的核心和全党的核心，习近平总书记高度重视、亲自指挥、密集指示，多次主持召开政治局会议专门研究、部署疫情防控工作，并深入抗疫一线开展调研、指导工作。作为坐镇中军帐的“帅”，党中央审时度势、综合研判、统领全局、统筹规划，带领全党全国各族人民以最快的应急反应、最严的防控措施、最温情的民生保障，尽力下好全国防疫抗疫这盘“大棋”。党中央及时印发了《关于加强党的领导、为打赢疫情防控阻击战提供坚强政治保证的通知》，要求广大党员干部“牢记人民利益高于一切”，“不忘初心、牢记使命，挺身而出、英勇奋斗、扎实工作”，“把打赢疫情防控阻击战作为当前的重大政治任务，把投身疫情防控第一线作为践行初心使命、体现责任担当的试金石和磨刀石”①。各级党委迅速行动，及时成立由党政主要负责同志挂帅的领导小组，第一时间传达学习中央指示精神、第一时间制订防控方案、第一时间动员安排。基层党组织冲锋在一线、奉献在一线，充分发挥战斗堡垒作用。领导干部特别是主要负责同志勇挑重担、坚守岗位、靠前指挥。广大党员始终牢记自己共产党员的第一身份，纷纷把请战抗疫当成一种荣誉、一种责任，争当抗击疫情的排头兵、急先锋。党的组织优势、党员干部的先锋模范作用迅速转化为疫情防控的强大政治优势，稳定了群众的情绪、增强了必胜的信心。在这场不见硝烟但生死攸关的“疫”战中，党旗始终高高飘扬在第一线，生动诠释了“哪里任务险重哪里就有党组织坚强有力的工作、哪里就有党员当先锋作表率”②。可以说，疫情防控的战场成了全党上下践行初心使命、勇于承担责任的展示舞台，成了检验党的组织优势和组织力量的前沿阵地。此次疫情防控战证明，充分发挥党的集中统一领导优势和各级党委（党组）、各领域基层党组织的组织优势，就能够把490多万个基层党组织有效组织起来、把

---

① 《中共中央印发关于加强党的领导、为打赢疫情防控阻击战提供坚强政治保证的通知》，中国共产党新闻网 http://dangjian.people.com.cn/n1/2020/0203/c117092-31567717.html。

② 《中共中央印发关于加强党的领导、为打赢疫情防控阻击战提供坚强政治保证的通知》，中国共产党新闻网 http://dangjian.people.com.cn/n1/2020/0203/c117092-31567717.html。

9800多万名党员集结调动起来、把14亿多人民团结凝聚起来，就能形成战胜一切风险挑战的组织力量，夺取新时代中国特色社会主义的伟大胜利。

党的组织体系的高效运行还有一个重要的因素就是临时党组织的设置。虽然党章并没有明确的相关规定，但是，临时党组织并不是一个新事物。在战争环境、抗震救灾、科研攻关等特殊环境、特殊情形或在执行紧急、特殊任务时，我们党往往会成立临时党组织。临时党组织虽然不是常态的组织设置，但往往会在关键时刻发挥关键作用。比如为应对新冠肺炎疫情防控的紧急需要而在疫情防控的高速路口、隔离点等成立的临时党支部，为执行疫情防控紧急任务提供了组织保障。最新发布的《中国共产党组织工作条例》对设置临时党组织作了规定："适应形势任务的发展变化，及时调整和优化党组织设置。为执行某项任务临时组建的机构，可以按照有关规定成立临时党组织。"①

四、百年党的组织体系建设的基本经验

毛泽东曾提出，研究党史必须"研究哪些是过去的成功和胜利，哪些是失败，前车之覆，后车之鉴"②。在党史学习教育动员大会上的讲话中，习近平总书记也要求："要教育引导全党从党史中汲取正反两方面历

① 《中国共产党组织工作条例》，人民出版社2021年版，第8页。

② 《毛泽东文集》第2卷，人民出版社1993年版，第400页。

史经验。”[1]回望中国共产党组织体系建设的百年历程，中国共产党成功探索出一条具有鲜明中国特色的组织体系建设之路。从石库门到天安门、从兴业路到复兴路，一路走来，既有坦途，也有弯路。无论是坦途还是弯路，都成为今天中国共产党进一步加强组织体系建设的宝贵财富。总结百年党的组织体系建设经验，至少包括以下几个方面。

（一）坚持党的组织体系建设服务于政治建设

从党的政治建设和党的组织体系建设的关系来看，一方面，党的组织体系建设是党的政治建设的依托，党的政治建设要依托党的组织体系建设，要融入党的组织体系建设之中。这是因为，办好中国的事情，关键在党，而党的力量在于组织。我们习惯于称“党组织”，是因为我们党是以组织的形式存在和发展的，这个拥有9800多万名党员的世界上最大的政党是靠组织团结凝聚在一起的。党的组织体系的不断健全完善，党的组织体系的各个系统同向发力、协同推进是中国共产党实现全面领导、开展全部工作的基础和支撑。因此，党的建设、党的政治建设必须以党的组织体系建设为基础和依托。新时代党的组织路线提出要以组织体系建设为重点，突出和强调党的组织体系建设是党的组织建设、党的全面领导和全部工作的物质基础和重要依托作用。

另一方面，党的政治建设是党的组织体系建设的统领和主线。统领，强调的是方向、是目标；主线，强调的是过程和阶段。党的组织体系建设是为党的建设的总体目标和总体布局服务的，是为提高党的建设

① 习近平：《在党史学习教育动员大会上的讲话》，人民出版社2021年版，第23页。

的总体质量服务的。政治建设是党的建设的根本性建设，是党的组织体系建设须臾不可偏离的方向。没有政治建设这条主线，党的组织体系建设就没有正确方向，党的组织就缺乏内聚力。政治方向一旦偏离，党的组织必受损失，甚至危及党的生死存亡。在百年党史上，中国共产党绝大多数时候都有正确的政治路线，这时党的组织路线正确、党的组织健康发展、党的事业发展顺利。但也有少数政治路线发生偏差、组织建设遇到困境、党的事业发展受挫的时候。在民主革命时期，党就曾出现过多次偏离正确的政治轨道的路线错误，如投降主义、机会主义、冒险主义等，所幸的是，以毛泽东同志为主要代表的中国共产党人及时校正了组织航向，独立自主地探索出一条适合中国国情的组织建设道路，维护了党的思想统一、组织巩固，提升了革命组织的凝聚力和战斗力。比如，在 1929 年 12 月底召开的古田会议上，毛泽东批评了党内存在的“非组织观点”等错误倾向，提出“中国的红军是一个执行革命的政治任务的武装集团”①，强调红军的一切军事行动，都必须围绕党的政治中心任务进行，必须全心全意地为着党的纲领、路线和政策而奋斗，必须接受并绝对服从党的政治领导。在总结革命经验教训的基础上，毛泽东深刻地提出：“一个政党要引导革命到胜利，必须依靠自己政治路线的正确和组织上的巩固。”②又如，改革开放初期，邓小平在总结“文化大革命”10 年间“以阶级斗争为纲”错误路线惨痛教训的基础上确立了“一个中心、两个基本点”的政治路线，党的组织体系建设也重新回到正确的轨道上来。进入中国特色社会主义新时代，面对发生重大转变的社会主要矛盾，

---

① 《毛泽东文集》第 1 卷，人民出版社 1993 年版，第 79 页。

② 《毛泽东选集》第 1 卷，人民出版社 1991 年版，第 303 页。

面对中华民族伟大复兴的战略全局和世界百年未有之大变局，为了更好地统筹推进“五位一体”总体布局、协调推进“四个全面”战略布局，更好地服务于新时代党的建设新的伟大工程、服务于党在新时代领导推进的伟大斗争、伟大事业、伟大梦想，以习近平同志为核心的党中央强调党的组织路线是为党的政治路线服务的，强调“政治方向是党生存发展第一位的问题，事关党的前途命运和事业兴衰成败”。[①]

百年党史告诉我们：“正确政治路线决定正确组织路线，正确组织路线服务保证正确政治路线。”[②]无论何时，中国共产党都要围绕政治纲领、政治路线确定组织路线和组织发展方向，习近平总书记提出的以组织体系建设为重点的组织路线，明确新时代党的组织路线必须以“坚持和加强党的全面领导、坚持和发展中国特色社会主义”[③]为目标导向，其实质是明确新时代党的组织路线和组织体系建设的出发点和落脚点，明确了新时代党的组织工作肩负着将党的组织优势转化为政治优势的历史使命。

（二）坚决维护党中央权威和集中统一领导

恩格斯在剖析巴黎公社失败原因时曾一针见血地指出：“巴黎公社遭到灭亡，就是由于缺乏集中和权威。”[④]纵观党的百年历史，党的组织

① 习近平：《增强推进党的政治建设的自觉性和坚定性》，《求是》2019 年第 14 期。

② 习近平：《贯彻落实新时代党的组织路线 不断把党建设得更加坚强有力》，《求是》2020 年第 15 期。

③ 《十九大以来重要文献选编》上，中央文献出版社 2019 年版，第 560 页。

④ 《马克思恩格斯文集》第 10 卷，人民出版社 2009 年版，第 375 页。

体系之所以越来越密、越来越强，与始终保持党中央权威、维护党的集中统一领导密切相关。党的二大通过的《关于共产党的组织章程决议案》明确规定："自中央机关以至小团体的基本组织要有严密系统才免得乌合的状态；要有集权的精神与铁似的纪律，才免得安那其的状态。"[①]此后，中国共产党历次全国代表大会及其通过的党章都强调全国代表大会最高机关的地位，强调地方、基层党组织服从党中央的号令，强调党员服从中央委员会的决议等。1954 年党的七届四中全会提出："党的团结的唯一中心是党的中央"，"必须把任何地区、任何部门的党的组织及其工作看作是在中央统一领导下的整个党及其工作的不可分割的一部分"[②]。党的八大明确提出要"维护党的团结，巩固党的统一"[③]。改革开放以后，邓小平总结道："社会主义同资本主义比较，它的优越性就在于能做到全国一盘棋，集中力量，保证重点。"[④]邓小平言简意赅地指出，"中央要有权威"[⑤]，"没有中央、国务院这个权威，不可能解决问题"[⑥]。这些都是强调党中央的权威和集中统一领导的突出表现。中国特色社会主义进入新时代，加强党中央权威和集中统一领导被提到更加突出的位置，习近平总书记指出："在坚持党的领导这个重大原则问题上，我们脑子要特别清醒、眼睛要特别明亮、立场要特别坚定，绝不能有任何含糊

---

① 《建党以来重要文献选编（1921—1949）》第 1 册，中央文献出版社 2011 年版，第 162 页。

② 《建国以来重要文献选编》第 5 册，中央文献出版社 1993 年版，第 129 页。

③ 《建国以来重要文献选编》第 9 册，中央文献出版社 1994 年版，第 320 页。

④ 《邓小平文选》第 3 卷，人民出版社 1993 年版，第 16 页。

⑤ 《邓小平文选》第 3 卷，人民出版社 1993 年版，第 277 页。

⑥ 《邓小平文选》第 3 卷，人民出版社 1993 年版，第 319 页。

和动摇。”[①]“三个特别”强调了党的领导的特殊重要性。在党史学习教育动员大会上，习近平总书记强调：“旗帜鲜明讲政治、保证党的团结和集中统一是党的生命，也是我们党能成为百年大党、创造世纪伟业的关键所在。”[②]新发布的《中国共产党组织工作条例》也明确强调：“组织工作实行党中央集中统一领导，各级党委（党组）分级分类领导，组织部门专门负责，有关方面各司其职、密切配合的领导体制。”[③]历史已经证明，坚持党中央权威和集中统一领导是中国共产党革命、建设和改革事业取得成功的根本保证。新时代中国共产党要有效治理国家、治理社会，仍然必须坚持党中央权威和集中统一领导，以党中央集中统一领导聚合多元主体、整合多种力量，共同推进全面建设社会主义现代化进程。

维护党中央权威和集中统一领导最核心的是始终恪守民主集中制的根本组织原则。党的五大正式确定“党部的指导原则为民主集中制”[④]。党的六届六中全会进一步提出“四个服从”的政治原则，为坚持党中央权威和集中统一领导提供了基本遵循。党的八大着重强调了“党的民主原则不能离开党的集中原则”，明确“在党内不容许有违反党的政治路线和组织原则的行为，不容许有分裂党、进行小组织活动、向党闹独立

---

① 习近平：《论坚持党对一切工作的领导》，中央文献出版社2019年版，第59页。

② 习近平：《在党史学习教育动员大会上的讲话》，人民出版社2021年版，第21页。

③《中国共产党组织工作条例》，人民出版社2021年版，第5页。

④《建党以来重要文献选编（1921—1949）》第4册，中央文献出版社2011年版，第268页。

性、把个人放在党的集体之上的行为”[①]。1980 年 1 月，在中央召集的干部会议上，邓小平发表了《目前的形势和任务》的讲话，强调：“个人必须服从组织，少数必须服从多数，下级必须服从上级，全党必须服从中央。”[②]这几条如果执行不好，党就形成不了一个战斗的集体。党的十二大正式将民主集中制概括为六大原则，并把“四个服从”作为六大原则之首。可见，在党的组织体系建设中，民主集中制恰似一条红线贯穿始终，确保党中央权威和集中统一领导，确保党的各级组织各司其职、各正其位、各负其责。“坚持民主集中制组织原则，确保党组织体系三层级运行，使党百年执行力纵向不脱节、横向不松动、环环紧扣，在党中央领导下把机关、企业、农村、学校、社区等的党员紧密团结起来，让党的组织体系更加坚强、严密、纯净和健康。”[③]

（三）重视筑牢党的基层根基

“欲筑室者，先治其基。”在创建共产主义者同盟时，马克思恩格斯就提出：“应该使自己的每一个支部都变成工人协会的中心和核心。”[④]列宁非常重视基层组织在实现党的领导、完成革命事业中的基础性作用，强调：“工人当中同群众有直接联系的先进分子所领导的地方党支部，尤其是工厂的党支部，——这就是我们赖以建立起革命的社会民主主义工

---

① 《建国以来重要文献选编》第 9 册，中央文献出版社 1994 年版，第 319 页。

② 《邓小平文选》第 2 卷，人民出版社 1994 年版，第 271 页。

③ 祝福恩、张滨：《中国共产党百年组织体系建设的基本经验研究》，《理论探讨》2021 年第 3 期。

④ 《马克思恩格斯选集》第 1 卷，人民出版社 1995 年版，第 369 页。

人运动的不可动摇的坚强核心的基础。”[1]“要进行顽强不懈的努力，使基层组织真正成为而不是在口头上成为党的基本组织细胞。”[2]中国共产党在初创时期就确立了在基层单位建立党组织的原则。党的二大党章明确规定：“各农村、各工厂、各铁路、各矿山、各兵营、各学校等机关及附近，凡有党员三人至五人均得成立一组，每组公推一人为组长，隶属地方支部。”[3]后来，中国共产党提出“一切工作归支部”的基层导向并明确了其含义，即“要使每个党员都能在支部中得到工作的分配而为党工作，纠正过去党的指导机关常有包办一切代替支部工作或直接指挥党员工作的现象，绝对不是说党的一切工作、一切事务、一切问题都要拿到支部中去讨论去解决——这是极端民主化的主张”[4]。毛泽东把“支部建在连上”作为治党治军的重大原则，著名的三湾改编正是因此而载入史册，“红军所以艰难奋战而不溃散，‘支部建在连上’是一个重要原因”[5]。邓小平鲜明地提出：“党的基层组织是党联系广大群众的基本纽带，经常检查和改进基层组织的工作，是党的领导机关的重要政治任务。”[6]十二大党章明确规定：“每个党员，不论职务高低，都必须编入党的一个支部、小组或其他特定组织，参加党的组织生活，接受党内外群众的监

① 《列宁全集》第 17 卷，人民出版社 2017 年版，第 59 页。

② 《列宁全集》第 13 卷，人民出版社 2017 年版，第 59 页。

③ 《建党以来重要文献选编（1921—1949）》第 1 册，中央文献出版社 2011 年版，第 164 页。

④ 《建党以来重要文献选编（1921—1949）》第 6 册，中央文献出版社 2011 年版，第 396 页。

⑤ 《毛泽东选集》第 1 卷，人民出版社 1991 年版，第 65 页。

⑥ 《邓小平文选》第 1 卷，人民出版社 1994 年版，第 253 页。

督。不允许有任何不参加党的组织生活、不接受党内外群众监督的特殊党员。”[①]这就明确了所有党员都要被编入基层党组织的原则，有利于统一、有效地管理党员，党的组织体系更严密、更科学。新时代的基层党组织建设更是把支部建到网上、建到产业链上，基层党组织越来越成为教育、管理、监督党员和组织、宣传、服务群众的前沿阵地。2018 年印发的《中国共产党支部工作条例（试行）》明确要求把全面从严治党落实到每个支部、每名党员，推动全党形成大抓基础、大抓支部的良好态势。

在改革开放以前，我国经济结构相对单一，党员和党的基层组织主要集中在党政机关、事业单位、国营企业以及城市街道、农村公社。改革开放以后，各种经济组织、社会组织不断涌现，与此相适应，非公有制企业和社会组织党建工作不断加强。当前，从工作覆盖和组织覆盖来看，全国 99% 以上的城市街道、乡镇、社区、行政村设立了党组织，机关、事业单位、企业和社会组织党组织基本实现了“应建尽建”。无论是城市还是乡村，无论是机关还是事业单位，无论是国有企业还是非公企业、社会组织，中国共产党的组织实现了广泛、深入嵌入和覆盖，真正体现了“哪里有群众哪里就有党的工作，哪里有党员哪里就有党的组织”。从基层党组织建设质量来看，伴随着全面从严治党向基层延伸，党支部标准化规范化建设全面推进，软弱涣散基层党组织得到整治，基层党组织负责人和党务工作者队伍更优更强，基层党组织组织力大大提升，党建引领经济社会发展的能力进一步增强，在脱贫攻坚、基层社会治理、乡村振兴等方面都取得了明显成效。

① 《十二大以来重要文献选编》上，人民出版社 1986 年版，第 72 页。

（四）重视党员干部队伍建设

党的组织是由党员干部聚合而成的，党员干部的数量、质量和党的组织密切相关。能否处理好党员数量和质量的关系直接影响党的组织力。首先，党的战斗力建立在一定的党员数量的基础上。但是，数量庞大不等于力量强大，党组织的先进性和纯洁性、凝聚力和战斗力更取决于党员干部的质量。而且，真正决定党是否强大的，不在于党员的数量，而在于党员的质量。所以，真正的无产阶级政党不会为了扩大规模而降低质量或忽略质量。党的二大明确提出："个个党员不应只是在言论上表示是共产主义者，重在行动上表现出来是共产主义者。"[①]党的二大通过的首部党章就规定了严格的入党手续，包括党员介绍、逐级上报的审查手续等，目的就是从制度上确保党组织的纯洁性，把投机分子和不符合党员条件的人阻挡在党组织之外，把真正符合党员条件的优秀分子吸收到党组织中来。

在党的历史上，我们党也曾经出现过为了壮大组织力量而忽视党员质量的问题。比如，大革命期间，党员数量激增，党的力量迅速发展壮大，同时也带来了投机分子混入党内的问题。大革命失败后，国民党疯狂屠杀共产党人，我们党被迫转为地下秘密状态，一些意志薄弱的党员纷纷脱党甚至背叛党，致使大批优秀共产党员被捕牺牲，党员数量骤减。随后，一些地方出现了大量"征收"党员的运动，党员数量激增，同时带来了质量不容乐观的问题，最终损害了党的纯洁性和党的形象。中国

---

① 中共中央党校党史教研室编：《中国共产党史稿（1921—1949）》第1卷，中共党史出版社2006年版，第393页。

共产党从血的教训中认识到，作为一个政治组织，作为工人阶级先锋队，只强调党员质量没有一定的党员数量不行，只追求党员数量而没有一定的质量更不行。“党员在质量上不发展，单是在数量上的发展，不但无益，而且足以使党的组织更加松懈。”[①]成为执政党后，中国共产党通过整顿组织，清退不合格党员、清除蜕化变质分子以及加强教育等方式来提高党员队伍素质。改革开放后，中国共产党强调通过制度法规的形式实现对党员“发展、培养、使用、退出”的全流程管理，在数量不断增长的同时保证党员质量。党的十八大以来，习近平总书记非常重视党员数量和质量问题，强调：“对我们这样一个长期执政的党来说，数量应该没什么大问题，难的主要是提高质量。”[②]历史一再证明，发展党员必须把数量与质量结合起来，坚持标准、严格程序，特别是强调思想纯洁，这是保证政治质量、组织纯洁的基础和前提。

在干部队伍建设方面，中国共产党尤其强调“德才兼备”。早在1938年党的六届六中全会上，毛泽东就提出了“才德兼备”的干部标准和“任人唯贤”的干部路线。他认为：“中国共产党是在一个几万万人的大民族中领导伟大革命斗争的党，没有多数才德兼备的领导干部，是不能完成其历史任务的。”[③]“共产党的干部政策，应是以能否坚决地执行党的路线，服从党的纪律，和群众有密切的联系，有独立的工作能力、积

① 中共中央组织部、中共中央党史研究室、中央档案馆编：《中国共产党组织史资料》第8卷，中共党史出版社2000年版，第68页。

② 《十八大以来重要文献选编》上，中央文献出版社2014年版，第351页。

③ 《毛泽东选集》第2卷，人民出版社1991年版，第526页。

极肯干，不谋私利为标准，这就是‘任人唯贤’的路线。”[①]为了提升领导干部的政治素质，毛泽东提出了“知人善任”的干部政策和“五湖四海”全面团结干部的方针，并通过严格的政治审查把好领导干部的“入口关”，通过延安整风运动对中直和军直系统、西北局和陕甘宁边区系统、中央党校系统等的干部进行马克思列宁主义教育，加强领导干部的理论学习，提高领导干部的理论水平，纠正各种非无产阶级思想。

新中国成立后，党面临一系列全新的问题和考验。为了提升领导干部素质，在党的八届三中全会上，毛泽东着眼于当时的政治路线、历史任务和社会主义建设事业的需要，提出了“又红又专”的干部标准：“我们各行各业的干部都要努力精通技术和业务，使自己成为内行，又红又专。”[②]“又红又专”要求领导干部既要有崇高的理想信仰、正确的政治方向和敏锐的政治敏感性等政治素质，又要具备从事各项建设事业所要求的技术和业务能力。为此，领导干部既要进行政治思想改造，又要搞好专业研究。

改革开放之初，针对干部队伍老化、知识结构不合理、文化素质偏低等问题，结合当时经济建设的需要，邓小平确立了“革命化、年轻化、知识化、专业化”的新时期干部队伍建设“四化”方针。“要在坚持社会主义道路的前提下，使我们的干部队伍年轻化、知识化、专业化，并且要逐步制定完善的干部制度来加以保证。提出年轻化、知识化、专业化这三个条件，当然首先是要革命化，所以说要以坚持社会主义道路为前

① 《毛泽东选集》第2卷，人民出版社1991年版，第527页。

② 《毛泽东文集》第7卷，人民出版社1999年版，第309页。

提。”[①]可见，在邓小平看来，“革命化”是“年轻化、知识化、专业化”的前提和基础，只有“革命化”，才能在经济建设中有正确的政治方向和过硬的政治素质，才能确保干部的改革思想、行为符合政治标准。邓小平强调：“选拔人，第一个是政治条件。”[②]为了解决当时党员干部存在的一些突出问题，邓小平带领全党进行了加强领导班子建设、改革干部制度、选任中青年干部等多项改革，并在 20 世纪 80 年代对党的作风和组织进行了一次全面整顿，党的组织不纯、纪律松弛的状况有了明显改善，党员干部的思想政治素质有了明显提升。

江泽民认为“讲政治”是领导干部的第一标准，强调“造就高素质的领导班子和干部队伍”[③]的重要性，要求高级干部“要努力成为会治党治国的马克思主义政治家”[④]。在江泽民看来，提升干部思想政治素质必须通过“讲政治”的途径。为此，自 1996 年起，对县处级以上领导干部进行了为期 3 年的、以“讲学习、讲政治、讲正气”为主要内容的党性党风教育，即“三讲教育”。此外，为了提升领导干部的政治素质，江泽民提出各级领导同志应该“自重、自省、自警、自励，在各方面以身作则，树立好的榜样”[⑤]。“四自”实质上是要求领导干部在改造客观世界的同时努力改造自己的主观世界，要进行自我教育、自我改造、自我磨砺、自我规范。

进入 21 世纪，以胡锦涛同志为总书记的党中央创新发展了党的选

① 《邓小平文选》第 2 卷，人民出版社 1994 年版，第 361 页。

② 《邓小平文选》第 2 卷，人民出版社 1994 年版，第 411 页。

③ 江泽民：《论党的建设》，中央文献出版社 2001 年版，第 274 页。

④ 江泽民：《论党的建设》，中央文献出版社 2001 年版，第 273 页。

⑤ 江泽民：《论党的建设》，中央文献出版社 2001 年版，第 184 页。

人用人标准，在“德才兼备”的基础上增加了“以德为先”，更加鲜明地突出了“德”的标准和重要地位，强调：“要坚持把干部的德放在首要位置，选拔任用那些政治坚定、有真才实学、实绩突出、群众公认的干部，形成以德修身、以德服众、以德领才、以德润才、德才兼备的用人导向。”[①]他还对党政干部提出了“生活正派，情趣健康，讲操守，重品行”的基本素质要求，强调领导干部要自觉加强党性修养和锻炼，始终保持高尚的精神追求和道德情操，这些都有利于提升领导干部的政治作风、政治责任。

党的十八大以来，以习近平同志为核心的党中央鲜明地提出了加强党的政治建设、提高领导干部政治素质的要求。习近平总书记强调：“实现中华民族伟大复兴，坚持和发展中国特色社会主义，关键在党，关键在人，归根到底在培养造就一代又一代可靠接班人。”[②]2013年6月，在全国组织工作会议上，习近平总书记提出“信念坚定、为民服务、勤政务实、敢于担当、清正廉洁”的好干部标准。2016年，中央政治局会议首次提出“四个意识”，即“政治意识、大局意识、核心意识、看齐意识”。2017年党的十九大明确提出党的政治建设这个重大命题，强调党的政治建设是党的根本性建设，要把党的政治建设摆在首位，以党的政治建设为统领全面推进党的各项建设。2018年全国组织工作会议进一步提出了新时代党的组织路线，明确了“培养忠诚干净担当的高素质干部”的目标和“德才兼备、以德为先、任人唯贤”的用人标准，明确要求把

① 《十七大以来重要文献选编》下，中央文献出版社2013年版，第440页。

② 《十九大以来重要文献选编》上，中央文献出版社2019年版，第568页。

政治标准放在第一位。[1]2019年党中央印发《关于加强党的政治建设的意见》，从坚定政治信仰、强化政治领导、提高政治能力、净化政治生态4个方面，对新形势下党的政治建设各方面工作进行了部署，对党员干部特别是领导干部提出了加强政治能力训练和政治实践历练的要求，明确提出要突出政治标准选人用人、对政治不合格的干部实行“一票否决”等。可见，党的十八大以来，随着全面从严治党的深入推进，清正廉洁、政治纪律、政治规矩等领导干部政治素质的重要性越来越凸显。

五、进一步加强党的组织体系建设的时代要求

在中国共产党诞辰99周年的前一天，中共中央政治局围绕“深入学习领会和贯彻落实新时代党的组织路线”这一主题进行集体学习，习近平总书记明确提出了“抓好党的组织体系建设”的要求，并分别用“最初一公里”“中间段”和“最后一公里”来形容中央和国家机关、地方组织和基层组织在贯彻落实党中央决策部署方面的地位和作用，凸显了组织体系建设在新时代党的组织路线中的地位和作用。习近平总书记强调：“党的中央组织、地方组织、基层组织都坚强有力、充分发挥作用，党的组织体系的优势和威力才能充分体现出来。”[2]党的十九届五中全会明确提出“完善上下贯通、执行有力的组织体系，确保党中央决

① 《十九大以来重要文献选编》上，中央文献出版社2019年版，第564页。

② 习近平：《贯彻落实好新时代党的组织路线　不断把党建设得更加坚强有力》，《求是》2020年第15期。

策部署有效落实”[①]。新发布的《中国共产党组织工作条例》把“党的组织体系建设”单列一章，提出要“按照党章规定建立健全党的各级各类组织，形成包括党的中央组织、地方组织、基层组织在内，涵盖党的纪律检查机关、党的工作机关、党组，纵向到底、横向到边的严密组织架构”[②]。坚持党的全面领导，贯彻落实党中央决策部署，必须强化系统思维，确保党的领导“如身使臂，如臂使指”。

（一）清除“拦路虎”，跑稳中央和国家机关这个“最初一公里”

从组织地位来看，党的中央组织是党的“中枢系统”。“党的中央委员会、中央政治局、中央政治局常务委员会是党的组织体系的大脑和中枢，在推进中国特色社会主义事业中把方向、谋大局、定政策、促改革。”[③]党的中央组织的中枢地位突出地体现在以下 4 个方面。其一，党中央全面领导党的组织工作，决定党的组织工作路线方针政策。“党中央决定组织工作路线方针政策，制定组织工作重要党内法规和规范性文件，对组织工作重大战略、重大改革、重大举措、重大事项作出决策，全面领导党的组织体系建设、干部工作、人才工作，按照有关规定推荐、提名、任免干部。”[④]其二，中央和国家机关是贯彻落实党中央决策部署的“最初一公里”。中央和国家机关离党中央最近，服务党中央最直接，因

---

① 《十九大以来重要文献选编》中，中央文献出版社 2021 年版，第 815 页。

② 《中国共产党组织工作条例》，人民出版社 2021 年版，第 8 页。

③ 《中国共产党组织工作条例》，人民出版社 2021 年版，第 8 页。

④ 《中国共产党组织工作条例》，人民出版社 2021 年版，第 5 页。

此是贯彻落实党中央决策部署的“最初一公里”。其三，中央和国家机关是推动党中央治国理政、管党治党决策部署贯彻落实的领导机关。党中央是全党利益、意志的集中代表者，是党的路线方针政策的制定者和决策者，是统率全党思想、行动的最高统帅，对于涉及全党的重大问题，唯有党中央有权作出决定和解释。“在国家治理体系的大棋局中，党中央是坐镇中军帐的‘帅’，车马炮各展其长，一盘棋大局分明。”①其四，中央和国家机关党的建设状况对党的地方组织和基层组织具有风向标作用。中央和国家机关党的建设怎么做、做的效果怎么样，直接影响党中央权威和集中统一领导，直接影响党的领导能力和执政水平。因此，“中央和国家机关党的建设必须走在前、作表率”②。换言之，中央和国家机关在贯彻落实党中央决策部署、全面从严治党和加强机关党建等方面都具有示范、表率作用。深化全面从严治党，必须从中央和国家机关严起；贯彻落实党中央决策部署，必须从中央和国家机关抓起。

确保党中央的最高权威和统帅地位，党的组织体系才严密、才有力量。2019 年中共中央出台了《关于加强和改进中央和国家机关党的建设的意见》、召开了党的历史上第一次中央和国家机关党的建设工作会议，强调中央和国家机关在守纪律讲规矩、履行管党治党政治责任等方面立标杆、作表率的作用。

跑稳“最初一公里”，就是要在贯彻落实党中央决策部署的起跑阶段起好步子、稳住阵脚。如果党的理论和路线方针政策在中央和国家机

---

① 《习近平关于社会主义政治建设论述摘编》，中央文献出版社 2017 年版，第 31 页。

② 《十九大以来重要文献选编》中，中央文献出版社 2021 年版，第 139 页。

关“失之毫厘”，到了基层就可能“谬以千里”；如果党中央决策部署在起步阶段就掉了链子，那就贯彻落实不到地方和基层，即使到了地方和基层，党中央决策部署也必然走了样变了形；如果中央和国家机关出现问题，即使是小问题，其影响也将是全程性的，其危害也将是全局性的。正如习近平总书记指出的：“中央和国家机关出问题危害很大，属心腹之患而非皮癣之忧，小毛病不治久而久之也可能引起中风、心梗，必须采取有力举措加以解决。”[①]抓好新时代党的组织体系建设，首先要在“最初一公里”及时发现并消除一切阻碍党中央决策部署贯彻落实的“拦路虎”，突破一切阻碍党中央决策部署贯彻落实的不利因素和体制机制障碍。

新时代加强党的组织体系建设，要求中央和国家机关带头做到“两个维护”。“两个维护”是指坚决维护习近平总书记党中央的核心、全党的核心地位，坚决维护党中央权威和集中统一领导。作为“两个维护”的第一方阵，中央和国家机关要把“两个维护”作为最高原则，坚决维护中央的权威，保证中央的政令畅通，用“两个维护”的实效检验中央和国家机关建设的成效。这就要求全党一以贯之地把维护党中央定于一尊、一锤定音的权威作为不可动摇的原则。要确保全党只能向党中央看齐，不能打着维护党中央权威的旗号损害民主集中制。唯有如此，才能确保地方和基层党组织不折不扣地执行党中央决策部署。

新时代加强党的组织体系建设，要求中央和国家机关树立和强化政治机关意识，带头深刻领悟“两个确立”的决定性意义。“两个确立”是指确立习近平同志党中央的核心、全党的核心地位，确立习近平新时代

① 《十九大以来重要文献选编》中，中央文献出版社 2021 年版，第 140 页。

中国特色社会主义思想的指导地位。中央和国家机关的各部门、各单位虽然职责不同、分工有别，但是，它们都不是单纯的业务机关，都要牢固树立政治机关的意识。要认真贯彻执行党的组织工作条例和党的工作机关条例，把中央和国家机关建设成为讲政治、守纪律、负责任、有效率的模范机关，为党的地方组织、基层组织树立标杆、作出表率。

中央机关和中央委员要贯彻落实党章这一党内根本大法，要依规依纪履职尽责，发挥政治引领和示范带动作用。“中央和国家机关必须走在理论学习的前列，在学懂弄通做实上当好示范。中央和国家机关党员、干部要在学习理论上有更强自觉、在学懂弄通做实上有更高要求，不能随大流、一般化。”[①]中央和国家机关的党员干部特别是领导干部，要学懂弄通做实习近平新时代中国特色社会主义思想，坚决贯彻落实党中央的决策部署，忠诚于党的信仰、党的组织、党的路线方针政策。要把“两个维护”体现在坚决贯彻党中央决策部署的行动上，体现在履职尽责、做好本职工作的实效上，体现在党员、干部的日常言行上，确保党员干部在思想上政治上行动上始终同以习近平同志为核心的党中央保持高度一致。

（二）破除“中梗阻”，跑好地方党委这个“中间段”

党的地方组织在党的组织体系中处于“中间段”位置，是连接党的中央组织和基层组织的桥梁和纽带。“党的地方委员会在本地区发挥总揽全局、协调各方的领导作用，全面领导本地区经济社会发展，全面负

① 《十九大以来重要文献选编》中，中央文献出版社2021年版，第143页。

责本地区党的建设，履行把方向、管大局、作决策、保落实职责。”[①]党的地方组织在党内权力机构和国家政治结构中起到承上启下的关键作用，在贯彻党中央决策部署和国家治理体系中具有上传下达的关键作用，在推动地方改革发展稳定和实现党的奋斗目标上负有重大责任，地方党委对本地区组织工作负主体责任。因此，地方党委强不强、领导作用发挥好不好，事关党中央决策部署能否在本地贯彻落实，事关改革发展稳定各项任务能否在本地落地。

党的地方组织的根本任务是确保党中央决策部署贯彻落实，有令即行、有禁即止。如果地方出现“有令不行、有禁不止”“上有政策、下有对策”“议而不决、决而不行”“各行其是、各自为政”“只对上负责、不对下负责”“上级喊破嗓子、下级跑断腿子”等“中梗阻”问题，党中央决策部署就会“卡”在地方或者在地方走了样、变了形，其结果必然导致党中央决策部署在地方的贯彻落实大打折扣，导致政令不畅、执行不力、效能低下，同时也损伤地方党委总揽全局、协调各方的领导核心作用。

跑好“中间段”，必须破除“中梗阻”。这就要求地方党组织认真贯彻执行地方党委工作条例，把党的地方组织建设成为“坚决听从党中央指挥、管理严格、监督有力、班子团结、风气纯正的坚强组织”[②]。地方党委要把维护中央权威与领导地方发展结合起来。一方面，地方党委要坚决贯彻执行党中央决策部署和上级党组织决定，做到党中央提倡的坚决响应、党中央决定的坚决执行、党中央禁止的坚决不做；对中央重大决策部署，要采取分解任务、明确目标、强化责任、加强督查等措施，把决策部

① 《中国共产党组织工作条例》，人民出版社 2021 年版，第 8 页。

② 《中国共产党组织工作条例》，人民出版社 2021 年版，第 9 页。

署变成实际行动，促进改革发展稳定各项任务的落实；要建立抓落实的长效机制，推动党中央决策和改革发展稳定各项任务在本地不折不扣地落地落实；要自觉地从政治上谋划、部署、推动各项工作，全面对标对表党中央决策部署，切实提高在领导、组织和实施党的路线、方针和政策上的执行力；要肩负起“承上启下”的职责使命，做维护中央权威的模范、下级组织的表率；要发挥党的地方组织在汇集基层党组织意见建议并向上反馈方面的领导力，实现自下而上的信息和能量传输。另一方面，要结合本地区实际创造性开展工作，推动地方工作发展。要严格落实属地管理、分级负责和谁主管谁负责的原则，坚持以上率下、上下联动，一级抓一级、层层抓落实，形成横向到边、纵向到底的责任链条；地方党委“领导同级人大、政府、政协、监察机关、审判机关、检察机关、人民团体等党的组织工作，指导和督促检查下级党组织开展组织工作”[①]，因此要突出和强化党的组织在同级组织、本地区本部门的领导地位和领导作用，确保党的领导全覆盖，确保党的领导更加坚强有力；要根据党的地方组织的不同层级和类型，明确党的地方组织的功能定位，正确处理党组织与同级其他组织的关系；要抓牢地方党委班子建设，不断建立、健全、完善各项规章制度，严格班子成员管理监督，压实各级领导干部责任，推动班子队伍忠诚干净担当，要“按照干部管理权限任免和管理干部，向地方国家机关、政协组织、人民团体、国有企业和事业单位等推荐重要干部”[②]。

① 《中国共产党组织工作条例》，人民出版社 2021 年版，第 6 页。

② 《中国共产党组织工作条例》，人民出版社 2021 年版，第 6 页。

（三）打通“断头路”，跑赢基层党组织这个“最后一公里”

党的基层组织是党的全部工作和战斗力的基础，是党在社会基层组织中的战斗堡垒，是联系、服务群众的桥梁和纽带，在党和国家工作中具有非常重要的地位。党的基层组织，主要指在企业、农村、机关、学校、科研院所、街道社区、社会组织、人民解放军连队和其他基层单位成立的党组织，包括基层党委、党总支、党支部等。党的二十大报告提出：“坚持大抓基层的鲜明导向，抓党建促乡村振兴，加强城市社区党建工作，推进以党建引领基层治理，持续整顿软弱涣散基层党组织，把基层党组织建设成为有效实现党的领导的坚强战斗堡垒。”[①]

基层党组织工作开展得怎么样，直接影响党的凝聚力、影响力、战斗力。因此，党在初创时期就非常重视基层党组织建设，1927 年的“三湾改编”确立了“支部建在连上”制度，此后，重视基层组织建设便成为中国共产党的“传家宝”，为党的组织建设提供了坚实根基和不竭动力。直到今天，“一切工作到支部”依然是党的组织建设的鲜明导向。习近平总书记强调打通党的组织体系建设的“最后一公里”，就是确保党的路线、方针、政策和决策部署在基层的贯彻落实。

跑赢“最后一公里”，就是要在贯彻落实党中央决策部署的冲刺阶段一鼓作气冲向终点。然而，行百里者半九十，跑到“最后一公里”时往往气力不足，如果不能憋足劲、提住气、咬紧牙关奋力向终点冲刺，便会功亏一篑。当前部分基层党组织存在软弱涣散、虚化弱化边缘化现

---

① 习近平：《高举中国特色社会主义伟大旗帜　为全面建设社会主义现代化国家而团结奋斗》，人民出版社 2022 年版，第 67 页。

象，部分党员干部存在党性观念不强、服务意识淡漠、先锋模范作用发挥不到位等问题，基层治理也存在党建引领作用定位不清晰、服务群众动力不足等短板。这些问题和短板正是落实党中央决策部署“最后一公里”出现的“断头路”，处理不好、解决不好，就会产生“政策始终在路上”“服务始终在嘴上”“实惠始终落不到身上”的“末梢堵塞”问题。

跑赢“最后一公里”，必须激活党的肌体的“神经末梢”，把基层党组织建设成为实现党的领导的坚强战斗堡垒。2020 年 9 月，在基层代表座谈会上，习近平强调：“只有把基层党组织建设强、把基层政权巩固好，中国特色社会主义的根基才能稳固。”[①]这就要求在全党弘扬“支部建在连上”的光荣传统，坚持大抓基层的鲜明导向，推动全党形成大抓基层的良好局面。一要优化基层党组织的组织设置。一方面要积极整合党建资源，改善组织设置方式，织密组织网络，丰富组织载体，实现“组织覆盖”和“有形覆盖”。要加大在薄弱环节如非公有制经济组织、社会组织中组建党组织的力度，要适应新兴业态的新变化和新要求，扩大党在新兴领域的号召力和凝聚力。另一方面要提高覆盖质量，实现基层党组织的“工作覆盖”和“有效覆盖”，真正做到哪里有群众哪里就有党的工作，哪里有党员哪里就有党的组织，哪里有党组织哪里就有健全的组织生活和党组织作用的充分发挥。要贯彻落实习近平总书记强调的“网络发展到哪里党的工作就覆盖到哪里”的要求，充分利用互联网的技术优势，推进“互联网 + 基层党建”，努力扩展基层党建工作的范围，着力打破基层党建的时空限制，丰富党组织间的交流手段，从而实现线下与线上、“面对面”与“键对键”相结合。二要健全基层党组织的

① 习近平：《在基层代表座谈会上的讲话》，人民出版社 2020 年版，第 7 页。

功能。十九大党章明确了党的基层组织的基本任务，并在此基础上对不同领域党的基层组织的角色和功能定位作了规定。党的基层组织要全面履行自身职责和任务，避免简单化、“一刀切”问题。另外，针对基层工作中出现的新情况、新矛盾、新问题以及基层党组织功能不健全的问题，要不断完善基层组织功能，处理好与上级党组织及其他基层党组织的关系。要以党建工作统领基层党组织其他各项工作，持续整顿软弱涣散的基层党组织，创新基层党组织建设与基层社会治理的融合机制。要推动治理重心下移，把为群众服务的人财物资源下沉到党的基层组织，把党的领导的制度优势转化为基层治理效能。要扎实推进抓党建促乡村振兴，选优配强基层党组织书记，发挥好第一书记、驻村工作队、大学生村官等力量，把群众组织起来共建美好家园。三要突出基层党组织的政治引领功能。党的基层组织是党的执政根基，带有鲜明的政治属性。党的基层组织要旗帜鲜明讲政治，坚持用习近平新时代中国特色社会主义思想武装头脑，不断增强基层党组织的政治领导力、思想引领力、群众组织力和社会号召力，确保中央各项决策部署在基层落地生根。要严肃基层党组织党内政治生活，推进思想建党和制度治党相结合。落实好“民主生活会、组织生活会制度，健全‘三会一课’、主题党日、谈心谈话、民主评议党员等制度，落实党员领导干部双重组织生活制度，发展积极健康的党内政治文化，确保党的组织生活经常、认真、严肃，不断增强政治性、时代性、原则性、战斗性，不断增强党自我净化、自我完善、自我革新、自我提高能力”①。要将维护党中央权威和集中统一领导作为首要任务，将全面从严治党落实到每个支部与每名党员，把讲政治的要

① 《中国共产党组织工作条例》，人民出版社 2021 年版，第 611 页。

求贯穿于基层党建工作全过程各方面。要发挥党的群众工作优势，善于用党的理论武装群众、凝聚群众、组织群众、教育群众，将党的政策主张变成群众的自觉行动；要密切联系群众，使基层党组织更接“地气”，让群众更加信任、支持党组织，把战斗堡垒作用转化为党在基层执政的实效。

第二章 着力培养忠诚干净担当的高素质干部

治国之要，首在用人。党的干部是党和国家事业的中坚力量。我们党历来坚持德才兼备、以德为先、任人唯贤的用人方针，把党的各级领导班子和干部队伍建设好、建设强。2018 年 7 月，全国组织工作会议首次对党的组织路线作出明确概括：全面贯彻习近平新时代中国特色社会主义思想，以组织体系建设为重点，着力培养忠诚干净担当的高素质干部，着力集聚爱国奉献的各方面优秀人才，坚持德才兼备、以德为先、任人唯贤，为坚持和加强党的全面领导、坚持和发展中国特色社会主义提供坚强组织保证。新时代组织路线内涵丰富，意蕴深刻，对事关新时代党的组织建设方向性、原则性、战略性问题作出科学回答和时代表达。习近平总书记在全国组织工作会议上的讲话中指出，贯彻新时代党的组织路线，建设忠诚干净担当的高素质干部队伍是关键，重点是要做好干部培育、选拔、管理、使用工作，并提出要建立素质培养体系、知事识人体系、选拔任用体系、从严管理体系、正向激励体系等“五大体系”。[①]习近平总书记的重要讲话为在新时代推进干部队伍建设，全面提高干部工作质量提供了根本遵循。2020年6月，在中央政治局第二十一次集体学习时，习近平总书记深入阐述贯彻落实新时代干部队伍建设重要性和紧迫性，指出：“我们要应变局、育新机、开新局、谋复兴，关键是要把党的各级领导班子和干部队伍建设好、建设强。我说过，光有思路和部署，没有优秀的人来干，那也难以成事。新时代党的组织路线提出坚持德才兼备、以德为先、任人唯贤的方针，就是强调选干部、用人才既要重品德，也不能忽视才干。”[②]党的二十大报告进一步指出：“全面建设社会主义现代化国家，必须有一支政治过硬、适应新时代要求、具备领导现代化建设能力的干部队伍。坚持党管干部原则，坚持德才兼备、以德为先、五湖四海、任人唯贤，

---

① 《十九大以来重要文献选编》上，中央文献出版社2019年版，第562—567页。

② 习近平：《贯彻落实新时代党的组织路线　不断把党建设得更加坚强有力》，《求是》2020年第15期。

把新时代好干部标准落到实处。”[①]这些重要论述为新时代党的建设和组织工作指明了前进方向。我们要认真领会习近平总书记关于干部队伍建设重要论述的精神要义，强化体系理念、增强实践思维，培养工作突出政治标准，识人工作善于抓住本质，选拔工作坚持事业为上，管理工作重在科学经常，激励工作强化实干担当导向，[②]围绕“五个抓好”的工作要求全方位推进干部队伍建设。

---

① 习近平：《高举中国特色社会主义伟大旗帜　为全面建设社会主义现代化国家而团结奋斗》，人民出版社 2022 年版，第 67 页。

② 李朝文：《着力推进干部工作五大体系建设》，《中国组织人事报》2018 年 9 月 21 日。

一、好干部的标准

党的十八大以来，习近平总书记在不同场合的多次讲话中就新时代党的选人用人原则、好干部的标准等问题作出阐述。中国共产党在百年奋斗中形成了好干部的标准。这种标准集中体现在党章中。党的二十大通过的党章强调："党的各级领导干部必须信念坚定、为民服务、勤政务实、敢于担当、清正廉洁。"[①]上述5个方面概括地说就是"德才兼备"。习近平总书记强调这是从宏观上界定好干部的标准。但是不同的历史时期，党和国家的事业对干部的要求也不尽相同，干部队伍自身建设也面临不同情况。"好干部的标准又是具体的、历史的。不同历史时期，对干部德才的具体要求有所不同。革命战争年代，对党忠诚、英勇善战、不怕牺牲的干部就是好干部。社会主义革命和建设时期，懂政治、懂业务、又红又专的干部就是好干部。改革开放初期，拥护党的十一届三中全会确定的路线方针政策，有知识、懂专业、锐意改革的干部就是好干部。"中国特色社会主义进入新时代，面对社会主要矛盾的转化，统筹国内国际两个大局的需要，习近平总书记强调要给好干部标准注入新的时代内涵，指出："我们提出政治上靠得住、工作上有本事、作风上过得硬、人民群众信得过等具体要求，突出了好干部标准的时代内涵。"[②]2013年6月，习近平总书记在全国组织工作会议上首次凝练了5个方面、20字的"好

① 《中国共产党章程》，人民出版社2022年版，第26页。

② 《十八大以来重要文献选编》上，中央文献出版社2014年版，第337页。

干部”标准，即“信念坚定、为民服务、勤政务实、敢于担当、清正廉洁”，并对它的内涵作了清晰界定。2014 年 10 月，习近平总书记在云南考察调研时，首次对党员干部提出“对党忠诚、个人干净、敢于担当”的要求，此后习近平总书记在不同场合反复强调，党员干部要做到忠诚干净担当。2018 年 7 月，习近平总书记在全国组织工作会议上发表重要讲话，强调：“贯彻新时代党的组织路线，建设忠诚干净担当的高素质干部队伍是关键。”①从 20 字的标准到忠诚干净担当的标准，主体内容虽然一致，但后者文字表述更加精练，重点更加突出，每个要素都充满着现实针对性。②因而，忠诚、干净和担当成为新时代选人用人的鲜明标准和重要导向。忠诚是思想高地，是对政治品格的要求；干净是做人底线，是对党性修养的要求；担当是责任要求，是对职业素养的要求；选人用人以忠诚为魂、干净为本、担当为要。这个标准充分体现了习近平总书记选人用人的核心思想，是对新时代选人用人规律认识的深化，突出了好干部标准的时代内涵，为新时代加强干部队伍建设指明了方向。

（一）忠诚

忠诚于党、忠诚于党的事业是每个党员入党宣誓时的庄严承诺，更是党员干部的首要政治品质。对党忠诚，不是有条件的而是无条件的，不是抽象的而是具体的。从内容上来看，主要包括以下几个方面：第一，对党的信仰忠诚。2012 年 11 月，习近平总书记在十八届中央政治局第

① 习近平：《在全国组织工作会议上的讲话》，人民出版社 2018 年版，第 16 页。

② 任建明：《“不干净”的深层根源》，《人民论坛》2019 年第 8 期。

一次集体学习时指出："坚定理想信念，坚守共产党人精神追求，始终是共产党人安身立命的根本。"没有理想信念或理想信念不坚定，精神上就会"缺钙"，就会得"软骨病"，就会在风雨面前东摇西摆。共产党人的政治灵魂和精神支柱，就是"对马克思主义的信仰，对社会主义和共产主义的信念"。

第二，对党的组织忠诚。"党的力量来自组织，组织能使力量倍增。我们党是按照马克思主义建党原则建立起来的政党，我们党以民主集中制为根本组织制度和领导制度，组织严密是党的光荣传统和独特优势。"干部对党的组织忠诚，就必然体现为："第一职责是为党工作，做到忠诚于组织，任何时候都与党同心同德。全党同志要强化组织意识，时刻想到自己是党的人，是组织的一员，时刻不忘自己应尽的义务和责任，相信组织、依靠组织、服从组织，自觉接受组织安排和纪律约束，自觉维护党的团结统一。"值得注意的是，在现实工作和生活中，有的干部把对组织忠诚理解为对上级领导干部特别是主要领导干部个人的忠诚，为此习近平总书记特别强调："需要注意的是，不能把党组织等同于领导干部个人，对党尽忠不是对领导干部个人尽忠，党内不能搞人身依附关系。干部都是党的干部，不是哪个人的家臣。""党内决不能搞封建依附那一套，决不能搞小山头、小圈子、小团伙那一套，决不能搞门客、门宦、门附那一套。"①

第三，对党的章程、路线方针政策忠诚。2012 年党的十八大胜利闭幕不久，习近平总书记就指出："认真学习党章、严格遵守党章，是加

① 《十八大以来重要文献选编》上，中央文献出版社 2014 年版，第 765—770 页。

强党的建设的一项基础性经常性工作，也是全党同志的应尽义务和庄严责任，对强化全党党章意识，增强党的创造力、凝聚力、战斗力具有极为重要的作用”，并要求领导干部带头学习遵守党章。“党员领导干部要做学习党章、遵守党章的模范。各级领导干部要把学习党章作为必修课，走上新的领导岗位的同志要把学习党章作为第一课，带头遵守党章各项规定。凡是党章规定党员必须做到的，领导干部要首先做到；凡是党章规定党员不能做的，领导干部要带头不做。”① 此后，习近平总书记在党的十九大报告中郑重对全党提出：“要尊崇党章，严格执行新形势下党内政治生活若干准则，增强党内政治生活的政治性、时代性、原则性、战斗性，自觉抵制商品交换原则对党内生活的侵蚀，营造风清气正的良好政治生态。”②

第四，对人民忠诚。中国共产党来自人民、植根人民、服务人民，一旦脱离群众，就会失去生命力。党员领导干部必须有这种觉悟，心中有党，心中有民。觉悟高了，就能找到自己行为的准星。2017 年 1 月，在十八届中央纪委七次全会上，习近平总书记指出：“面对公和私、义和利、是和非、正和邪、苦和乐的矛盾，是选择前者还是后者，靠的就是觉悟，最终检验的是对党和人民的忠诚。”

第五，对党忠诚无条件。习近平总书记多次指出，共产党员要对党绝对忠诚。他强调：“对党绝对忠诚要害在‘绝对’两个字，就是唯一

---

① 习近平：《认真学习党章　严格遵守党章》，《求是》2012 年第 23 期。

② 习近平：《决胜全面建成小康社会　夺取新时代中国特色社会主义伟大胜利》，人民出版社 2017 年版，第 62 页。

的、彻底的、无条件的、不掺任何杂质的、没有任何水分的忠诚。”①对党绝对忠诚，既是政治标准，更是实践标准。总之，对党忠诚，坚定政治信念，关系到党员干部能否在大是大非面前站稳政治立场；对党忠诚，严守政治纪律，关系到党员干部能否在重大抉择面前紧跟党走方向正确；对党忠诚，增强政治意识，是党员干部的立身之本，关系到执政党地位与人民政权的巩固，必然是选人用人的第一标准。

（二）干净

干净是指清正廉洁，就是一身正气、两袖清风，胸中装着大目标，一心一意谋发展。它是干部立身的基本准则，是对干部的基本要求。习近平总书记指出，一个人廉洁自律不过关，做人就没有骨气。确保各级领导干部掌好权、用好权，树立正确的权力观、地位观、利益观，构建干部清正、政府清廉、政治清明的良好政治生态，是以习近平同志为核心的党中央对人民的郑重承诺。干部要做到廉洁自律、干净干事。一是各级干部要带头严守党的政治纪律和政治规矩，遵守国家法律法规，清清白白做人、干干净净做事。二是要树立正确的权力观，让严以用权成为习惯。始终牢记权力是党和人民赋予的，只能用来为党和人民做事，始终敬畏权力，坚持秉公用权、依法用权、慎用权力、廉洁用权；坚持交往有界限、守底线，时刻警惕和防范被“围猎”。三是要增强自律意识，涵养道德操守，加强自我约束。明礼诚信，怀德自重，自觉保持清清爽爽的同志关系、规规矩矩的上下级关系、干干净净的政商关系。要

① 《习近平关于严明党的纪律和规矩论述摘编》，中央文献出版社、中国方正出版社 2016 年版，第 24 页。

自觉遵守廉政准则，既严于律己，又加强家庭家教家风建设，注意对亲属和身边工作人员的教育和约束，坚决反对特权思想，不搞特殊化。对一切违反党纪国法的行为，都必须严惩不贷，决不能手软。[①]四是让严格监督成为习惯和常态。既正确看待监督，又自觉增强监督意识；既正确对待监督，主动接受监督，又积极开展监督，习惯在“聚光灯”下工作和生活，始终当好表率，带动周围党员、群众保持风清气正的干事创业氛围。

（三）担当

担当是基本责任要求。担当指的是主动接受并自觉履行某种责任的状态和行为，包含动机、勇气、智慧、能力等要素，是这些要素的统一。2015 年在中央党校县委书记研修班党员座谈会上，习近平总书记指出：“‘为官避事平生耻。’干部就要有担当，有多大担当才能干多大事业，尽多大责任才会有多大成就。不能只想当官不想干事，只想揽权不想担责，只想出彩不想出力。县一级领导要谋几十万、上百万人的改革发展稳定大计，管千头万绪的事务，这个舞台足够大，刚才你们也说到了，是‘芝麻官’千钧担。”[②]此后习近平总书记反复强调领导干部要有担当精神，指出：“干部敢于担当作为，这既是政治品格，也是从政本分。”[③]是否具有担当精神，是判断一个领导干部先进性和纯洁性的重要标志；

① 《习近平谈治国理政》第 1 卷，外文出版社 2018 年版，第 16 页。

② 习近平：《做焦裕禄式的县委书记》，中央文献出版社 2015 年版，第 8 页。

③ 习近平：《努力造就一支忠诚干净担当的高素质干部队伍》，《求是》2019 年第 2 期。

反之，领导干部不担当，也是对党的不忠诚。因而，敢于担当对于领导干部成长与党的事业发展具有十分重要的意义。习近平总书记对担当精神的内涵作出深刻阐释："党的干部要以对党忠诚、为党分忧、为党尽职、为民造福的政治担当，以守土有责、守土负责、守土尽责的责任担当，面对大是大非敢于亮剑，面对矛盾敢于迎难而上，面对危机敢于挺身而出，面对失误敢于承担责任，面对歪风邪气敢于坚决斗争。"[①]"政治担当""责任担当"是对担当类型的高度概括，"五个敢于"揭示了担当的基本内涵。"政治担当"侧重于对党和人民的责任，"责任担当"是与所在岗位、本职工作紧密联系在一起的；"政治担当"决定着"责任担当"，"责任担当"反映和体现着"政治担当"，二者相依相存。"政治担当"与"责任担当"统摄"五个敢于"，"五个敢于"细化了"政治担当"与"责任担当"的基本要求。领导干部肩负着重要使命，必须尽职尽责、尽心竭力，自觉投身坚持和发展中国特色社会主义伟大事业，推进国家治理体系和治理能力现代化。

二、当前干部培养体系中存在的问题

党的十八大以来，在党中央的坚强领导下，在贯彻党的组织路线，建设忠诚干净担当的高素质干部队伍上，我们已经取得了显著成绩。忠诚干净担当的用人导向得到确立，选人用人的状况和风气明显好转，党员干部"对党忠诚、清正廉洁、夙夜在公"的精神面貌正在形成，领导

① 习近平：《努力造就一支忠诚干净担当的高素质干部队伍》，《求是》2019年第2期。

班子和领导干部的能力建设和素质提升成绩突出，以过硬本领展现担当作为、不辱职责使命。但是站在新的历史起点来看，干部队伍建设的现状与新时代新任务的要求，与党中央确定的大政方针目标，与人民群众的期望还有一定差距，特别是在干部素质培养、考核评定、选拔任用、从严管理、正向激励等方面仍有一些问题和不足，需要引起高度重视并找到解决的办法和对策。

（一）干部素质培养的系统性、持续性、针对性需要增强

在“五个体系”中，素质培养体系是打头的，在干部工作中发挥重要的先导性、基础性作用，贯穿培育、选拔、管理、使用全过程。2018年7月，习近平总书记在全国组织工作会议上指出，要建立源头培养、跟踪培养、全程培养的素质培养体系，增强干部素质培养的系统性、持续性、针对性。“变教育培训为素质培养，变抓节点为抓全程，是对干部成长规律的一次认识飞跃。”[①]换言之，中国特色社会主义进入新时代，新形势新任务对干部工作提出了越来越高的要求，尤其是干部素质培养在理念、思维、方法、机制上都面临许多严峻挑战，需要来一场深刻革命。

1. 源头培养方面存在“底子”不扎实的问题

源头培养是干部队伍建设的“第一道关卡”，直接影响全局。习近平总书记指出：“要教育引导干部一开始就想明白当干部为什么、在岗位干什么，走好从政第一步。”这明确了我们在干部素质培养中要切实把好源

① 中共湖北省委组织部：《强化源头培养跟踪培养全程培养　全面提高干部队伍素质》，《党建研究》2018年第9期。

头关，突出政治觉悟、政治素质，抓好干部成长的起步阶段和基础要素，把干部的“底子”搞扎实。概括来看，目前在这个方面存在的主要问题，首先是没有把干部培养的“政治性”摆在首位。有的不守政治纪律和政治规矩，妄议中央大政方针，当面一套、背后一套，当两面派、做两面人；有的违反政治纪律和政治规矩，对党不忠诚甚至搞“假忠诚”，政治上蜕变为“两面人”；有的反对形式主义、官僚主义、享乐主义和奢靡之风不坚决、不彻底，耍花样，搞变通。有的干部只想当官不想干事，只想揽权不想担责，只想出彩不想出力。有的领导不重视党性教育、政德修养、理论学习和廉政教育，也缺少政治训练和政治历练，这样的干部在政治上很难站得稳、靠得住、信得过。群众批评有些基层干部“大错不犯，啥事不干”。[①]“而这些问题往往没有引起一些地方和部门党组织的注意。”[②]其次是年轻干部培养工作存在缺失，造成他们防腐拒腐能力相对较弱。据了解，在某些机关事业单位，部分领导对优秀年轻干部培养储备工作重视不够，对年轻干部的培养措施，比如传帮带机制、交心谈心、挂职锻炼、教育培训等，或多或少都有，但多数名存实亡或效果不佳，如果管理监督再缺位的话，少数自律意识较弱的年轻干部受自尊心、享乐心、侥幸心等自我因素驱使，以及攀比心、从众心等外界因素影响，最终信念动摇、行为失准、能力弱化，甚至发生贪腐行为。这对群众，

---

① 完颜平：《建设忠诚干净担当的高素质干部队伍》，《光明日报》2018 年 7 月 23 日。

② 习近平：《论坚持党对一切工作的领导》，中央文献出版社 2019 年版，第 81 页。

对单位，对党员干部个人来说，都易造成重大损失。[①]

2. 跟踪培养方面不能实时掌握干部素质表现

干部成长成才是一个长期的、动态的复杂过程，部分党组织不能经常性、有意识、近距离接触干部，不能动态掌握干部的工作状态与工作成绩，不能全面了解干部的政治表现、履职表现、作风表现、廉洁表现，履职不到位、管理不尽责。比如作风表现上，党员干部“八小时以外”的社交圈、生活圈、活动圈复杂而隐蔽，部分干部的违纪违法行为都始于此，但现在对领导干部“八小时以外”的监督还较薄弱，有的甚至是空白；选拔看作风、培训讲作风、管理抓作风的机制和导向尚未健全和树立。比如廉洁表现上，述责述廉、谈心谈话、提醒函询诫勉、个人有关事项报告和抽查核实等制度在一些单位得不到全面落实；重视党内监督、巡视巡查，忽视群众监督、社会监督、舆论监督作用。

3. 全程培养方面欠缺系统、全局与精准思维

干部素质培养是一个长期的系统工程，需要树立系统思维、全局思维、精准思维，在提升科学化、精准化水平上下功夫。但目前部分地方和单位没有以系统思维、全局思维、精准思维制订培养方案，没有将理想信念教育、知识结构改善、能力素质提升贯穿干部成长全过程，实现素质培养常态化。系统性方面：干部素质培养资源没有得到有效配置。有的干部长期不培训，有的干部反复培训，同类内容多次培训，关键岗位调训难，基层和贫困地区优质培训资源供给不足，等等。对影响干部成长的各个要素，比如理论教育和党性教育、基本知识体系构建、“八

① 施力行：《加快建立源头培养、跟踪培养、全程培养的干部素质培养体系》，党员生活网 2018 年 10 月 10 日，http://www.hbdysh.cn/2018/1010/44531.shtml。

个本领”培养等，欠缺科学统筹和合理组合，不能做到多岗位锻炼、全方位锻炼，势必影响到干部综合素质的提升。精准思维方面：培训的针对性实效性不强。没有针对不同类别、不同层级、不同年龄段的干部制订差异化培养方案。不能针对每名干部的能力、知识、素质和岗位需求，有针对性地补短板、强弱项，难以确保每名干部都能按需培训。

（二）干部考核评价的科学性、精准性、实效性有待提高

知事识人，重在干部考核。干部考核是促进高素质干部队伍建设的“指挥棒”“助推器”。我们党历来重视干部的教育、培训、选拔、考核和监督工作。1998 年中组部印发的《党政领导干部考核工作暂行规定》和 2009 年中组部印发的《党政领导班子和领导干部年度考核办法（试行）》，奠定了我国干部考核工作的基本框架，不断发挥着激励先进、鞭策落后的积极作用。党的十九大提出，“坚持严管和厚爱结合、激励和约束并重，完善干部考核评价机制”。为认真贯彻党的十九大精神，把党的十九大的要求落到实处，2019 年中办颁布实施《党政领导干部考核工作条例》，这是党的法规制度建设史上第一次以条例的形式对干部考核工作作出总体规范，标志着干部考核制度更加成熟、更加定型。2020 年中组部印发《关于改进推动高质量发展的政绩考核的通知》，明确提出，要充分发挥政绩考核指挥棒作用，引导领导干部以推动高质量发展工作实绩践行“两个维护”。改革开放以来，在党中央的统一部署下，坚持严管和厚爱结合、激励和约束并重，干部考核工作不断深化并取得积极成效：考核方式方法日益改进，考核内容指标不断调整优化，干部考核评价机制逐步完善。与此同时，我们也要注意到，在一些事业发展成效欠佳的地区和部门，干部考核工作仍存在着不容忽视的问题，主要体现

在以下几个方面。

1. 考核主体单一，方式简单，考核准确性得不到保证

考评主体往往是单位内部的领导和同事，鲜有服务对象对干部工作的评价，考察范围小的问题一直存在，致使考核结果缺乏准确性。我国宪法赋予公民对国家机关工作人员提出批评、控告或检举等的权利，习近平总书记指出，"干部好不好，群众有公论"①。但在一些地方和单位，群众在干部考评中被边缘化，参与渠道不畅。群众参与度低，也影响到考评工作公信力。在考察方式上，大多采用个人填表、述职、民主测评、领导评价等老办法，缺少实地跟踪的动态考评手段。

2. 考核内容"简单趋同"，考核针对性不强

考核评价干部主要围绕"德能勤绩廉"5个方面，一种考核办法包打天下，评语有共性无个性，考察结果千人一面。考核针对性不强，缺乏对领导成员和一般人员、机关人员和乡镇（街道）人员等岗位职能和部门职能多样性的考量，缺少可量化、能定责、可追责的领导班子和领导干部工作目标及岗位职责规范，造成考核工作"一刀切""一锅煮""上下一般粗""左右一个样"。定性指标多、定量指标少。②

3. 日常考核不扎实，考核结果存在失真现象，考用分离

有的地方干部不提拔不考核、班子不换届不考核、不到年底不考核。所以能看到一些干部庸碌无为当"太平官"，有的干部"带病提拔""带病上岗"。出现这些问题的一个重要原因就是干部考核工作不扎实，没

---

① 《习近平谈治国理政》第1卷，外文出版社2018年版，第420页。

② 人民论坛问卷调查中心：《影响干部担当作为的关键因素——当前干部考核存在的问题及治理》，《人民论坛》2021年第9期。

有把功夫下在平时，对干部日常工作和平时表现了解不够全面准确。有的单位考核结果论资排辈，考核优秀人选只以工作年限来排位，“风水轮流转”“优秀轮流当”，干多干少一个样，不仅挫伤工作积极性，还助推一些干部消极怠工混日子；考核结果在有的单位被束之高阁，考用分离，考核结果与选拔任用、培养教育、管理监督、激励约束、问责追责等脱节，致使考核本应该起的激励先进、鞭策落后的导向作用得不到体现。

（三）干部选拔任用的制度化、规范化、科学化尚存不足

“政治路线确定之后，干部就是决定的因素。”2013 年 6 月，习近平总书记在全国组织工作会议上指出，怎样是好干部？怎样成长为好干部？怎样把好干部用起来？正确回答和解决这 3 个问题，我们的干部工作就能做得更好。选准人、用好人，建立科学规范的干部选拔任用制度，实现以事择人、用人所长、人事相适是加强干部队伍建设的重要目标，关系着党和国家事业的兴衰成败。改革开放以来，党中央针对每个阶段干部选拔任用中存在的一些弊端，制定实施了一系列重要政策规章，比如《党政领导干部选拔任用工作暂行条例》（1995 年）、《党政领导干部选拔任用工作条例》（2002 年、2014 年修订、2019 年修订），对干部标准和干部选拔任用的原则、条件、方式、程序等作出明确规定。在此基础上，我国干部工作的开放度、透明度和群众参与度不断提高，干部担当能力和执行能力和风险应对能力全面提升，干部选拔任用工作日益走向制度化、规范化、科学化，也为中国特色社会主义事业提供了优质领导人才和坚强组织保证。但同时，随着形势的发展和干部工作实际的变化，干部工作中出现一些新情况新问题，比如，选人用人政治站位不高，干部选育管用各个环节衔接不紧密，选拔任用工作体系落实不

到位等。因此，为适应新时代的需要，干部选任工作需要进一步深化理论认识、加快实践探索，围绕推进制度建设形成可操作、可检验、可追究的闭环系统。

1. 个别领导干部党的观念淡漠，带头破坏组织人事纪律

党员领导干部本应该带头做到在党爱党、在党言党、在党为党，把尊崇党章作为最根本、最重要的政治纪律，但少数党员领导干部“四个自信”没有筑牢，理想信念动摇，在党内搞非组织活动，严重背离党章要求、违反政治纪律和政治规矩。有的长期向组织隐瞒自己的“裸官”身份，崇洋媚外。[①]有的领导干部不能带头执行党的干部政策，任人唯亲、搞亲亲疏疏，封官许愿、跑风漏气、收买人心，为干部提拔任用打招呼、递条子。一些地方存在跑官要官、买官卖官、拉票、由少数人在少数人中选人等；部分埋头苦干、不跑不拉的干部往往得票不高，难以得到提拔重用；少数工作平平、喜欢拉关系的人反而容易受到重视重用，造成民意失实失真。个别干部不同程度地存在向党伸手要职务、要名誉、要待遇，和党组织讨价还价、不服从组织决定等问题。

2. 选人用人导向存在偏差，挫伤干部干事创业积极性

少数地方、部分单位不同程度地出现用人导向偏差的问题。具体表现在：一是存在唯票、唯分、唯生产总值、唯年龄等“四唯”现象。比如，任意扩大竞争性选拔范围，明确将竞争性选拔作为选拔干部的主要方式甚至唯一方式，硬性规定竞争性选拔的频次和比例；简单地把经济增长速度与干部的德能勤绩廉画等号，简单以 GDP 论英雄；等等。二是

---

① 广东省纪委专题调研组：《在大是大非面前必须立场坚定——广东省关于严明政治纪律和政治规矩情况的调研》，《中国纪检监察报》2019 年 1 月 17 日。

存在重能力轻品行现象。受“能者上、庸者下”的影响，执行德才兼备标准片面化，或者重用一些品德上有问题的“能人”，在干部群众中造成负面影响。三是存在重显绩轻潜绩现象。现在对实绩的考核上，不够科学有效，往往一些谋长远、打基础、增后劲的干部被埋没。四是存在重结构轻能力现象。有些地方在领导班子配备上搞简单化，重结构轻能力，在女干部、非中共党员的选拔上降格以求，甚至破格选任，在社会上造成了不好的影响。①

3. 干部考察不全面，责任追究机制有欠缺

一些地方组织人事部门在选人用人时，对干部的认识往往停留在感觉和印象上，往往只看资历、看轮到谁了，论资排辈、平衡照顾，而不是看谁更优秀、更合适，用非所长，结果干部干得很吃力，问题堆了一大堆，工作也难以打开局面。在 2013 年全国组织工作会议上习近平总书记特别提到了“三拍干部”和对“三拍干部”追责不力的问题，“一些干部惯于拍脑袋决策、拍胸脯蛮干，然后拍屁股走人，留下一屁股烂账，最后官照当照升，不负任何责任”，并强调“这是不行的”②。“三拍干部”不顾实际上大项目，不做调研搞大工程，留下一个个劳民伤财的“政绩工程”“形象工程”，既造成群众利益严重受损，也伤害了党和政府的公信力。同时，一个不容忽视的问题是，很少看到有“三拍干部”为自己盲目决策造成的严重后果承担相应的责任。习近平总书记严肃指出，

---

① 中共北海市委组织部：《建立崇尚实干、带动担当、加油鼓劲的干部正向激励体系研究——以北海市为例》，八桂先锋网 2020 年 6 月 17 日，http://www.bgxf.gov.cn/staticpages/20200701/newgx5efbfb4e-110153.shtml。

② 《十八大以来重要文献选编》上，中央文献出版社 2014 年版，第 344 页。

“对这种问题要实行责任制，而且要终身追究。请中央组织部抓紧研究落实”。[①]对“三拍干部”终身追责并落到实处，为每名干部戴上终身追责的“紧箍”，不仅回应了群众呼声，更是打到了“三拍干部”的痛处，让敷衍塞责者无处遁形、失职出事者无路可逃。

（四）干部管理上存在“失之于宽、失之于软”的问题

党要管党、全面从严治党，是我们党的一贯方针和根本要求。党要管党、全面从严治党，重点是从严管理干部。“我们的党员、干部队伍庞大，管理起来难度很大，但又必须管好，管不好就会出乱子。我们国家要出问题主要出在共产党内，我们党要出问题主要出在干部身上。”[②]习近平总书记视察江苏时，强调从严管理干部要做到管理全面、标准严格、环节衔接、措施配套、责任分明。新时代以来根据形势变化，中国共产党领导制定或修订《中国共产党纪律处分条例》《中国共产党问责条例》《中国共产党巡视工作条例》和《中国共产党党内监督条例》等党内法规，严格执行干部管理各项规定，加强对权力运行的制约和监督，进一步完善有权必有责、用权必担责、滥权必追责的制度安排，着力解决为官不为、为官乱为、为官不正、为官不廉等突出问题，确保干部队伍对党忠诚、为党分忧、为党尽职、为民造福，有力促进新时代中国特色社会主义伟大事业健康发展。当然，我们在干部管理上仍然存在着制度保障不严密、日常监督难落实、查处问责不严格等突出问题。注意总结和分析暴露出来的问题及

① 《习近平关于“不忘初心、牢记使命”论述摘编》，党建读物出版社、中央文献出版社 2019 年版，第 96—97 页。

② 《十八大以来重要文献选编》中，中央文献出版社 2016 年版，第 97 页。

其原因，创新理念，健全机制，把严的要求贯穿到干部管理监督各方面，抓常抓长、落细落小，让干部远离纪律的红线、法律的底线，为建设忠诚干净担当的高素质干部队伍提供坚强保障。

1. 党内监督机制不健全和执行不力

首先是党内监督意识不强，缺乏功能性自觉。思想是行动的先导，认识上存在误区，行动上就会有偏差。当前，党内监督方面存在“过分强调民主监督而忽视组织监督”“错把国法当党内监督尺子”“片面强调制度作用而忽视责任担当”“认为强化班子内部监督就会影响团结”等几种误区。必须进一步厘清思想认识，切实把党内监督落到实处。①二是党内监督制度不健全，缺乏刚性要求。党务公开制度、巡察制度、监督程序等有待完善，包括需要及时制定配套制度和具体、操作性强的实施细则。三是党内监督制度执行不力。过于推崇制度与制度体系建设，忽视制度执行力的提高。把制度建设重心放在了追求立规数量多、出台快上，往往忽视制度执行；条文中没有压实实施责任，出台后不开展督促检查，制度形同虚设、敷衍了事、机械执行等现象严重；更有甚者还用“没有规定”为借口搪塞自己应负的责任；对自己不敢、不愿监督的问题，只要中央没有明文规定，就放弃职责，不管不问。

2. 日常监督力度不强

主要表现为党组织监督失之于软、专责监督威慑力不强、制度监督执行不力、群众监督渠道不畅等。比如，一些地方的党组织不能盯紧公权力运行各个环节，故很难发现苗头性、倾向性问题或者轻微违纪问题，

① 林青：《纠正党内监督存在的认识误区》，《学习时报》2016 年 7 月 18 日。

或发现以上这些问题，也不知道如何运用约谈提醒、批评教育、责令检查、诫勉谈话等监督方式进行处理。另外，一些地方纪委监委仍存在不愿监督、不善监督、不会监督的情况，日常监督手段不多、威慑力不强、实效性不足。部分地方纪委监委工作人员不愿深入干部群众中发现和了解干部的作风和廉洁情况，对扶贫、民生等领域发生的腐败和作风问题熟视无睹，自然就不能对领导干部和当地政治生态做到精准画像，更谈不上及早发现倾向性、苗头性问题。有的离开信访举报线索就不会监督，对该发现的问题发现不了或不能及时发现。因此，监督不到位仍是纪检监察工作的薄弱环节。

3. 管住管好“关键少数”仍然存在较大的难度

习近平总书记强调，“从严治党，关键是要抓住领导干部这个‘关键少数’”，[①]“加强党内监督，必须从领导干部特别是高级干部做起”。领导干部特别是“一把手”在一个地方、部门和单位，身处权力金字塔的顶端，有最大的决定权、支配权、话语权。有的“一把手”仍存在特权思想，把自己凌驾于组织之上，主动接受监督意识差，在推动工作的过程中易集权、揽权、创权、任性用权，或变着手法操纵班子集体决策权，或在重大决策上，绕过集体讨论的必要程序。从监督的角度看，一些领导干部，特别是“一把手”，存在监督下级怕丢“选票”、监督同级怕伤“和气”、监督上级怕被穿“小鞋”的心理顾虑；从被监督的角度看，对于“一把手”，“上级监督远、同级监督虚、纪检监督软、下级监督难、

① 《习近平关于严明党的纪律和规矩论述摘编》，中央文献出版社、中国方正出版社 2016 年版，第 102 页。

新闻监督弱”的现象依然存在。[①]

（五）干部担当作为的正向激励机制需要进一步健全完善

正向激励指对激励对象的肯定、信任、赞扬、奖赏等具有正面意义的行为。建立健全正面激励体系，支持和保护那些作风正派又敢作敢为、锐意进取的干部，可以最大限度调动他们的积极性、主动性、创造性，激励他们更好带领群众干事创业。习近平总书记指出，要建立崇尚实干、带动担当、加油鼓劲的正向激励体系。新时代在坚持严管和厚爱结合、激励和约束并重的大背景下，进一步强化正向激励，为担当者担当、为负责者负责、为干事者撑腰，有利于更好地鼓励领导干部实干出实绩，鼓励他们创新、奋发有为。党的十九届四中全会明确提出，要“完善担当作为的激励机制”。当前，全面深化改革进入深水区，任务重、矛盾多、困难大，始终立足于激发干事创业的干部正向激励体系建设也面临许多新挑战。

1. 晋升交流还不够顺畅，干部晋升空间有限

首先是向上流动的激励机制不健全。向上流动的激励也叫政治激励，它是激发干部活力最明显、最直接的手段。当下受政策规定、岗位限定等因素的制约，领导职数有限，干部晋升空间有限、提拔无望，导致奋斗精神衰减，坐等退休养老。有的部门解决干部职级存在论资排辈现象，激励办法不多。其次是干部交流力度不大，交流总量偏少，特别是跨部门跨领域向基层交流更少。据调查，2016—2018 年某市处级干部平均每年的交流人数占处级干部总数的 13%，科级及以下干部平均每年的交流

① 唐忠义、艾丹:《管好干部要全面“严”起来》,《湖北日报》2018 年 8 月 8 日。

人数占科级及以下干部总数的 6.6%。[1]一些干部长年待在相同的部门或岗位，容易产生懈怠心理，很大程度上影响了工作积极性。

2. 物质与精神激励不够合理，干部“幸福感”指数不高

首先是物质激励制度在设计时存在不公平、不均衡、不适度的现象，具体执行时存在“平均主义”问题。经常表现为干部收入无法匹配当地经济社会发展成果，特别是随着物价上涨、房价攀升，干部的工资收入反而贬值；各地现行工资津补贴标准明显不均衡，容易滋生失衡感；绩效考评结果没有与干部的平时考核、季度考核、年度考核很好地结合起来，运用不够充分，存在平均主义现象，影响了物质激励效应。其次是精神激励形式单一、缺乏针对性。目前采用的精神激励方式以评优评先、典型宣传教育等荣誉表彰为主，经常性的思想交流活动开展较少；很多表彰活动仅仅发个证书，后续的评优评先、职位晋升，同物质激励的联系不够紧密，在一定程度上扭曲了干部对精神激励的认识，精神激励效果不明显。针对某市的一次问卷调查也能反映这种现象的严重程度：该市许多干部对本单位开展精神激励的满意度不够高，满意率只有 35.6%。[2]

3. 干部关怀帮助机制不健全、不规范

一些单位的领导人文关怀做得不到位，平时不主动了解干部思想动

① 中共北海市委组织部：《建立崇尚实干、带动担当、加油鼓劲的干部正向激励体系研究——以北海市为例》，八桂先锋网 2020 年 6 月 17 日，http://www.bgxf.gov.cn/staticpages/20200617/newgx5ee9ec7b-109915.shtml。

② 中共北海市委组织部：《建立崇尚实干、带动担当、加油鼓劲的干部正向激励体系研究——以北海市为例》，八桂先锋网，2020 年 6 月 17 日，http://www.bgxf.gov.cn/staticpages/20200617/newgx5ee9ec7b-109915.shtml。

态，谈心谈话也是走过场，整体缺少暖人心、筑同心等针对性措施。一些机关建立的关心关爱机制往往比较宽泛，在干部生活、思想、健康等方面，缺少可常态化、长效化执行的成熟体系。特别是对近年来愈演愈烈的干部心理健康问题，关爱机制建设缺位，心理健康评估和干预工作几乎为零；对家庭经济条件较差、夫妻异地、子女就学困难等干部家庭解决困难办法不多、力度不够；对长期在一线工作疏于照顾家庭的干部，缺少探望慰问机制等。容错文化与容错机制没有建立起来。一些单位领导鼓励创新却容不下部下失误，敢担当者的无意过失常被视作明知故犯，敢闯者因无意过错常被揪辫子、扣帽子，致使广大干部不愿干事、不敢干事、干不成事。

三、建立健全干部培养体系的路径选择

党要管党首先是管好干部，从严治党关键是从严治吏，为此我们要从全局的角度思考培养、选拔、使用干部的问题，把从严管理贯彻落实到干部队伍建设全过程。在 2013 年 6 月的全国组织工作会议上，习近平总书记首次提出了好干部的标准问题，阐述了怎样才能成长为一名党的好干部等问题。党的十九大报告就新时代建设高素质专业化干部队伍作出详细阐述，并对选人用人的原则与导向、重点与层次、考核与评价等提出了具体要求。在 2018 年 7 月的全国组织工作会议上，习近平总书记首次提出要建立“五个体系”，即“建立源头培养、跟踪培养、全程培养的素质培养体系；建立日常考核、分类考核、近距离考核的知事识人体系；建立以德为先、任人唯贤、人事相宜的选拔任用体系；建立管思想、管工作、管作风、管纪律的从严管理体系；建立崇尚实干、带动担

当、加油鼓劲的正向激励体系”。[①]“五大体系”建设指向干部培养、干部考核、干部选用、干部管理、干部激励5个重要方面，它既是管方向、谋全局的科学思想，又是抓重点、攻难点的科学方法。作为科学思想与方法，它要求培养要突出政治素质、识人要善于抓住本质、选拔要坚持事业为上、管理要重在日常经常、激励要强化干事导向，一盘棋谋划、一张网布局，不能单打独斗、各行其是，这为做好新时代党的干部工作指明了方向，是新时代党的干部工作的“导航仪”和“指南针”。[②]

（一）建立健全干部的素质培养体系

2018年7月，在全国组织工作会议上，习近平总书记明确提出，贯彻新时代党的组织路线，建设忠诚干净担当的高素质干部队伍，首先要建立源头培养、跟踪培养、全程培养的素质培养体系，教育引导干部加强党性修养、筑牢信仰之基，加强政德修养、打牢从政之基，严守纪律规矩、夯实廉政之基，健全基本知识体系、强化能力之基，增强干部素质培养的系统性、持续性、针对性。习近平总书记阐释了干部素质培养的环节、内容与目标，这是将系统论和辩证法应用于新时代干部培养的一种全新思想，也是对我国干部培养规律的深刻把握，对于我国新时代加强干部培养具有十分重大的意义。[③]

---

① 《十九大以来重要文献选编》上，中央文献出版社2019年版，第562—566页。

② 李朝文：《着力推进干部工作五大体系建设》，《中国组织人事报》2018年9月21日。

③ 冯占民、付勤：《建立源头培养、跟踪培养、全程培养的素质培养体系》，《湖北日报》2018年8月13日。

1. 进行源头培养

源头培养的侧重点主要在两个方面。一方面，就干部队伍的年龄结构现状及队伍建设的连续性而言，要注重培养锻炼年轻干部，造就一代代可靠的党的事业的接班人。习近平总书记强调：“培养选拔年轻干部，事关党的事业薪火相传，事关国家长治久安。”[①]习近平总书记针对青年干部自身特点和存在的不足之处提出了青年干部要注重“量变”的积累工作，培养“滴水穿石”的毅力、默默奉献的精神，还要用发展的眼光看问题，虚心请教，脚踏实地从小事做起，能够在决策前寻其质，决策后不改于心。组织人事部门要通过多渠道、多层次、多方位了解年轻干部，把政治过硬、思想过硬、作风过硬、能力过硬的年轻干部识别出来，不拘一格，大胆使用，安排其在艰苦岗位和重要岗位上磨炼。另一方面，就干部队伍综合素质和能力而言，要教育引导干部加强各种修养。如加强党性修养、筑牢信仰之基；加强政德修养、打牢从政之基；严守纪律规矩、夯实廉政之基；健全基本知识体系、强化能力之基。关于党性修养，习近平总书记强调：“培养干部，要抓好党性教育这个核心，抓好道德建设这个基础。”[②]教育引导干部学懂弄通做实习近平新时代中国特色社会主义思想，特别是掌握贯穿其中的马克思主义立场观点方法，转化为改造主观世界、坚定理想信念的思想自觉。再如基本知识体系，习近平总书记强调，“我们的党政领导干部都应该成为复合型干部，不管在什么岗位工作都要具备基本的知识体系”。要着眼培养复合型干部，加强党的路线方针政策、法律法规、基础知识和新知识新技能的培训，

① 《十八大以来重要文献选编》上，中央文献出版社 2014 年版，第 347 页。

② 《习近平谈治国理政》第 1 卷，外文出版社 2018 年版，第 417 页。

增强干部适应新形势新任务的信心和能力。[①]

2. 开展跟踪培养

跟踪培养侧重点主要有三点：一是动态掌握履职表现，强化干部能力跟踪培养，注重对执政能力查漏补缺。注重从干部事业表现中考察能力素质，通过对干部不同时期和不同岗位的跟踪考察和评估，及时发现其能力欠缺，有针对性地强化其胜任不同岗位的执政能力。旗帜鲜明表彰实绩突出的干部，对履职不力的干部进行批评教育或诫勉谈话，对不适宜担任现职的干部进行调整。二是强化干部纪律执行跟踪，夯实廉政之基。干部成长的过程也是抵挡诱惑的过程，这就需要强化干部法治素养跟踪培养，看其能否挡得住诱惑、经得住考验、守得住清正廉洁底线。要严格落实党内监督条例，用好巡视巡察、执纪监督、审查调查等的结果，注重发挥群众监督、社会监督、舆论监督作用，织密监督之网。三是强化干部信仰和政德跟踪培养。随着改革开放和市场经济的大发展，各种文化思潮的冲击是各级干部必须要面对的问题。如何预防干部思想蜕变，如何保持对党绝对忠诚，这就需要强化信仰和政德的跟踪培养，及时把握干部思想动态，及时加强干部的党性锻炼，探索建立干部政治思想状况定期分析制度，及时研判干部政治表现、思想动态，健全干部谈心谈话制度，有针对性地加强教育引导，确保干部做到政治信仰不变、政治方向不偏、政治立场不移，真正打造一支“信念如磐、意志如铁、

---

① 中共湖北省委组织部：《强化源头培养跟踪培养全程培养　全面提高干部队伍素质》，《党建研究》2018 年第 9 期。

勇往直前”的干部队伍。[①]

3. 完善全程培养

全程培养是系统论在干部培养工作中的具体体现和基本要求。干部培养是一个需要长期坚持、与时俱进的系统工程，这决定了干部培养要拉长培养链条，坚持全程培养，把干部培养贯穿于干部成长的不同阶段、不同岗位，全方位、全天候、全领域、全覆盖强化干部培养，使其始终能在组织培养的过程中，不断成长为信仰坚定，能担大任、干大事的干部。

第一，坚持统筹兼顾，优化干部素质培养资源配置，增强素质培养的系统性。[②]熟悉干部素质培养的目标、任务、内容、对象、时间、层次、岗位、方式等关键要素，全盘考虑与优化配置干部素质培养资源，重点做好必要台阶历练和急难险重任务考验相结合，把各级干部培养成为兼收并蓄、融会贯通的通达之才。第二，坚持常态长效，把握干部成长的阶段性特征，增强素质培养的持续性。遵循干部成长规律，结合特定阶段人、事、物的匹配程度，不断优化干部成长路径，把理想信念教育、知识结构改善、能力素质提升贯穿干部成长全过程。第三，坚持分类施策，围绕提升科学化精准化水平，增强素质培养的专业化和针对性。习近平总书记指出：“随着改革开放和社会主义现代化建设不断向前推进，各项工作对专业化、专门化、精细化提出了越来越高的要求。”

---

① 冯占民、付勤：《建立源头培养、跟踪培养、全程培养的素质培养体系》，《湖北日报》2018 年 8 月 13 日。

② 中共湖北省委组织部：《强化源头培养跟踪培养全程培养　全面提高干部队伍素质》，《党建研究》2018 年第 9 期。

习近平总书记反复强调加强干部队伍专业化建设，并对领导干部提出一系列具体要求，比如要“加强对新科学知识的学习，关注全球科技发展趋势”，“提高金融工作能力”，“不断提高运用法治思维和法治方式深化改革、推动发展、化解矛盾、维护稳定、应对风险的能力”，“不断提高对网络舆论的引导能力”，“学会运用互联网、大数据、区块链、人工智能等现代信息技术手段进行治理”，等等。与此同时，需要针对不同类别、不同层级、不同年龄段的干部，围绕构建新发展格局、坚持创新驱动发展、打好关键核心技术攻坚战、推动经济体系优化升级、全面推进乡村振兴等重大战略部署，制定差异化培养方案，帮助干部弥补知识弱项、能力短板、经验盲区，全面提高抓改革、促发展、保稳定水平和专业化能力。

（二）建立健全对干部的知事识人体系

“用人得当，首先要知人。知人不深、识人不准，往往会出现用人不当、用人失误。”那么，如何才能做到精准识人、因事择人？习近平总书记强调指出：“要建立日常考核、分类考核、近距离考核的知事识人体系，强化分类考核，近距离接触干部，使选出来的干部组织放心、群众满意、干部服气。”对干部的认识不能停留在感觉和印象上，必须健全考察机制和办法，多渠道、多层次、多侧面深入了解，当下重点是加强日常考核，重视分类考核，完善近距离考核，并充分利用考核的结果，形成多角度、全方面、客观、真实的综合评价。

1. 加强日常考核

干部考核是干部管理的基础性工作，日常考核应成为干部常态化考核。习近平总书记指出：“考核干部要经常化、制度化、全覆盖，既把功夫下在平时，全方位、多渠道了解干部，又注重了解干部在完成急难险重任务、处理复杂问题、应对重大考验中的表现。”要在应对重大事件中、重大任务中，全面跟踪考核领导干部的政治态度、工作能力、自我要求等表现，“既在小事上察德辨才，更在大事上看德识才”[①]。日常考核是建立在全面、动态地考察干部的基础上的。强化日常考核，升级服务能力，重点要做好以下工作：首先要在日常增加考核频率，增加平时积累和综合分析，完善考核的精准性。其次在于实现考核范围的全面。《党政领导干部选拔任用工作条例》第二十七条规定，考察党政领导职务拟任人选，必须依据干部选拔任用条件和不同领导职务的职责要求，全面考察其德、能、勤、绩、廉，严把政治关、品行关、能力关、作风关、廉洁关，即突出政治标准，深入考察道德品行，强化专业素养考察，注重考察工作实绩，加强作风考察，强化廉政情况考察。最后，实现动态考核。把各条线上的考核结果整合运用起来，加强日常考评、定期考核、专项工作考核、重大事件考核之间的相互补充，通过动态考核调动积极性，充分利用考核的结果，形成多角度、全方位的综合评价。

2. 重视分类考核

要破除“一把尺子量到底”的惰性，必须重视分类考核。分类考核是实现精准考核的必要前提和基本途径。《党政领导干部选拔任用工作条例》第二十七条规定，“根据实际需要，针对不同层级、不同岗位考察对象，实行差异化考察”。如何科学分类？根据不同标准，有如下几种分类考核。一是根据主体不同实施分类考核。对主要领导干部和班子成员、不同岗位的领导干部和普通干部应有不同的考核要求。“对党政正职人选，

① 《十九大以来重要文献选编》上，中央文献出版社2019年版，第563页。

坚持更高标准、更严要求，突出把握政治方向、驾驭全局、抓班子带队伍等方面情况的考察。”[①]区分地方、部门、高校、国企等不同类型领导班子（地方区分党政、人大政协，部门区分党政综合、经济管理、社会管理、执法监督等不同类别），正职、副职和县委书记等不同岗位，进行同类考核、同类比较，更清晰准确地了解班子运行状况和干部履职情况，使评价更有针对性。[②]二是根据部门特点与岗位要求设置不同考核指标。紧紧围绕贯彻落实中央和上级重大决策部署，确定考评重点。考评内容要突出政治导向，把政治建设放在首位，要聚焦部门特点与岗位要求，精准选取考核要素，设置体现差异、各有侧重的谈话口径、测评项目和指标体系，着力提升考评的科学性与精准度。

根据系统论的要求运用多种考核方式。每一个侧面的考核都有其不足，每一种考核方式也有其缺点，因而需要改进考核方式，综合多方考核结果来印证考评结论。为此，要加强部门联动，探索多项考核同步组织开展。将年度考核、主要责任指标考评、平时考核、专项考核、干部任前考察与日常了解结合起来，使各项考评结果相互衔接、互为印证，避免相互矛盾、畸轻畸重，确保考核评价全面客观准确。

3. 完善近距离考核

近距离考核是最直接、最有效的。每一个干部既是独立的，又是复杂多变的个体，一锤定音是不科学的。习近平总书记认真思考并全面概括了近距离观察的主要内容、目的、视角等，具有极强的针对性和可操

① 《党政领导干部选拔任用工作条例》，人民出版社2019年版，第18页。

② 李冕：《建立科学精准的知事识人体系》，《中国组织人事报》2018年11月21日。

作性。关于近距离观察的内容及目的："观察干部对重大问题的思考，看其见识见解；观察干部对群众的感情，看其品质情怀；观察干部对待名利的态度，看其境界格局；观察干部处理复杂问题的过程和结果，看其能力水平。"关于观察的视角：一双"眼睛"有局限、偏颇和盲区，因此，识别人才、选贤任能，只靠一把手、少数人的"眼睛"是不够的，要用好集体的多双"眼睛"，多视角、多侧面、多层次地了解一个干部；要坚持民主集中制的组织原则，严格标准，不搞感情用事，摒弃个人好恶的影响，摆脱亲疏远近的干扰，树立正确的用人导向。[①]关于观察的重点和层次："干部业绩在实践，干部声名在民间"，这要求我们多从实践业绩中、从群众口碑中看干部，既要在"大事"上看德，又要在"小节"中察德。[②]关于观察的方法与制度：要加大一对一与干部交心谈心频次，面对面与干部交流，直接了解掌握干部的所思所想；要建立干部常态化调研了解机制，经常性、近距离接触干部，把干部考准考实；要建立干部调研了解情况反馈机制，对干部调研了解的情况，一方面组织部门要掌握，另一方面要把有关信息反馈给班子或个人，让干部知道自己的不足和需要注意的事项，有针对性地进行改进，提高个人素质。[③]因此，明确了近距离观察的主要方法与基本要求，建立健全干部常态化调研了解机制和反馈机制，就能对干部的优缺点做到心中有数，实现因事择人。

---

① 习近平：《之江新语》，浙江人民出版社 2013 年版，第 24 页。

② 《十八大以来重要文献选编》上，中央文献出版社 2014 年版，第 343 页。

③ 李朝文：《着力推进干部工作五大体系建设》，《中国组织人事报》2018 年 9 月 21 日。

（三）建立健全对干部的选拔任用体系

选人用人导向决定着干部队伍的质量。新时代，应变局、育新机、开新局、谋复兴，关键是要把党的各级领导班子和干部队伍建设好、建设强。习近平总书记指出："要建立以德为先、任人唯贤、人事相宜的选拔任用体系，坚持好干部标准，把政治标准放在第一位，坚持五湖四海、任人唯贤，广开进贤之路，坚持事业为上，以事择人、人岗相适。"2019 年修订的《党政领导干部选拔任用工作条例》第一章第二条是关于选拔任用党政领导干部必须坚持的原则条款，在 2014 年版本的基础上增加了"事业为上、人岗相适、人事相宜""公道正派"等内容。这样，我们党关于选拔任用干部的原则、方针、标准更加全面，更富有时代性和针对性，有力地保证了党组织能及时把那些愿干事、真干事、干成事的干部发现出来、任用起来，让有为者有位、能干者能上、优秀者优先。当下，选人用人的导向、机制和体系整体上是比较成熟的，但也出现了如上所述的一些不容忽视的问题，即个别领导干部组织观念淡漠，带头破坏组织人事纪律；选人用人导向存在偏差，挫伤干部干事创业积极性；干部考察不全面，责任追究机制有欠缺；等等。这就要求全面分析原因，在坚持系统思维的基础上重点做好以下 3 个方面的工作。

1. 坚持把政治品德放在首位

"德才兼备，以德为先。"这里的"德"既包括政治品德、职业道德，也包括社会公德、家庭美德等，执政党的"干部在这些方面都要过硬，最重要的是政治品德要过得硬”。[1]突出政治标准、强调政治品德是由无产阶级政党的政治属性决定的，也是我们党选拔任用干部的一贯方针和根本原则，具有鲜明导向性和现实针对性。习近平总书记明确指出：“我们党对干部的要求，首先是政治上的要求。选拔任用干部，首先要看干部政治上清醒不清醒、坚定不坚定。”[2]并强调：“选人用人必须把好政治关，把是否忠诚于党和人民，是否具有坚定理想信念，是否增强‘四个意识’、坚定‘四个自信’，是否坚决维护党中央权威和集中统一领导，是否全面贯彻执行党的理论和路线方针政策，作为衡量干部的第一标准。”[3]党的二十大报告也再次强调：“坚持把政治标准放在首位，做深做实干部政治素质考察，突出把好政治关、廉洁关。”[4]突出政治标准，坚持把政治品德放在首位，要求组织人事部门坚持以政治建设为统领，强化理论武装，把学习贯彻习近平新时代中国特色社会主义思想作为首要任务，做习近平新时代中国特色社会主义思想的坚定信仰者和忠实实践者，在选人的标准条件上突出政治要求，在考察识别上突出政治素质，在审核把关上严审政治表现，扎紧织密严把干部选拔任用政治关的制度笼子，对那些政治上不合格的人，特别是“两面人”实行“一票否决”，

---

① 习近平：《努力造就一支忠诚干净担当的高素质干部队伍》，《求是》2019年第2期。

② 习近平：《努力造就一支忠诚干净担当的高素质干部队伍》，《求是》2019年第2期。

③ 习近平：《努力造就一支忠诚干净担当的高素质干部队伍》，《求是》2019年第2期。

④ 习近平：《高举中国特色社会主义伟大旗帜　为全面建设社会主义现代化国家而团结奋斗》，人民出版社2022年版，第66页。

坚决挡在门外，进一步形成干部选拔任用突出政治标准的鲜明导向，以此不断优化各级领导班子结构，增强干部队伍生机与活力。[①]

2. 坚持五湖四海、任人唯贤

坚持五湖四海、任人唯贤，这一基本原则回答的是“从哪里选人”和“用什么理念选人”的重要问题。在选人用人问题上，是坚持五湖四海、任人唯贤，还是搞小圈子、拉山头、任人唯亲，是判断马克思主义政党与非马克思主义政党的重要标准。党的性质和宗旨，决定了我们能够冲破各种陈旧、落后思想观念束缚，打破地域、部门、行业、身份限制，唯贤是举、选贤任能。习近平总书记指出：“党和人民事业要不断发展，就要把各方面人才更好使用起来，聚天下英才而用之。”我们要用聚才的良方“把党内和党外、国内和国外等各方面优秀人才吸引过来、凝聚起来”。[②]“要打开视野、不拘一格，坚持干部工作一盘棋，除了党政机关，还要注重从国有企业、高等学校、科研院所等各个领域各条战线选拔优秀人才”，充分盘活干部资源，广开进贤之路，广纳天下英才。“智者取其谋，愚者取其力，勇者取其威，怯者取其慎。”坚持五湖四海，标准就是“贤”，就是对党和人民忠诚、有本事、能干事的人，都要关怀培养并不拘一格地使用。坚持五湖四海、任人唯贤，标准就是“公道正派”，就是选拔领导干部论能力、凭水平、靠实绩。“公正用人是我们党立党为公、执政为民在组织路线上的体现，应该成为我们选人用人的

① 王乐平：《新时代中国特色干部选拔任用工作的探索及创新》，《中国井冈山干部学院学报》2019年第5期。

② 《十八大以来重要文献选编》下，中央文献出版社2018年版，第353页。

根本要求。”[①]坚持五湖四海、任人唯贤，必须坚决反对搞宗派主义、山头主义，维护党的团结统一，增强党的生机活力。

3. 坚持事业为上，以事择人、人岗相适

进入新时代后，在干部选拔任用上我们不仅坚持从严要求的高标准，而且推行具有时代特色、切合实际、精准科学的新原则新方法。在党的十九大报告中，习近平总书记提到，选拔培养高素质干部队伍一定要坚持“事业为上”。2018 年全国组织工作会议再次强调要“坚持事业为上，以事择人、人岗相适”。2019 年新修订的《党政领导干部选拔任用工作条例》，增加了“事业为上、人岗相适、人事相宜”原则，提出确定考察对象应当“将民主推荐与日常了解、综合分析研判以及岗位匹配度等情况综合考虑，深入分析，比较择优，防止把推荐票等同于选举票、简单以推荐票取人”；强调“针对不同层级、不同岗位考察对象，实行差异化考察”，将同考察对象面谈作为考察干部的必经程序单列出来；要求考察材料“评判应当全面、准确、客观，用具体事例反映考察对象的情况”；等等。[②]“为官择人者治，为人择官者乱”。坚持事业为上，以事择人、人岗相适，进一步突出实干实绩与需求导向，强调选人用人要从事业发展需要出发，从具体岗位职责需求出发，而不是“因人设岗”；坚持在知事识人的基础上，依事择人，人随事转，以事为先，人岗相适，人事相宜，把岗位要求、事业需要与促使干部成长、调动各个方面的积极性等有机地结合起来，提高干部资源配置和事业发展需求的相适性和匹配度。

---

① 习近平：《努力造就一支忠诚干净担当的高素质干部队伍》，《求是》2019 年第 2 期。

② 《党政领导干部选拔任用工作条例》，人民出版社 2019 年版，第 21—28 页。

（四）建立健全对干部的从严管理体系

好干部是选出来的，更是管出来的。2018年7月，习近平总书记在全国组织工作会议上强调，“要建立管思想、管工作、管作风、管纪律的从严管理体系，加强全方位管理，加强党内监督，管好关键人、管到关键处、管住关键事、管在关键时，特别是要把一把手管住管好。”这体现了系统管理、质量管理、重点管理相统一。2020年七一前夕，习近平总书记在十九届中央政治局第二十一次集体学习时再次对此作了强调。这些重要论述，深刻回答了新时代干部队伍管理“为什么管”“管什么”“如何管”等一系列根本问题，为我们坚持新时代党的组织路线、遵循新时代党的建设总要求、建设忠诚干净担当干部队伍提供了根本遵循。落实习近平总书记重要指示，把“四管”要求抓实抓细抓落地，要重点围绕加强全方位管理、加强日常监督、加强党内监督三个方面精准发力、持续用劲。[①]

1. 要加强全方位管理

首先要将源头把关、过程把关与问责把关相结合。树立正确选人用人导向，坚持把政治标准放在首位。注重在事前事中事后、用前用中用后、纪前纪中纪后多个维度强化全过程和全方位管理。事前明任务、定标准、教方法，事中看表现、察作风、听民声，事后对单收账、对标纠偏、奖优罚劣，把事前的指导要求、事中的工作表现与事后的考评验收结合起来。加强对结果的分析研判和综合运用，推动与干部选拔任用、领导班子建设等工作同频共振、同向发力。针对选人用人失职失责行为

---

① 曾万明：《完善“四管”从严管理机制》，《中国组织人事报》2020年8月31日。

要进行铁面问责，持续释放失责必问、问责必严的强烈信号。[①]其次要延伸监督链条，实现监督无空白。将监督由任期监督向任前监督、离任监督延伸，由工作圈监督向生活圈、社交圈监督延伸，由单纯监督向监督与教育并重延伸；把防止干部出现违反政治纪律和懒政怠政等行为作为重点，加强纪前纪后管理，执纪前及时提醒、执纪后教育疏导。

2. 要在日常监督上下功夫

突出强调日常监督，既是对党的十八大以来管党治党实践经验的总结提炼，也是做好今后工作的重要指引。在日常监督上下功夫，打好“预防针”。严格落实干部管理有关规定，从平时严起、从小事严起、抓早抓小、防微杜渐，发现苗头性、倾向性问题和轻微的违纪问题及时开展提醒谈话、诫勉谈话，防止小错酿成大错；自始至终严到底，决不紧一时、松一时，使咬耳扯袖、红脸出汗成为常态。不断完善教育在前、提醒在前、承诺在前、警示在前的“四个在前”干部监督管理机制，对干部违纪违规易发多发部门、职位、时段、事件进行深入监督。做好日常管理监督，离不开管好关键人、管到关键处、管住关键事、管在关键时，坚决杜绝各种干部管理“一锅煮”的问题。[②]管好关键人：既要用严明纪律管住绝大多数，又要对关键少数提出更严标准，管住管好各级一把手。《中共中央关于加强对“一把手”和领导班子监督的意见》对加强对“一把手”的监督作出如下安排：把对“一把手”的监督作为重中之重，强化监督检查；“一把手”要以身作则，自觉接受监督；加强党组织自上而下的监督，上级“一把手”必须抓好下级“一把手”；严格执行全面从严治党责任制度，落

① 于绍良：《构筑全方位从严管理体系》，《中国组织人事报》2018 年 10 月 8 日。
② 于绍良：《构筑全方位从严管理体系》，《中国组织人事报》2018 年 10 月 8 日。

实“一把手”第一责任人职责；贯彻执行民主集中制，完善“三重一大”决策监督机制；巡视巡察工作要紧盯“一把手”，及时发现问题；及时掌握对“一把手”的反映，建立健全述责述廉制度。[①]管到关键处：把强化政治监督作为从严管理监督干部的重中之重，把做到“两个维护”作为政治监督的根本任务，深化对党忠诚教育，推动各级领导干部严守党的政治纪律和政治规矩。管住关键事：聚焦权力运行的关键部位、关键环节，把加强突出问题整治和建章立制结合起来，深化标本兼治。比如，要从严从实开展个人有关事项报告专项整治，扎实开展干部人事档案专项审核，严肃开展派出境外机构（项目）人员取得外国国籍或国（境）外长期居留权专项整治，做实做细干部兼职等。管在关键时：既要把更细功夫下在平时，又要把更多目光投向关键时刻、关键节点。[②]

3. 要加强党内监督

党内监督是全面从严治党治官的重要保障。党的执政地位决定了党内监督在党和国家监督体系中是最基本的、第一位的。近年来，在全面从严治党中，党和国家监督工作形成了一系列成果和积累了丰富经验，为完善党内监督体系打下坚实的基础。同时也要看到，加强党内监督、提高党内监督的权威性实效性，还存在一些需要重视和解决的问题，加强和改进的空间都还很大，有大量工作要做。首先要加强政治监督，维护党的集中统一领导。加强政治监督，应“聚焦领导干部特别是党政正

① 《中共中央关于加强对“一把手”和领导班子监督的意见》，人民出版社2021年版，第5—8页。

② 曾万明：《完善“四管”从严管理机制》，《中国组织人事报》2020年8月31日。

职，突出对干部做到‘两个维护’、遵守党章党规党纪和宪法法律法规、执行党的路线方针政策、贯彻落实党中央决策部署、遵守党内政治生活准则等情况的政治监督”。[①]其次是坚持、完善、落实民主集中制，强化责任担当。民主集中制是我们党的根本组织原则和领导制度。党内监督的权威和责任首先来自党的组织，体现为自上而下；在监督过程中要充分发扬民主，支持党员群众自下而上广泛参与。通过把责任、制度、措施有机统一起来，强化自上而下的组织监督，改进自下而上的民主监督，发挥同级相互监督作用，形成了党中央集中统一领导，党委（党组）全面监督，纪律检查机关专责监督，党的工作部门职能监督，党的基层组织日常监督，党员民主监督的党内监督体系。[②]最后，党内监督既要全覆盖，又必须抓住主要矛盾和矛盾的主要方面，即突出监督重点——党的领导机关和“关键少数”。《中国共产党党内监督条例》第 17 条规定，必须加强对党组织主要负责人和关键岗位领导干部的监督，并明确了重点监督内容和监督措施。重点是既要坚持依规依纪，深化制度反腐，防止领导干部权力滥用；又要多设监督“探头”，注意从巡视监督、执纪审查、审计司法、信访举报和网络舆情等渠道发现问题线索。

（五）建立健全对干部的正向激励体系

党的十九大报告提出，“坚持严管和厚爱结合、激励和约束并重，完善干部考核评价机制，建立激励机制和容错纠错机制，旗帜鲜明为那些敢于担当、踏实做事、不谋私利的干部撑腰鼓劲”。2018 年 5 月，中央

① 《中国共产党组织工作条例》，人民出版社 2021 年版，第 15 页。

② 中央纪委研究室：《强化党内监督　实现自我完善》，《求是》2016 年第 24 期。

印发《关于进一步激励广大干部新时代新担当新作为的意见》，明确激励干部担当作为的要求，释放以事业为上、激励干部担当作为的强烈信号。同年 7 月，在全国组织工作会议上习近平总书记强调：“要建立崇尚实干、带动担当、加油鼓劲的正向激励体系，树立体现讲担当、重担当的鲜明导向。”建立健全对干部的正向激励体系是贯彻党的组织路线、促进干部新担当新作为的必然要求。全面贯彻新时代党的组织路线，推动形成正向激励体系，要在整合激励因素、优化激励结构的基础上，重点抓好三个方面的工作：坚持正确的用人导向，注重发挥榜样的激励作用，对基层干部格外关心。

1. 坚持正确的选人用人导向

用人导向具有“风向标”作用，涉及党风、政治生态的问题；“用一贤人则群贤毕至，见贤思齐就蔚然成风”[①]，选好用好一个人能激励一大片，涉及干部群体质量的问题；树立正确的选人用人导向是对干部实施正向激励的前提和基础，不仅涉及干部个人的发展，同时也涉及人民群众的根本利益乃至一个政党和国家事业的兴衰成败。[②]有研究者将习近平总书记阐述过的正确的用人导向归纳为十个相互联系相互依存的方面：注重品行、重视基层、崇尚实干、突出实绩、用其所长、五湖四海、能上能下、鼓励创新、群众公认、事业为上。[③]其实，笔者认为最

① 《习近平谈治国理政》第 1 卷，外文出版社 2018 年版，第 418 页。

② 刘海飞、申富强：《习近平关于树立正确的选人用人导向重要论述探析》，《观察与思考》2019 年第 5 期。

③ 刘海飞、申富强：《习近平关于树立正确的选人用人导向重要论述探析》，《观察与思考》2019 年第 5 期。

重要的是三个方面的导向：忠诚、干净、担当，重实干、重实绩、群众公认，注重基层、服务一线，而且这三个主要的导向常常联系在一起，落在地方层面也表现出一定的地域特色。安徽省结合实际严格践行好干部标准，提出了“六选六不选”的具体要求：树立绝对忠诚的导向，着力选那些对党绝对忠诚、始终言行一致的干部，选那些坚决维护以习近平同志为核心的党中央权威、坚决贯彻落实党中央决策部署、坚决严守政治纪律和政治规矩的干部，决不选与党“离心离德”的人，决不选“两面人”；树立正派干净的导向，着力选那些律己严、干事实、做人实的干部，选那些坚守正道、弘扬正气的干部，决不选漠视纪律、不守规矩、家风不严、虚言虚行的人，决不选贪权、贪钱、贪色的人；树立担当干事的导向，着力选那些具有专业知识、专业能力、专业作风、专业精神的干部，选那些能够适应把握引领经济发展新常态的干部，决不选不想干事、不会干事、干不成事的人，决不选“太平官”“逍遥官”。“六选六不选”彰显了忠诚干净担当的内涵，体现出安徽干部选任工作的鲜明特色。[①]

树立为担当者担当的用人导向，建立容错纠错机制。干事创业总是有风险的，比如政策风险、经济风险、舆论风险等，改革创新难免出现失误、遭受误解。为保护干部干事创业的积极性、进取心，避免干部因回报和风险不对等而不想为、不敢为，我们要破除“只许成功、不许失败”的旧思想，客观公正看待干部在改革创新、攻坚克难中出现的失误过错，分析主客观影响因素，甄别是非界限。在省部级主要领导干部学

---

① 邓向阳：《以正确用人导向促进政治文化建设》，《中国组织人事报》2017年2月27日。

习贯彻党的十八届五中全会精神专题研讨班开班式上，习近平总书记提出了“三个区分开来”的论断：“把干部在推进改革中因缺乏经验、先行先试出现的失误和错误，同明知故犯的违纪违法行为区分开来；把上级尚无明确限制的探索性试验中的失误和错误，同上级明令禁止后依然我行我素的违纪违法行为区分开来；把为推动发展的无意过失，同为谋取私利的违纪违法行为区分开来，保护那些作风正派又敢作敢为、锐意进取的干部，最大限度调动广大干部的积极性、主动性、创造性，激励他们更好带领群众干事创业。”[①]2018 年中办下发的《关于进一步激励广大干部新时代新担当新作为的意见》进一步强调了“三个区分开来”，为我们选拔考察干部时“容什么，不容什么”划定了政策界限。“容为公之失，不赦为私之罪。”这就需要建立容错纠错机制，为改革者提供制度保障或制度性兜底，鼓励创新，宽容失败，使他们能够轻装上阵去改革创新。这需要在以下几个方面着力：夯实责任制度基础，厘清各级党委、政府及其各个部门、各个岗位的权力清单和责任清单；规范操作程序，组织上要深入核实、客观认定干部的失误错误，用客观的标准来判断是否属于容错情形、容错条件；健全指标体系和判断标准，防止混淆问题性质、拿容错当“保护伞”，搞纪律“松绑”，确保容错在纪律红线、法律底线内进行。[②]

2. 注重发挥榜样的激励作用

榜样的力量是无穷的。回望百年奋斗历程，榜样引领激励是我们党汇聚时代力量的重要手段，是引领干部担当作为、干事创业的重要方

---

① 《习近平谈治国理政》第 2 卷，外文出版社 2017 年版，第 225 页。

② 《强化正向激励　激发担当活力》，《湖北日报》2018 年 8 月 7 日。

法。“历史烛照时代，榜样传承精神。”无论是在艰苦卓绝的革命战争年代，还是在社会主义建设和改革开放时期，榜样都是我们守初心、担使命的标杆和修身立德、干事创业的榜样，在承载和引领时代主流精神诉求和价值取向方面发挥着重要作用。习近平总书记指出当官要体现出榜样的力量，给人民以影响力、感染力、号召力；如果共产党的领导干部在艰苦奋斗、廉洁奉公上不成为榜样，就无法在人民群众中树立威信。[①]用好干部的正向激励，必须站在时代发展的制高点上，将榜样的力量融入干部队伍建设的全过程之中，激励广大党员干部争做时代楷模。因此，坚持榜样示范引领，就是要广泛开展宣传，强化抗疫一线的先进典型的示范带动效应，弘扬正气，涵养党员干部重实干的正气；就是要在党史学习过程中，学习榜样身上坚定的理想信念、忠诚为民的奉献情怀和百折不挠的奋斗精神，汲取榜样力量，发挥先锋模范作用，传承榜样精神；就是要通过多角度的宣传和互动，努力形成学习典型的良好风气，让先进典型在潜移默化中影响其他干部；就是要引导广大党员、干部以习近平新时代中国特色社会主义思想为指引，以先进模范为镜，向先进典型看齐，将初心融进灵魂，把使命扛在肩上，时刻保持警醒，不断振奋精神，敢字为先、干字当头，只争朝夕、顽强奋斗，汇聚起新征程上重整行装再出发的磅礴力量，共同书写中华民族千秋伟业。

3. 对基层干部格外关心

基层干部是党和国家事业的基石，是党和政府联系群众的主要渠道，是解决实际问题的重要力量。关心和爱护基层干部，是我们党管理基层干部的重要经验和优良传统，也是做好基层工作的关键所在。党的十八

① 习近平：《摆脱贫困》，福建人民出版社2014年版，第39页。

大以来，习近平总书记多次强调：“各级都要重视基层、关心基层、支持基层……广大基层干部任务重、压力大、待遇低、出路窄，要把热情关心和严格要求结合起来，对广大基层干部充分理解、充分信任，格外关心、格外爱护，多为他们办一些雪中送炭的事。”[①]“基层干部是党和国家的宝贵财富，我们要倍加关心、倍加爱护。”“各级党委和政府要关心这些优秀基层干部的家属，满腔热情帮助他们解决困难，特别是要把他们的老人和未成年子女照顾好。”……时下，全面推进乡村振兴、加快农村产业发展成为基层工作的重点，基层“人少事多”，工作量将进一步加大，基层干部身上的“担子”会越来越重，这就要求党组织不单是要“用”基层干部，更要“用好”基层干部，要把“格外关心”“格外爱护”转化为一项项具体的保障政策和激励措施，使得他们在政治上更有盼头、工作上更有劲头、生活上更有奔头。首先要树立重视基层的用人导向。加大对基层干部培养选拔力度，着力破解基层干部面临的“天花板”难题。基层不仅是培养干部的沃土，也是选拔干部的赛场。习近平总书记指出：“要在基层干部的培训、培养上加大力度，各级干部的培训、培养要向基层倾斜，在提拔干部时要重视干部的基层经历和经验。”[②]《中国共产党支部工作条例（试行）》在激励方面，提出注重从优秀村、社区党支部书记中选拔乡镇和街道领导干部，考录公务员和招聘事业单位人员。《中共中央　国务院关于打赢脱贫攻坚战的决定》明确提出，“脱贫攻坚期内贫困县县级领导班子要保持稳定，对表现优秀、符合条件的可以就地提级”。《党政领导干部选拔任用工作条例》第十条规定，“地方

---

① 《十八大以来重要文献选编》上，中央文献出版社2014年版，第352页。

② 习近平：《之江新语》，浙江人民出版社2014年版，第110页。

党政领导班子成员应当注意从担任过县（市、区、旗）、乡（镇、街道）党政领导职务的干部和国有企事业单位领导人员中选拔”[①]。这些都体现了注重从基层中选拔干部的导向越来越清晰，需要把这样的规定贯彻落实好。其次，进一步强化关心关爱，切实提高基层干部的工作生活待遇。把物力财力适当向基层一线倾斜，继续深化工资制度改革，健全工资调查制度、工资物价补偿制度，合理实施绩效考核奖励，落实落细干部加班补助、应休尽休、交通补贴、乡镇补贴等，确保干部收入水平与经济发展、物价水平和岗位职责任务相适应。最后，加强人文关怀和困难帮扶，缓解基层干部的压力和焦虑。全面了解基层干部的工作生活状态，耐心倾听基层干部的意见和诉求，帮助他们解决实际困难，解除他们干事创业的后顾之忧，激励更多基层干部心无旁骛地撸起袖子加油干。要建立心理关怀有效措施，缓解基层干部的压力和焦虑。此外，要切实减轻基层负担，让基层把更多时间用在抓工作落实上。要加强信息资源共享，不能简单以留痕多少、上报材料多少来评判工作好坏。2018年11月，习近平总书记在中央政治局第十次集体学习时强调，“这方面要有个章法……要控制各级开展监督检查的总量和频次，同类事项可以合并的要合并进行”，[②]把基层从提供材料的忙乱中解放出来。

---

① 《党政领导干部选拔任用工作条例》，人民出版社2019年版，第10页。

② 习近平：《努力造就一支忠诚干净担当的高素质干部队伍》，《求是》2019年第2期。

第三章 着力集聚爱国奉献的各方面优秀人才

习近平总书记在党的十九大报告中指出："中国特色社会主义进入了新时代。"①中国特色社会主义进入新时代后，我国社会的主要矛盾也随之发生了重大的变化，人民日益增长的物质文化需要同落后的社会生产之间的矛盾转变为人民日益增长的美好生活需要和不平衡不充分的发展之间的矛盾。面对人民日益增长的美好生活需要，如何有效改变不平衡不充分的发展格局是新时代党和国家各项工作的重中之重。习近平总书记指出："人是科技创新最关键的因素。创新的事业呼唤创新的人才。""我国要在科技创新方面走在世界前列，必须在创新实践中发现人才、在创新活动中培育人才、在创新事业中凝聚人才，必须大力培养造就规模宏大、结构合理、

① 习近平：《决胜全面建成小康社会　夺取新时代中国特色社会主义伟大胜利》，人民出版社 2017 年版，第 10 页。

素质优良的创新型科技人才。”[①]因此，不平衡不充分发展格局的破解，不仅需要党中央和国务院出台并不断完善相应的顶层设计，而且也需要着力集聚党内外爱国奉献的各方面优秀人才，并充分发挥他们的聪明才智。党的十八大以来，面对日趋白热化的国际人才争夺，以习近平同志为核心的党中央和国务院高度重视人才队伍建设，加快实施人才强国战略，着力集聚爱国奉献的各方面优秀人才，有关人才队伍建设的体制机制逐步完善，为在新时代全面建成小康社会和实现中华民族伟大复兴的中国梦提供了强大的人才支撑和智力保障。

① 《习近平谈治国理政》第1卷，外文出版社2018年版，第127页。

一、加强人才队伍建设的重要性与紧迫性

习近平总书记在 2018 年 7 月 4 日召开的全国组织工作会议上发表的重要讲话中指出，千秋基业，人才为本。人才是人力资源中拥有较为丰富的知识储备和较高的技能水平，能够在经济和社会发展中做出重要贡献的群体。在被誉为“人力资本理论之父”的美国学者西奥多·舒尔茨看来，在影响经济发展的诸因素中，人的因素是最关键的，经济发展主要取决于人的质量的提高，而不是自然资源的丰瘠或资本的多寡。第二次世界大战以来，伴随科技变革的深入推进和人力资本在经济社会发展中重要性的不断提升，世界各国在人力资本上的投资力度不断加大，国际人才争夺日趋激烈。当前，全球范围内新一轮科技革命和产业变革蓬勃兴起，世界各国都在抢抓机遇，国际人才争夺日趋白热化。作为世界上人口最多的国家，我国是一个人才大国，但尚不是一个人才强国。目前，面对日趋白热化的国际人才竞争，实施人才强国战略、加强人才队伍建设的紧迫性与必要性正日渐凸显。为此，我们必须要加快实施人才强国战略，确立人才引领发展的战略地位，努力建设一支矢志爱国奉献、勇于创新创造的优秀人才队伍。

（一）马克思主义经典作家一直非常重视人才

马克思主义的两位伟大导师——马克思、恩格斯，虽然对于人才专门论述不多，但不代表不重视人才。19 世纪中叶前后，在批判资本主义社会种种弊端，特别是资产阶级对无产阶级的剥削与压迫，资本对劳动

的绝对支配时，马克思恩格斯认识到人的重要性。这种重要性体现在人在社会历史领域的主体地位。他们指出："历史什么事情也没有做……创造这一切、拥有这一切并为这一切而斗争的，不是'历史'，而正是人，现实的、活生生的人。"[①]虽然之前不少哲学家也重视人，但是他们往往要么抽象地谈论人，如黑格尔把精神看作人的本质；要么把人看作感性事物，缺少能动性，如费尔巴哈。正如上述所论，马克思恩格斯的"人"是现实的、活生生的人，因此他们也说人是实践的人，"是一切社会关系的总和"[②]。具体联系到当时资本主义生产过程中商品二重性和劳动二重性，他们认为人也是资本。他们认为"我们把劳动力或劳动能力，理解为人的身体即活的人体中存在的、每当人生产某种使用价值时就运用的体力和智力的总和"[③]。马克思恩格斯以劳动力方式展示人，蕴含了人力资本思想的萌芽，也为后来马克思主义者的人才思想奠定了基础。

列宁也非常重视人才。与马克思恩格斯主要从事理论斗争不同，列宁从参加革命一开始，就参与建立各种共产主义组织的革命实践。在这些组织中，他特别强调革命家的作用。"各方面的革命工作需要具备各种才能的人。"[④]强调俄国必须从建立革命家组织着手来建党，因为"任何革命运动，如果没有一种稳定的和能够保持续承性的领导者组织，就不能持久"[⑤]。"很明显，没有职业革命家，事情总是寸步难行。"[⑥]那么革命

---

① 《马克思恩格斯全集》第2卷，人民出版社1957年版，第118页。

② 《马克思恩格斯选集》第1卷，人民出版社2012年版，第135页。

③ 《马克思恩格斯全集》第23卷，人民出版社1972年版，第190页。

④ 《列宁全集》第7卷，人民出版社1986年版，第9页。

⑤ 《列宁全集》第6卷，人民出版社1986年版，第118页。

⑥ 《列宁全集》第44卷，人民出版社1990年版，第305页。

家从哪里来？列宁认为不会从天上掉下来，更不会靠自发力量产生，只有受过专业训练和经过长期教育才会形成。“当我们有了受过专门训练、经过长期教育的工人革命家（当然是‘所有各个兵种’的革命家）队伍的时候，世界上任何政治警察都不能战胜这支队伍，因为这支由无限忠于革命的人组成的队伍也一定会获得最广大的工人群众的无限信任。”[①]如果说，在领导革命斗争中，列宁比较重视职业革命家的作用，那么，在临近革命胜利以及夺取政权之后，列宁非常重视专家的作用。他说：“我们需要银行业的和企业联合的优秀组织者（在这方面，资本家有比较多的经验，而使用有经验的人，工作就比较容易进行），我们需要比从前愈来愈多的工程师、农艺师、技术人员以及各种具有科学知识的专家。”[②]列宁之所以重视这些专家，一方面是因为在俄国这样落后的国家进行社会主义现代化建设需要他们；另一方面，在长期的革命实践中，俄共（布）培养了大量的职业革命家，但是具有现代科技知识的专业人才比较缺乏。他指出：“没有各种学术、技术和实际工作领域的专家的指导，向社会主义过渡是不可能的，因为社会主义要求广大群众自觉地在资本主义已经达到的基础上向高于资本主义的劳动生产率迈进。”[③]

中国的马克思主义者也非常重视人才。早在1928年在井冈山建立革命根据地时期，毛泽东就指出：“使地方工作人材逐渐减少依靠红军中工作人材的帮助，能完全自立，以边界的人材任边界的工作，进一步能够

① 《列宁选集》第1卷，人民出版社1995年版，第412页。

② 《列宁选集》第3卷，人民出版社1995年版，第302页。

③ 《列宁全集》第34卷，人民出版社1985年版，第160页。

供给红军的工作人材和扩大割据区域的工作人材。”[①]在新民主主义革命时期，工人和农民成为中国共产党和军队的主要来源。他们的革命性较强，但是大多数人文化水平较低，甚至有许多是文盲，所以中国共产党对知识分子特别重视。抗日战争时期，毛泽东在为党中央起草的《大量吸收知识分子》的决定中，就大量吸收知识分子参加革命的重要性、现状和今后应注意的若干事项进行了详细的论述。他提出：“革命力量的组织和革命事业的建设，离开革命的知识分子的参加，是不能成功的。”[②]他指出：“全党同志必须认识，对于知识分子的正确的政策，是革命胜利的重要条件之一。我们党在土地革命时期，许多地方许多军队对于知识分子的不正确态度，今后决不应重复；而无产阶级自己的知识分子的造成，也决不能离开利用社会原有知识分子的帮助。”[③]在 1949 年新中国成立前后，毛泽东指出，随着党工作重心从农村转移到城市，“必须用极大的努力去学会管理城市和建设城市”。“为了这一点，我们的同志必须用极大的努力去学习生产的技术和管理生产的方法，必须去学习同生产有密切联系的商业工作、银行工作和其他工作。”[④]“无产阶级没有自己的庞大的技术队伍和理论队伍，社会主义是不能建成的。”[⑤]

1978 年党的十一届三中全会以来，随着党和国家工作重心的转移，中国特色社会主义建设事业需要大量人才，中国共产党更加重视人才。

---

① 《毛泽东选集》第 1 卷，人民出版社 1991 年版，第 52 页。

② 《毛泽东选集》第 2 卷，人民出版社 1991 年版，第 641 页。

③ 《毛泽东选集》第 2 卷，人民出版社 1991 年版，第 620 页。

④ 《毛泽东选集》第 4 卷，人民出版社 1991 年版，第 1427—1428 页。

⑤ 《毛泽东文集》第 7 卷，人民出版社 1999 年版，第 309 页。

针对“文革”中把知识分子批判为“臭老九”的现象，邓小平明确提出“尊重知识、尊重人才”[①]，因为他认识到，如果没有知识，没有人才，社会主义现代化事业是不可能完成的。他说：“现在我们面临的问题，是缺少一批年富力强的、有专业知识的干部。而没有这样一批干部，四个现代化就搞不起来。”[②]他强调：“按经济规律办事，就要培养一批能按经济规律办事的人。我们需要一些专家、懂行的人，现在不懂行的人太多了，‘万金油’干部太多了。”[③]党的十三届四中全会以来，中国共产党仍然高度重视人才，特别是世界进入知识经济时代，人才的重要性越发显得突出。江泽民明确提出“在社会的各种资源中，人才是最宝贵最重要的资源”。[④]他在党的十五大报告中进一步指出，“人才是科技进步和经济社会发展最重要的资源”[⑤]。进入21世纪，面对全面建设小康社会的艰巨任务，需要更多人才，中国共产党明确提出人才强国战略。胡锦涛在2003年12月第一次全国人才工作会议上指出，要“牢固树立人才资源是第一资源的观念”“牢固树立人人都可以成才的观念”“牢固树立以人为本的观念”。“要坚持德才兼备原则，把品德、知识、能力、业绩作为衡量人才的主要标准，不唯学历，不唯职称，不唯资历，不唯身份，做到不拘一格选人才。要树立有较高知识水平和创新能力的拔尖人才、有丰富实践经验和一技之长的实用人才都是人才的观念，努力形成谁勤于学习、

① 《邓小平文选》第2卷，人民出版社1994年版，第41页。

② 《邓小平文选》第2卷，人民出版社1994年版，第221页。

③ 《邓小平文选》第2卷，人民出版社1994年版，第196页。

④ 江泽民：《论科学技术》，中央文献出版社2001年版，第77页。

⑤ 《江泽民文选》第2卷，人民出版社2006年版，第26页。

勇于投身时代创业的伟大实践，谁就能获得发挥聪明才智的机遇，就能成为对国家、对人民、对民族有用之才的社会氛围，创造人才辈出的生动局面。”①

（二）面对激烈国际竞争的现实需要

习近平总书记曾指出：“综合国力竞争说到底是人才竞争。人才是衡量一个国家综合国力的重要指标。”②因此，各国都非常重视对人才的争夺，特别是近些年来在世界总体和平的时代背景之下，如何利用好难得的和平机遇来加快发展经济，不断提升自身的综合国力和科技竞争力，逐渐成为世界各国政府的主要议题和世界各国人民的殷切期望。经济社会的快速发展、综合国力和科技竞争力的稳步提升，离不开人才特别是优秀的具有强大创新和创造才能的人才的推动。为了获得推动经济社会快速健康可持续发展所需要的优秀人才，世界各国政府在通过不断加大教育投入和强化培训力度等方式来培养自身人才的同时，也加大了对外国优秀人才争夺的力度，美国、欧盟、日本和英国等发达国家或发达经济体先后出台了许多有关内部人才培养和外部人才引进等方面的人才战略和政策，国际人才争夺日趋白热化。

1. 美国的人才争夺战略

美国是当今世界经济总量位居第一的发达国家。其近百年来经济总量之所以能够保持稳步增长，综合国力和科技竞争力之所以能够不断提

① 《胡锦涛文选》，人民出版社 2016 年版，第 129—130 页。

② 习近平：《深入实施新时代人才强国战略　加快建设世界重要人才中心和创新高地》，《求是》2021 年第 24 期。

升，与美国政府一直以来高度重视教育、培训等人才培养和引进工作有着密切的关联。回顾美国建国前后至今的教育、培训等人才培养和引进工作的发展历程可以发现，美国的人才战略主要体现出以下三个方面的特征：

一是美国一直高度重视教育和人才培养工作，特别是高等教育。1636 年，美国哈佛大学的前身哈佛学院在北美成立，开创了北美高等教育的先河。1727 年，为了顺应北美产业革命的需要，哈佛学院着力推动应用科学的发展，先后增设了测量、航海等应用型学科，并向学生讲授物理、化学、天文等知识。1776 年，美国正式建国，美国的教育特别是高等教育也由此迎来了难得的发展机遇。1780 年，哈佛学院正式更名为哈佛大学。哈佛大学成立后不久，开始淡化宗教、神学等传统专业，大量发展法学、数学、物理、化学、医学等美国经济社会发展急需的专业，哈佛大学也由此逐步成为美国人才培养的高地。为了更好地推动应用型人才的培养工作，美国于 1862 年出台了《莫雷尔法案》(*Morrill Act of* 1862)。《莫雷尔法案》又被称为《赠地法案》。该法案规定，联邦政府将为每个州划拨约 3 万英亩的土地。各州需要用这些土地的收益来创建或资助至少一所学院，而这些学院将主要设立农业、机械、园艺等方面的专业，以培养农业和工业发展所急需的人才。第二次世界大战后，美国更加重视教育的发展，在教育上的投入力度不断加大，相关的教育立法数量不断增加。1958 年，美国出台了《国防教育法》，明确了教育与国防之间的关系，提出要通过教育改革来提升教育质量，进而为国防建设培养更多高质量的科技人才。20 世纪 60 年代，面对美苏争霸中暴露出的美国科技在很多领域落后于苏联的现实，美国陆续出台了《1963 年职业教育法案》《1964 年研究生公共教育与培训修正案》《1965 年高等教育法》和《1965 年中小学教育法》，以此来强化基础教育和高等教育，提升美国的科技水平。20 世纪 90 年代之后，伴随全球科技竞争的日趋激烈，美国政府更加重视通过教育改革来提升教育水平和人才培养的质量。1991 年，时任美国总统的老布什颁布了《国家教育战略》，提出要大幅增加数学等学科的教师数量，密切教育与就业之间的关联。2006 年，时任美国总统的小布什宣布实施《美国竞争力计划》（*American Competitiveness Initiative*，*ACI*），“强调美国的优势必须通过保持在人才和创造力上处于领先位置，通过加大对科研和教育的投入，以科研促进创新能力的提高”①。此后，美国前总统奥巴马分别于 2009 年、2011 年和 2015 年发布了《美国创新战略》，以此来强化美国在创新能力和创新人才培养上的领先地位。其中，“2015 年的《美国创新战略》提出营造政策环境，帮助更多人成为创新者，发挥创造力。借助人才、创新思维及技术工具的有效组合，为公众提供更好的服务”②。

二是通过设立国家科学基金等形式加大科研投入，为科技人才科研工作的顺利开展提供较为充裕的资金支持。第二次世界大战之后，美国高度重视激励科研人员从事科研工作的主动性和积极性，并为科研人员的科研活动提供了较为充裕的资金支持。1950 年 5 月，美国正式成立美国国家科学基金会。该科学基金会的主要任务是通过设立国家科学基金，来资助相关科研人员从事基础科学、应用科学等方面的研究工作。美国

---

① 蓝志勇、刘洋：《美国人才战略的回顾及启示》，《国家行政学院学报》2017 年第 1 期。

② 蓝志勇、刘洋：《美国人才战略的回顾及启示》，《国家行政学院学报》2017 年第 1 期。

国家科学基金会的研究计划大体包括基础研究、应用研究、科学教育、科学政策和国际合作等多个方面。从 20 世纪 90 年代开始，伴随电子信息技术的快速发展，美国政府在人才培养和科技研发等方面的投入力度也随之不断加大。2004 年，时任美国总统的小布什决定将科研经费占比提升到美国 GDP 的 2.5%。2009 年，时任美国总统的奥巴马决定将科研经费占比提升到美国 GDP 的 3%。美国国家科学基金的设立和每年较高的科研经费投入占比，为美国高精尖人才的培养和科研水平的不断提升提供了坚实的经费保障。目前，美国已经拥有 3500 多所高校和 3 万多家各类科研机构，世界名校和一流科研机构的数量均位居世界第一。

三是注重通过移民、留学和科研合作等方式来吸引和争夺优秀的外籍人才。美国是一个移民国家。在人才工作方面，美国政府不仅高度重视本土人才的培养，而且也非常重视大规模地吸引和争夺优秀的外籍人才，进而为美国人才强国战略的有效实施提供坚实的保障。美国将外来人才分为具备特殊技能的人才、高端技能人才和技能人才三类。美国政府对于这三类人才所制定的人才引进和入籍政策也存在一定的差异。其中，具有特殊技能的人才可以直接引进，具有高端技能的人才在经过一定的测试环节后也可以被引进。而拥有一般技能的人才是否能够被引进到美国，则取决于美国国内人才市场的供需状况。大体来说，美国对外籍人才的引进和争夺主要通过以下 6 种方式来展开。

第一，实施向人才特别是向高精尖人才倾斜的移民政策。美国虽然是一个由移民建立的国家，但是美国政府所制定的移民政策并不宽松，一般的外籍人士要想获得美国永久居民身份（俗称“绿卡”）或加入美国国籍，必须要满足一定的相对较为苛刻的条件。不过，在对待拥有较高学历和较强技能的外籍人才时，美国政府的移民政策又显得较为宽松，特别是那些毕业于世界名校的高端人才很容易获得美国永久居民身份，并顺利加入美国国籍。而美国政府也正是凭借着这种倾向于高端人才的移民政策，来吸引世界各国的优秀人才。自20世纪50年代开始，美国多次修改移民法。1965年，美国制定了新移民法。该移民法规定，美国每年专门预留出2.9万个移民名额，给来自世界任何国家的高级专门人才。1990年，时任美国总统的老布什又签署了新的移民法案，进一步扩大了用于吸引外国高级专门人才的移民名额，以使更多的拥有较为丰富的知识和技能储备的高级人才能够进入美国学习、工作和生活。2001年，美国出台了《加强21世纪美国竞争力法》。该竞争力法的核心思想是要通过更多地吸纳世界各国的优秀科技人才，以加强美国在21世纪的国家竞争力。

第二，利用美国高等教育的优势，通过提供高额的奖助学金或低利率的助学贷款等方式，吸引外国优秀的学生赴美留学并在毕业后能够留美工作。相较于其他发达国家而言，美国高校数量众多，世界名校的数量更是位于世界前列。这些世界名校可以为优秀的外国学生提供高额的奖助学金，每年都吸引着很多优秀的外国学生前来学习深造。这些留学生在毕业后，大多会选择在美工作，进而为美国提供了稳定的高质量人才储备。据美国国家科学基金会统计数据显示，25%的外国留学生在学成后会定居美国，并被纳入美国国家人才库；在美国科学院的院士中，外来人士占22%；在美籍诺贝尔奖获得者中，有35%的获奖者出生在国外。

第三，利用总部位于美国的跨国企业在海外设立各类科研机构，以此为平台大量招聘优秀的人才，使得这些优秀的人才为美国服务。其中，有部分人才会被派往美国工作，并由此获得美国永久居民资格或加入美国国籍。美国是当今世界经济最发达的国家，拥有全球数量最多的世界 500 强企业。这些总部位于美国的世界 500 强企业，在全球各地设立了众多的研发中心，雇用了很多来自世界各国的优秀人才。这些优秀的外籍人才在为美国世界 500 强企业服务的同时，实际上也在为美国贡献自己的聪明才智，他们为美国科技竞争力的提升作出了重要贡献。

第四，将科学、技术、工程和数学等方面的人才作为工作重点，出台极具竞争力的吸引和保留外国人才的政策，以此来稳定在美学习或工作的外国人才队伍的规模。美国政府的人才工作非常注重实用性，数学、科学、工程和技术等方面的外国人才，是美国外国人才吸纳工作的重点。而这些学科及其相关联学科的人才特别是高端的人才，也正是世界各国人才争夺的焦点。为此，近年来美国政府陆续出台了一系列极具竞争力的人才政策，以增强美国对外国人才的吸纳能力。2012 年，美国国土安全部出台政策，将拥有科学（Science）、技术（Technology）、工程（Engineering）、数学（Mathematics）即 STEM 学科的学士、硕士或博士学位的学生签证持有人的毕业后实习期签证期限延长 17 个月，进而提高他们留美工作的可能性。2013 年，美国国家科学与技术顾问委员会向美国政府提交了《STEM 教育战略规划（2013—2018 年）》，主张美国联邦政府应加大对 STEM 领域的投入力度，建立 STEM 教育体系，以此来加大美国 STEM 领域后备人才的培养和储备力度。2014 年 11 月，时任美国总统的奥巴马主张，可以通过向在美学习的属于 STEM 学科领域的外国毕业生提供培训机会的方式，让这些学生毕业后可以在美国继续工作 29 个月的时间，以此来强化美国在 STEM 学科领域的人才优势。

第五，借助对外援助或者科技交流合作的名义，为受援助国或合作方的人才提供赴美学习和交流的机会，以此来推动受援助国或合作方的优秀人才向美国流动，并最终留美工作。美国基本每年都有对外援助项目，在实施部分援助项目时，受援助方的学生或科研人员拥有赴美学习或深造的机会，而这些人中最终有很多留在了美国工作。同时，美国政府也会借助科技交流合作的方式，来吸引外国优秀的人才来美国开展学术交流，并最终吸引他们留在美国工作。

第六，美国政府借助为外国优秀人才设立的高额奖项或资助项目来招揽外国高端人才。近年来，美国政府陆续设立了一些科研奖项和由政府给予高额资助的科研项目，这些科研奖项或项目中有很多是针对外籍人士开放的。不过，符合条件的外籍人士最终要想获得这些科研奖项或者项目资助，必须要先办理加入美国国籍的手续，而美国政府也正好借此机会来吸纳外国优秀人才。例如，美国国家科学基金会规定，获得美国总统青年科学家奖、工程创造奖等奖项的外籍候选人，必须要先办理入籍手续。

此外，美国政府还会在国际社会发生突发事件或者主要竞争对手在政治、经济、社会和军事等方面发生巨变的时候，制订国家层面的人才争夺计划，以此来获取优秀的外国人才。例如，在第二次世界大战结束前不久，美国政府利用纳粹德国即将战败的时机制订了争夺战败国优秀人才的“阿尔索斯计划”。最终，德国和意大利很多优秀的物理学家和工程师流落到了美国。1991 年苏联解体后不久，美国政府制订了“接收俄罗斯最有希望青年专家到美国深造”计划，借此来抢夺俄罗斯等前苏联加盟共和国的优秀人才。

2. 欧盟的人才争夺战略

欧盟作为全球最大的主权国家联盟和世界主要经济体之一，与美国、日本等发达经济体之间的经济竞争较为激烈。为了统一欧盟内部各成员国的人才引进政策，提升欧盟对外来人才的吸引力，以便更有效地与美国和日本等发达经济体争夺高端人才，欧盟于 2008 年制订了“蓝卡”计划，以此来对抗美国的“绿卡”政策。欧盟“蓝卡”计划规定，任何非欧盟成员国居民提出“蓝卡”申请后，将会在 90 天内知晓自己能否获得赴欧盟工作的“蓝卡”。“蓝卡”的有效期为两年，期满后可以续签。“蓝卡”的发放部门由欧盟各成员国的政府自行确定，具体的发放数量也由各成员国政府根据本国经济社会发展需要和人才结构来确定。“作为非欧盟国民，‘蓝卡’持有人将与欧盟居民享有同等社保、就业、教育和薪酬权益，且有权将家人带到欧盟国家生活。但在获得学习津贴、住房和社会救助方面（会）受到（一定的）限制。按照规定在第一个欧盟成员国工作满 2 年之后，‘蓝卡’持有人前往其他欧盟国家就业、居住时与欧盟居民享有同等权利。只要持有人有工作，‘蓝卡’就维持有效。”[①]

欧盟的人才引进政策除了有联盟层面的“蓝卡”计划外，德国等欧盟成员国也制定了各自的人才引进政策。例如，德国政府为保持其持续的竞争能力和创新能力，制定了《专业人才战略》，出台了《技术移民法》《加强职业教育推进职业教育现代化法》等一系列的人才法律和政策，并为计算机、通信技术等领域的高精尖项目研究者设立了办理短期签证的“特别快速通道”，专门发放较长期限的居留证。与此同时，作为欧盟成员国之一的荷兰也制定了较为宽松的争夺外国人才的政策。例如，为了鼓励更多优秀的中国学生前往荷兰留学深造，荷兰政府针对中国学生实行教育补贴政策。2009 年，荷兰政府出台了“高等技术移民”的新

---

① 潘兴明:《欧盟“蓝卡”计划评析——兼论中国人才战略对策》,《国际展望》2010 年第 3 期。

政策。依据该技术移民政策，获得荷兰硕士学位的外国留学生即有资格申请长期在荷兰工作、学习和居住。

3. 日本的人才争夺战略

同美国和欧盟一样，作为世界第三大经济体的日本，也非常重视本国人才的培养和对国际优秀人才的争夺。第二次世界大战之后，日本从一个经济社会濒临崩溃边缘的战败国迅速发展成为资本主义世界第二大经济体，与其在第二次世界大战后大力实施的科教立国战略密不可分。“面对日趋激烈的国际竞争，日本举国上下再次认识到（作为）资源小国的日本，要维持世界经济大国的地位，只有依靠不断开发人力资源，才能推动日本社会经济的发展。”[①]20 世纪 90 年代以后，信息技术的快速发展及其在经济社会发展中重要性的日渐凸显，使得世界各国对信息技术等领域高端人才的争夺日趋激烈。对此，日本政府在继续加大教育领域的投入以不断扩大本国人才培养规模并稳步提升自身人才培养质量的同时，也开始重视引进外国的优秀人才，并专门制定了全球化的人才培养战略，针对海外的高层次人才出台了较为宽松的签证办理和入籍政策。2012 年 6 月 4 日，由日本内阁官房长官、文部科学大臣、经济产业大臣、厚生劳动大臣、外务大臣和国家战略担当大臣等日本政府高级官员参加的日本全球化人才培养推进会议，审议通过了《日本全球化人才培养战略》，就日本应对全球化趋势的人才培养战略作出了全面部署。“日本的全球化人才培养战略，实际上也是日本政府应对国际人才争夺战的战略部署，日本内阁的‘国家战略会议’2012 年 6 月明确提出到 2020

① 李春生、白钢：《日本全球化人才培养战略及启示》，《中国高等教育》2013 年第 13 期。

年大学聘用的外籍教授人数要增加一倍，即由 2011 年度的 1996 人增加到 4000 人（2020 年度）的规模。日本法务省针对海外高层次人才，从 2012 年 5 月起实施‘积分制度’，达到规定分数的海外高层次人才不仅在申请签证时可受到优先照顾，而且可以申请加入日本国籍。”①

总体看来，为了能够在激烈的国际人才争夺中抢占先机，日本政府主要通过以下四种措施来吸引和争夺他国高层次的科研人员：“一是促进大学和研究机构录用优秀外国研究人员；二是提高外国研究人员和博士生比例；三是完善招聘外国研究人员制度，尽早在博士生阶段就签订录用协议，外国博士生回国后也通过网络等手段与之经常保持联系；四是完善招聘外国研究人员政策，包括简化居留资格认定手续，延长居留时间，降低获得永住权条件，改善住房和工资待遇等。”②通过实施上述措施，近年来日本科研人员中外籍人员的比例不断提高。以创立于 1917 年的日本理化研究所这一日本顶尖科研机构为例，该研究所 3000 余名研究人员中来自外国的比例很高，其中仅来自中国的科研人员就有 100 多人，占整个研究所的比例为 3%。此外，日本还通过总部位于日本的跨国公司在外国高校中投入巨资设立研究机构、资助外国专家开展特定的研究项目或者在国外设立企业研发中心等形式来招揽外国的优秀人才。比如，日本 NEC 公司在美国设立了 NEC 研究实验室，日本佳能公司在英国萨里大学设立了专门研究计算机语言和音频技术的实验室。

---

① 李春生、白钢：《日本全球化人才培养战略及启示》，《中国高等教育》2013 年第 13 期。

② 王挺：《日本吸引海外人才的政策与措施》，《全球科技经济瞭望》2009 年第 5 期。

通过回顾和分析美国、欧盟和日本等发达国家或发达经济体的人才战略可以看出，伴随人才特别是高端科技人才在推动经济社会发展和提升科学研究水平等方面重要性的日渐彰显，国际人才争夺日趋白热化。从国际人才争夺的形式来看，可以分为发达国家之间的人才争夺、发达国家与发展中国家之间的人才争夺和发展中国家之间的人才争夺三种形式。不过，在与发达国家的人才争夺中，绝大多数发展中国家都处于劣势，发展中国家每年都有很多优秀的高端人才向发达国家流动。从人才争夺的重点来看，拥有高学历和高级技能的高端科技人才是各国争夺的重点。从人才争夺的方式来看，“发达国家争夺高科技人才的主要方式包括:（1）提供奖学金和研究资助，大量招收国外留学生；（2）修订移民法律，实施‘高技术移民’政策，放宽对高科技人才的移民和入籍限制；（3）对有突出贡献和成就的科技精英提供优厚的物质和生活待遇；（4）创造良好的研究开发和创业的条件与环境，吸引大量国外优秀人才；（5）由跨国公司到其他国家创办企业或设立研究机构，招聘所在国的研究人员和专业人才”[①]。

因此，面对如此激烈的人才争夺战，中国共产党必须要比以往任何时候都要重视人才，特别是顶尖人才。

（三）加快实施人才强国战略的内在要求

作为世界上人口最多的国家，我国是人力资源大国和人才资源大国，具备成为人力资源强国和人才资源强国的天然优势。新中国成立

① 刘云:《全球科技人才争夺的总体格局及各国的举措》,《科技导报》2002年第5期。

特别是改革开放以来，党和国家高度重视教育事业的发展，着力做好人才培养工作，我国城乡居民人均受教育年限不断增加，高等教育毛入学率逐步提升到60%，在校大学生人数达到4000余万，研究生招生规模和在校研究生培养规模稳居世界首位，各级各类学校为党和国家培养了数以亿计的人才，我国作为人力资源大国和人才资源大国的优势得到有效的彰显，为中国特色社会主义伟大事业的顺利推进提供了充足的人才保障和坚实的智力支撑。但同时也要看到，我国尚不是人力资源强国和人才资源强国，我国人才的竞争力尚有待提升，芯片设计、芯片制造等重要领域和关键环节的高精尖人才缺乏问题较为严重，高端人才和创新型人才总量偏少的问题仍然十分突出。2014年6月9日，习近平总书记在中国科学院第十七次院士大会、中国工程院第十二次院士大会上发表的重要讲话中尖锐地指出："我国科技队伍规模是世界上最大的，这是我们必须引以为豪的。但是，我们在科技队伍上也面对着严峻挑战，就是创新型科技人才结构性不足矛盾突出，世界级科技大师缺乏，领军人才、尖子人才不足，工程技术人才培养同生产和创新实践脱节。'一年之计，莫如树谷；十年之计，莫如树木；终身之计，莫如树人。'我们要把人才资源开发放在科技创新最优先的位置。"[①]而与此同时，美国、欧盟和日本等发达国家或发达经济体对我国的人才特别是高端人才的争夺从未停歇，我国很多重要领域和关键环节核心人才流失的问题不同程度地存在。因此，面对高端人才和创新型人才数量整体偏少以及发达国家对我国高端人才和创新型人才争夺日趋激烈的现实，我们迫切需要加强人才队伍建设。而这不仅是增加

① 《十八大以来重要文献选编》中，中央文献出版社2016年版，第27页。

我国人才数量和提升人才品位的内在要求，更是加快实施人才强国战略的现实需要。

1. 人才强国战略的提出和实施

进入 21 世纪之后，人类社会知识更新的速度和科技创新的步伐不断加快，对优秀人才的争夺不仅是国际企业提升自身产品和技术竞争力的重要抓手，也是各国提升产业竞争力和综合国力的重要砝码，包括中国在内的世界各国对于本国人才培养和他国人才争夺的重视程度空前提高。为了能够在 21 世纪激烈的人才竞争和人才争夺中抢占有利的位置，我国提出了人才强国战略。2003 年，《中共中央　国务院关于进一步加强人才工作的决定》强调，实施人才强国战略是党和国家一项重大而紧迫的任务。2007 年，人才强国战略被写入《中国共产党章程》和党的十七大报告，人才强国战略也由此被确立为国家战略。2012 年，党的十八大报告指出，要“加快确立人才优先发展战略布局，造就规模宏大、素质优良的人才队伍，推动我国由人才大国向人才强国迈进”。此后不久，我国的《国民经济和社会发展第十三个五年规划纲要》在对“十三五”时期我国的人才工作进行具体规划时指出，要“把人才作为支撑发展的第一资源，优先发展，推进人才发展体制和政策创新，构建有国际竞争力的人才制度优势”。2017 年，党的十九大报告指出，“人才是实现民族振兴、赢得国际竞争主动的战略资源”，我们要“加快建设人才强国，努力形成人人渴望成才、人人努力成才、人人皆可成才、人人尽展其才的良好局面，让各类人才的创造活力竞相迸发、聪明才智充分涌流”。党的十九届五中全会提出，要“深入实施科教兴国战略、人才强国战略、创新驱动发展战略，完善人才工作体系，深化人才发展体制机制改革。未来一段时间，我们将更加突出‘点上聚焦’、‘以点带面’和‘高端引领’，通过一系列工作布局和改革突破，为人才引领、推动高质量发展奠定基础”。

2. 通过强化人才队伍建设来确保人才强国战略的有效实施

人才强国战略的实施，出发点和落脚点都在人才上，人才的培养和人才队伍的建设是确保人才强国战略得以有效实施的两个关键点。人才培养是人才强国战略实施的基础，教育是培养人才特别是培养创新型人才的主要手段。习近平总书记指出，“教育是国之大计、党之大计”。“我们对高等教育的需要比以往任何时候都更加迫切，对科学知识和卓越人才的渴求比以往任何时候都更加强烈”。当前，“我国战略科学家和高精尖人才匮乏，在国际科技界、文化界、产业界产生重要影响的世界级大家大师明显偏少，能够把握、规划和推动关键领域取得创新突破并带领我国占据世界科技创新制高点的战略科学家、科技战略家极为稀缺。这与我国大国地位不相称，与世界一流科技强国还存在明显的差距。在世界权威奖项当中，我国培养的理工类诺贝尔奖得主仅为 1 人。虽然我国和美国是世界上在人工智能领域投资最大的两个国家，但世界计算机领域权威奖项‘图灵奖’获奖人全部为美国人”①。

近年来，在中美贸易争端中出现的中兴公司因为芯片供应问题而被迫停产的中兴事件以及华为公司遭遇美国等部分发达国家在芯片出口和芯片代工环节制裁的华为事件等之所以发生，其根源在于我国在很多重要领域和关键环节上对西方发达国家有着深深的技术依赖，很多关键技术处于被西方发达国家“卡脖子”的境地。虽然经过全国上下一心团结

---

① 孙锐：《“十四五”时期人才发展规划的新思维》，《人民论坛》2020 年 11 月（中）。

努力，“卡脖子”现象有所改善，但仍有一些领域存在这一问题。“卡脖子”技术难题的存在，不仅会严重制约我国经济社会发展的速度和质量，而且还会严重威胁到我国的国家安全和公共安全。“卡脖子”技术难题的破解，需要在不断加大对部分重要领域和关键环节科研投入的同时，加大创新型人才的培养力度。对此，近些年，党中央和国务院陆续出台了一系列教育和人才方面的发展规划和政策，以此来强化我国创新型人才的培养力度。中共中央和国务院于2019年2月印发的《中国教育现代化2035》提出，要提升一流人才培养与创新能力，分类建设一批世界一流高等学校，要加强创新人才特别是拔尖创新人才的培养，加大应用型、复合型、技术技能型人才培养比重。加强高等学校创新体系建设，建设一批国际一流的国家科技创新基地，加强应用基础研究，全面提升高等学校原始创新能力。教育部于2019年3月出台的《关于加快建设高水平本科教育 全面提高人才培养能力的意见》(又称为“新时代高教40条”)提出，办好我国高校，办出世界一流大学，人才培养是本，本科教育是根。建设高等教育强国必须坚持“以本为本”，加快建设高水平本科教育，培养大批有理想、有本领、有担当的高素质专门人才，为全面建成小康社会、基本实现社会主义现代化、建成社会主义现代化强国提供强大的人才支撑和智力支持。此后不久，教育部启动实施了“六卓越一拔尖”计划2.0，即卓越教师、卓越工程师、卓越农林人才、卓越政法人才、卓越新闻传播人才、卓越医生培养和基础学科拔尖学生培养计划，并在2020年启动了瞄准拔尖创新人才培养的基础学科招生改革试点的“强基计划”。

习近平总书记在2018年7月召开的全国组织工作会议上发表的重要讲话中指出，要“加快实施人才强国战略，确立人才引领发展的战略地位，努力建设一支矢志爱国奉献、勇于创新创造的优秀人才队伍。要深化人才发展体制机制改革，最大限度把广大人才的报国情怀、奋斗精神、创造活力激发出来。要完善人才培养机制，改进人才评价机制，创新人才流动机制，健全人才激励机制"。为了更加有效地推动人才强国战略的深入实施，我们不仅要重视通过教育特别是高等教育的发展来为党和国家培养大量的人才尤其是高端创新人才，而且也要重视通过"点上聚焦""以点带面"和"高端引领"等方式来加强人才队伍建设，加快人才管理体制和机制改革的步伐，努力化解人才队伍建设中面临的各项难题和困局，进而为人才引领和推动我国经济社会实现高质量发展奠定坚实的基础。中国特色社会主义进入新时代后，在马列主义、毛泽东思想、邓小平理论、"三个代表"重要思想、科学发展观和习近平新时代中国特色社会主义思想的指导下，在以习近平同志为核心的党中央的坚强领导下，在新时代党的组织路线的指导下，党中央和国务院认真完善人才培养机制，努力改进人才评价机制，扎实创新人才流动机制，不断健全人才激励机制，在全社会形成了培养人才、尊重人才、爱护人才、用好人才的良好氛围，逐步构建起"聚天下英才而用之"的有力支撑体系，我国的人才队伍建设取得了显著的成效和长足的进步，为人才强国战略的有效实施提供了强有力的保障，为中国特色社会主义事业的不断进步和中华民族伟大复兴中国梦的实现提供了有力的人才保障和智力支撑。

二、改革与完善人才队伍建设机制

人类社会进入 21 世纪之后，科学技术的发展速度不断加快，以移动互联网、物联网、大数据、人工智能、云计算和区块链等为代表的现代信息技术的出现及其应用场景的不断拓展和应用程度的不断加深，推动着人类社会的生产方式、生活方式和社会交往方式发生着深刻的变革，人才和人才队伍建设在国民经济和社会发展中的重要性更加凸显，包括我国在内的越来越多的国家将科技立国和人才强国确立为国家重大发展战略，重大、高端、前沿领域的科技竞争和高精尖人才的争夺日趋激烈。“要完善人才培养机制，改进人才评价机制，创新人才流动机制，健全人才激励机制”。当前，中国特色社会主义已经进入新时代，面对日趋白热化的国际人才争夺和我国人才强国战略深入推进的现实，以习近平同志为核心的党中央和国务院，不断改革与完善我国人才队伍建设机制，不仅为我国能够在激烈的国际人才争夺中抢占先机和赢得主动提供了有力的体制和机制保障，而且也为我国人才强国战略深入有效实施提供了强有力的队伍保障。不过，我们在看到近年来我国在人才队伍建设机制方面的改革所取得的显著成效的同时，也要注意到我国人才队伍建设机制尚存在一些不足和薄弱环节，人才队伍建设机制尚需要进一步改革与完善。人才队伍建设机制的改革与完善是一项复杂的系统性工程，在中国特色社会主义进入新时代的大背景下，人才队伍建设机制的改革与完善所面临的难题更多、任务更重，时间也更为紧迫，需要在新时代党的组织路线的指引下统筹安排、精心设计、稳步推进。总体来说，新时代我国人才队伍建设机制的改革与完善主要着眼于以下 5 个方面：一是要深化改革人才发展体制机制；二是要完善人才培养机制；三是要改进人才评价机制；四是要创新人才流动机制；五是要健全人才激励机制。

（一）要深化改革人才发展体制机制

人才是提升经济社会发展水平和增强综合国力的重要保障。一个国家经济社会发展水平的高低和综合国力的强弱，不仅与一个国家所拥有的人才数量密切相关，更取决于该国人才发展的质量。我国是一个人才大国，高等学校在校学生数量和研究生招生与培养规模居世界首位，但我国尚不是一个人才强国。人才大国而非人才强国问题的形成，既与当前我国的教育特别是高等教育的办学水平和办学质量仍有待进一步提升有关，也与我国现有的人才发展体制机制存在诸多不利于人才特别是高端人才培养和发展的环节紧密相连。2016 年 5 月 6 日，习近平总书记在就深化人才发展体制机制改革作出重要指示时强调，办好中国的事情，关键在党，关键在人，关键在人才。综合国力竞争说到底是人才竞争。对此，我们要着力破除体制机制障碍，向用人主体放权，为人才松绑，让人才创新创造活力充分迸发，使各方面人才各得其所、尽展其长。此后不久，习近平总书记在 2018 年 7 月 3 日至 4 日召开的全国组织工作会议上发表的重要讲话中指出，要深化人才发展体制机制改革，最大限度把广大人才的报国情怀、奋斗精神、创造活力激发出来。

1. 当前我国人才发展体制机制存在的问题

新中国成立以来，党中央和国务院以及各级地方党委和政府始终坚持党管人才的原则，保障和推动人才发展的体制机制在党管人才的工作实践中得以逐步构建并不断完善。改革开放以后，特别是党的十八大以来，党中央和国务院面对复杂多变的国际国内形势和经济社会发展的现实需求，继续坚持党管人才的工作原则，进一步加强和改进党对人才工作的领导，充分发挥党的思想政治优势、组织优势和密切联系群众优势，不断健全和完善党管人才的领导体制和工作格局，创新党管人才的方式和方法，为不断深化我国人才发展体制机制改革提供了坚强的政治和组织保证，为中国特色社会主义进入新时代提供了强大的人才保障和智力支持。当然，我们在看到我国人才发展体制机制建设和改革所取得的显著成效的同时，也要注意到我国现有的保障和推动人才发展的体制机制尚存在一些不足，这些问题和不足主要体现在以下 4 个方面：

一是政府的人才管理职能尚未完全转变到位。政府在人才管理上尚未完全做到政企分开、政社分开、政事分开和管办分离，政府的人才管理职能不同程度地存在缺位、越位和错位并存的状况，人才招聘、评价、流动等管理环节存在很多不规范的事项。

二是党政机关、国有企事业单位和社会组织等用人单位的自主权没有得到充分的保障和有效的落实。政府人事部门对于国有企业、高等学校、科研院所等企事业单位和社会组织的用人权干预过度，国有企事业单位的高层次人才协议工资制落实不到位。

三是人才管理和服务体系的行政化色彩依旧浓厚。市场化、社会化的人才管理和服务体系尚有待健全和完善，统一、开放的人才市场体系尚未完全建立，专业性、行业性的人才市场较为缺乏，从事人才管理和服务的专业社会组织和人才中介服务机构的发展尚不成熟，不能有效承接政府人事管理部门转移的相关人才管理和服务职能，社会组织人才公共服务覆盖面较为狭窄。

四是政府人才管理和服务工作的法治化水平较低。促进人才开发、推动人力资源市场发展、提升人才评价水平和保障人才安全等方面的法律法规有待健全。同时，外国人才来华学习和工作、签证办理、居留权管理等方面的法律法规也有待进一步完善。此外，一些与经济社会发展不相适应的人才管理和服务方面的法律法规和政策性文件没有得到及时有效的清理。

2. 深化人才发展体制机制改革的举措

人才是经济社会发展的第一资源。人才发展体制机制改革是全面深化改革的重要组成部分，是党的建设制度改革的重要内容。中共中央于2016年3月印发的《关于深化人才发展体制机制改革的意见》，专门就当前及今后很长一段时期内如何继续深入推进我国人才发展体制机制改革等问题进行了明确。面对当前我国人才发展体制机制存在的一些不足和问题，我们需要从以下四个方面来不断深化人才发展体制机制改革：

一是继续转变政府的人才管理职能，实现政社分开、政事分开和管办分离。要根据政社分开、政事分开和管办分离的要求，不断强化政府在人才宏观管理、政策法规制定、公共服务、监督保障等方面的职能。同时，进一步推动政府人才管理部门简政放权，消除对用人主体的过度干预，建立政府人才管理服务权力清单和责任清单，清理和规范人才招聘、评价、流动等环节中的行政审批和收费事项。

二是严格保障和有效落实用人主体的用人自主权。如何吸引、培养和使用人才不仅是用人单位的基本权利，更直接关系到用人单位能否有效增加自身人才的数量并不断提升自身人才的质量。在人才管理的实践中，我们要对政府人才管理部门对公共部门的人才管理所采取的大包大揽的做法进行积极的变革，要充分发挥国有企业、高等学校、科研院所、行业协会等国有企事业单位和社会组织作为用人主体，在人才吸引、培养和使用中的主导作用，全面落实国有企业、高等学校、科研院所、行业协会等国有企事业单位和社会组织的用人自主权。同时，要继续创新事业单位编制管理方式，对符合条件的公益二类事业单位逐步实行备案制管理。此外，还要继续改进事业单位岗位管理模式，建立动态调整机制，针对高层次人才探索实行协议工资制等灵活高效的分配办法。

三是不断健全市场化、社会化的人才管理和服务体系。要构建统一、开放的人才市场体系，并以此为基础不断完善人才供求、价格和竞争机制。深化人才公共服务机构改革。大力发展专业性、行业性人才市场，鼓励发展高端人才猎头等专业化服务机构，放宽人才服务业准入限制。同时，要积极培育各类专业社会组织和人才中介服务机构，有序承接政府转移的人才培养、评价、流动、激励等职能。此外，要充分运用云计算和大数据等技术，为用人主体和人才提供高效便捷服务。不断扩大社会组织人才公共服务覆盖面。逐步完善人才诚信体系，建立失信惩戒机制。

四是不断提升人才管理和服务工作的法治化水平。面对当前我国人才管理和服务工作法治化水平较低的问题，我们要抓紧研究并尽快制定促进人才开发及人力资源市场、人才评价、人才安全等方面的法律法规，并及时清理不合时宜的人才管理和服务方面的法律法规和政策性文件。同时，要继续完善外国人才来华工作、签证、居留和永久居留管理的法律法规，适时制定人才工作条例。

（二）要完善人才培养机制

习近平总书记指出：“实现中华民族伟大复兴，人才越多越好，本事越大越好……知识就是力量，人才就是未来。”[①]改革开放以来，特别是党的十八大以来，党中央和国务院高度重视人才培养工作，将建设忠诚、干净、担当的高素质干部队伍作为人才培养工作的重中之重，认真做好干部的培育、选拔、管理和使用工作，将以德为先、任人唯贤、人

① 《习近平谈治国理政》第 1 卷，外文出版社 2018 年版，第 127 页。

事相宜作为人才选用的主要标准，逐步构建起源头培养、跟踪培养、全程培养的人才培养体系并不断完善，我国的人才培养质量也随之不断提升，为党和国家各项事业的顺利推进提供了坚实的人才保障。党的十九届四中全会系统总结了我国国家制度和国家治理体系的显著优势，其中一个优势就是坚持德才兼备、选贤任能，聚天下英才而用之，培养造就更多更优秀人才。但同时我们也要看到，我国在人才培养工作方面仍存在诸多薄弱环节。在中国特色社会主义进入新时代的背景下，我们要认真贯彻和落实新时代党的组织路线，不断变革、优化和完善现有的人才培养机制，努力建设一支对党和人民忠诚、符合国家发展需要和社会需求、具有创新精神和创新能力、具有较高思想道德素质和职业精神的人才队伍。

1. 当前我国人才培养机制存在的一些问题

党的十八大以来，党中央和国务院始终坚持德才兼备、选贤任能、聚天下英才而用之的人才培养和任用理念，大力推进人才培养工作，我国的人才培育、选拔、管理和使用方面的工作取得了显著成效，人才培养机制不断优化。但同时，我们也要注意到我国人才培养机制尚存在一些不足，这些问题主要表现在以下 5 个方面。

一是人才教育培养模式有待创新。教育是培养人才的主要手段，人才教育培养的模式，直接关系到教育所培养出的人才的类型以及人才所具备的能力。因此，在寻求和设计人才教育培养模式时，要认真解决好为什么培养人才、培养什么样的人才、如何培养人才以及人才培养的重点在哪些方面等问题。当前，我国人才教育培养模式不同程度地存在着人才教育培养与经济社会发展需求导向不完全适应、部分高校学科和专业的设置不能随着经济社会发展的变化适时地进行动态调整、人才培养规划与产业发展规划的衔接不够紧密、不太重视对人才的创新意识和创新能力的培养、企业与高校和科研院所在人才培养上的协同度有待提升等问题，制约了人才培养水平和质量的有效提升。

二是战略科学家和创新型科技人才等高层次人才的培养和支持方式有待改进。国家与国家之间的竞争，说到底是科技和人才的竞争。近年来，世界各国在人才特别是高层次人才的争夺上不断加码，各国政府在战略科学家和创新型科技人才等高层次人才的培养和发展上的支持力度不断加大。为此，我国也实施了国家高层次人才特殊支持计划（国家“万人计划”）、国家“百千万人才工程”、国家杰出青年科学基金、国家优秀青年基金、科技部创新人才推进计划、教育部长江学者计划、教育部新世纪优秀人才等高层次人才培养和支持计划。与此同时，我国的很多省份也推出了省级层次的高层次人才培养和支持计划。如山东的泰山学者、安徽的皖江学者、广东的珠江学者、湖南的香江学者、湖北的楚天学者等。不过，从目前我国战略科学家和创新型科技人才等高层次人才的培养和支持方式来看，不同程度地存在着人才工程项目重复设置，项目评审和人才评价唯学历、唯帽子、唯论文、唯出身现象较为突出等问题，高层次人才培养和支持方式尚有待进一步改进和完善。

三是科研经费使用和管理办法有待改进。人才的培养和人才科研水平与能力的提升，离不开科研经费持续不断的投入。党的十八大以来，党中央和国务院高度重视人才培养和人才科研水平与能力提升工作，国家用于人才培养和科技研发等方面的经费投入逐年增加，人才培养质量和国家的科研水平显著提升。国家统计局于 2021 年 2 月 28 日公布的《中华人民共和国 2020 年国民经济和社会发展统计公报》显示，经初步核算，2020 年我国国内生产总值 1015986 亿元，比上年增长 2.3%。其中我国创新投入大幅增加。全年研究与试验发展（R&D）经费支出 24426 亿元，比上年增长 10.3%，与国内生产总值之比为 2.40%。其中，基础研究经费 1504 亿元，比上年增长 12.6%，持续保持较快增长。科研经费投入的不断增加，为我国的人才培养质量和科研能力的稳步提升提供了较为坚实的资金保障。但是，我们也要注意到，当前我国的科研经费在使用和管理上仍存在一些问题，科研人员在科研经费的管理和使用上缺乏自主权，科研经费使用存在手续多、流程复杂、报销难等诸多问题，部分科研项目的经费使用率较低，科研项目经费预算调整等审批管理权限主要集中在政府、高校或科研院所的科研主管部门，科研经费用于奖励人才创新的比例较低。

四是技术技能型人才培养模式有待进一步改进和完善。技术技能型人才是我国人才队伍的重要组成部分，技术技能型人才培养工作是我国人才培养工作的重要一环。我国是一个制造业大国，培育一支数量可观且具有较高水平的技术技能型人才队伍，不仅是保持我国制造业大国地位的内在要求，也是不断提升我国制造业水平、推动我国从制造业大国向制造业强国迈进的重要保障。《中国制造 2025》是中国政府实施制造强国战略的第一个十年行动纲领。《中国制造 2025》提出，要坚持“创新驱动、质量为先、绿色发展、结构优化、人才为本”的基本方针。党的十八大以来，伴随《中国制造 2025》等国家战略的实施，我国不断加大技术技能型人才培养的力度，由中等职业学校、高等职业院校等组成的现代职业教育体系逐步构建并日趋完善，职业本科教育稳步推进，我国技术技能型人才培养规模不断扩大，培养质量得到较为显著的提升。但是，目前我国技术技能型人才的培养也面临着企业与中等职业学校、高等职业院校之间的合作不甚紧密、企业在技术技能型人才培养上的主体意识较为淡薄、职业本科教育水平和质量有待进一步提升、技术技能型人才的经济待遇和社会地位还有待进一步提高、高级技术技能型人才较为短缺的问题并未得到有效的缓解、一部分青年人从事技术技能培训的主动性和积极性不高等问题。这些问题的存在，在很大程度上制约了我国技术技能型人才队伍建设的速度和发展的水平。

五是对青年优秀人才的培养和支持力度尚需进一步加大。青年人才是一个国家或地区人才队伍的重要组成部分。一个国家或地区所拥有的青年人才的数量及其发展的水平和质量，不仅直接关系到该国家或地区在激烈的国际人才竞争中能否占据主动，更关系到该国家或地区经济社会发展的水平和质量。新中国成立以来特别是改革开放以来，党中央和国务院高度重视青年人才的培养工作，国家在很多重大人才工程项目中设立了青年专项，例如国家杰出青年科学基金、国家优秀青年基金、国家社会科学基金青年项目和国家自然科学基金青年科学基金项目等，培养和造就了一大批优秀的青年人才。但从我国现有的青年人才培养机制、青年人才发展状况和青年人才队伍的国别构成来看，论资排辈的问题仍较为严重，教育、科技和其他各级各类人才项目对于青年人才培养的支持力度还有待加大，来我国学习和工作的外国优秀青年人才数量相对较少，青年人才队伍中外国优秀青年人才的比例有待进一步提高。

2. 不断变革和完善我国人才培养机制

人才培养机制是否完善及其在实践中运行得是否有效，直接关系到人才培养的数量和质量，进而对一个国家或地区的经济社会发展状况产生深刻的影响。

习近平总书记在 2018 年 7 月召开的全国组织工作会议上发表的重要讲话中指出，要完善人才培养机制，遵循社会主义市场经济规律和人才成长规律，以国家发展需要和社会需求为导向，以培养人才创新精神和创新能力为重点，以提高思想道德素质和职业精神为基础，形成协同育人模式。面对当前我国人才培养机制在构建和运行过程中存在的一些薄弱环节，我们需要以习近平总书记在全国组织工作会议上发表的重要讲话为指导，以 2016 年 3 月中共中央印发的《关于深化人才发展体制机制改革的意见》为依据，不断变革和完善我国的人才培养机制。

一是人才培养要遵循社会主义市场经济规律和人才成长规律。十年树木，百年树人。百年大计，人才为本。人才的重要性，决定了我们在人才的培养上必须要尊重客观经济规律，尊重人才自身的成长规律，不能无视人才培养和发展等方面客观规律的存在，更不能拔苗助长。我国经济体制改革的目标是要建立社会主义市场经济体制。因此，我们在人才培养上，要牢牢遵循社会主义市场经济规律和人才成长规律，不断提升人才培养机制构建的合理性及其在实践中运行的科学性和有效性。

二是人才培养要以满足国家经济社会发展需求为主要导向。人才教育培养模式是人才培养机制的重要组成部分。2016 年 3 月中共中央印发的《关于深化人才发展体制机制改革的意见》明确指出，要突出经济社会发展需求导向，建立高校学科专业、类型、层次和区域布局动态调整机制。要统筹产业发展和人才培养开发规划，加强产业人才需求预测，加快培育重点行业、重要领域、战略性新兴产业人才。

三是人才培养要以培养人才的创新精神和创新能力为重点。人才在经济社会发展中能发挥多大的作用，不仅取决于人才所拥有的知识的多寡和技能的高低，而且还取决于人才是否具备较强的创新精神和创新能力。当前我国的人才培养机制对于如何激发人才的创新意识、创新思维、创新精神等方面的关注度不够，人才的创新能力有待进一步提升。中共中央印发的《关于深化人才发展体制机制改革的意见》强调，要注重人才创新意识和创新能力培养，探索建立以创新创业为导向的人才培养机制，完善产学研用结合的协同育人模式。

四是人才培养要以提高思想道德素质和职业精神为基础。人力资源具有一定的主观能动性。人力资源中人才资源的价值能否得到充分的发挥，既与人才所拥有的知识的多寡和技能水平的高低密切相关，也与人才所具有的思想道德素质和职业精神高度相连。在人才培养上，我们不仅要重视丰富人才的知识和技能储备，也要重视提高人才的思想道德素质和职业精神。只有这样，才能确保人才能够正确地发挥自身所拥有的知识和技能，才能确保人才队伍建设始终运行在正确的轨道上。

五是人才培养要完善符合人才创新规律的科研经费使用和管理办法，构建有利于促进青年优秀人才脱颖而出的人才培养机制。中共中央印发的《关于深化人才发展体制机制改革的意见》指出，"更大力度实施国家高层次人才特殊支持计划（国家'万人计划'），完善支持政策，创新支持方式。构建科学、技术、工程专家协同创新机制。建立统一的人才工程项目信息管理平台，推动人才工程项目与各类科研、基地计划相衔接。按照精简、合并、取消、下放要求，深入推进项目评审、人才评价、机构评估改革"。同时，要改革完善科研项目招投标制度，健全竞争性经费和稳定支持经费相协调的投入机制，提高科研项目立项、评审、验收科学化水平。进一步改革科研经费管理制度，探索实行充分体现人才创新价值和特点的经费使用管理办法。此外，我们还需要破除论资排辈、求全责备等陈旧观念，抓紧培养造就青年英才。要建立健全对青年人才普惠性支持措施，加大教育、科技和其他各类人才工程项目对青年人才培养支持力度，发挥高校、科研院所、企业在博士后研究人员招收培养中的主体作用。

六是人才培养要建立产教融合、校企合作的技术技能型人才培养模式。中共中央印发的《关于深化人才发展体制机制改革的意见》指出，要大力培养支撑中国制造、中国创造的技术技能人才队伍，加快构建现代职业教育体系，深化技术技能人才培养体制改革，加强统筹协调，形成工作合力。同时，创新技术技能人才教育培训模式，促进企业和职业院校成为技术技能人才培养的“双主体”，开展校企联合培养试点。此外，还需要研究制定技术技能人才激励办法，探索建立企业首席技师制度，试行年薪制和股权制、期权制，不断提高技术技能型人才的经济待遇和社会地位。

（三）要改进人才评价机制

千金易得，人才难求。如何对各行各业各级各类的人才进行准确、科学、客观、公正的评价，是做好人才认定、人才选拔和人才任用等人才工作的基本前提和重要保障。在人才工作的实践中，我们不仅要善于培养人才，也要善于评价人才，要把思想政治素质过硬、具有真才实学、业务能力强和具有职业精神的人才选拔到能够充分发挥其才能的工作岗位上。改革开放以来，特别是党的十八大以来，党中央和国务院高度重视人才评价机制的构建工作，我国的人才评价机制在人才工作的实践中日趋完善。不过，我国现行的人才评价机制也存在一些不足和薄弱环节。中共中央印发的《关于深化人才发展体制机制改革的意见》和中共中央办公厅、国务院办公厅联合印发的《关于分类推进人才评价机制改革的指导意见》，对当前我国人才评价机制存在的突出问题以及如何改进和创新人才评价机制等问题进行了较为系统的论述，为当前及今后很长一段时期内如何进一步完善我国人才评价机制和不断提高人才评价质量等人才工作指明了方向。

1. 当前我国人才评价机制存在的一些问题

新中国成立以来，党和国家将又红又专作为人才评价的主要标准，一大批思想政治素质过硬和业务技能水平较高的人才被选拔出来，为社会主义现代化建设和改革开放事业的顺利推进提供了强大的人才保障和智力支撑。20 世纪 90 年代初期，我国的国家公务员制度正式建立。此后不久，我国科学的人才评价机制逐步形成并在实践中不断发展和完善。人才评价机制的建立和人才评价工作的有序推进，有利于在全社会树立正确的用人导向，有利于调动人才从事创新创业活动的主动性和积极性，有利于加快人才强国战略实施的步伐。但同时我们也要注意到，由于我国人才评价机制建立的时间相对较晚，人才分类评价机制尚未完全推开，致使我国现行的人才评价机制仍然存在一些问题和不足。中共中央办公厅、国务院办公厅联合印发的《关于分类推进人才评价机制改革的指导意见》指出，当前我国人才评价机制仍存在分类评价不足、评价标准单一、评价手段趋同、评价社会化程度不高、用人主体自主权落实不够等突出问题，亟须通过深化改革来加以解决。具体来说，我国现行人才评价机制存在的问题主要表现在以下 4 个方面。

一是人才分类评价机制尚未建立。各行各业的人才，既具有一些共同的特征，也具有一定的差异性。用同一种人才评价机制和考核方式来对不同行业、不同类型的人才进行评价，难以做到科学有效和客观公正。当前我国对不同领域、不同行业和不同类型的人才所采用的评价机制大同小异，没有针对不同职业、不同岗位、不同层次人才的特点和职责构建起分类评价机制，进而在一定程度上影响到人才评价的科学性和客观性。

二是人才评价标准较为单一。人才评价是一项复杂的工作，需要对一个人的品德、知识、能力、业绩和贡献等多种因素进行综合评价，然后才能得出一个较为科学合理和客观公正的人才评价结果。但是，当前我国人才评价的标准主要侧重于知识维度，唯学历、唯资历、唯论文等倾向较为严重，很多地区、部门和单位的人才评价工作并未做到依据能力、实绩和贡献来评价人才，没有将政治品德作为人才评价的首要标准。我国人才发展体制机制一个突出问题是人才评价体系不合理，“四唯”现象仍然严重，人才“帽子”满天飞，滋长急功近利、浮躁浮夸等不良风气。司马光说：“君子挟才以为善，小人挟才以为恶。挟才以为善者，善无不至矣；挟才以为恶者，恶亦无不至矣”，“自古昔以来，国之乱臣、家之败子，才有余而德不足，以至于颠覆者多矣”。我们今天讲的“德”，第一位的是政治品德。政治上有问题的人，能力越强、职位越高，危害就越大。

三是人才评价考核方式有待改进。人才评价是一项专业性较强的工作，需要发挥政府、市场、专业组织和用人单位等多元评价主体的作用，不断改进和创新人才评价考核方式。但是，在当前我国人才评价考核的实践中，多元评价主体的作用尚未得到有效的发挥，市场评价和社会评价工作进展相对缓慢。

四是用人主体在人才评价工作中的自主权尚未得到有效落实。开展人才评价不仅是用人主体的一项重要工作，而且也是用人单位的一项基本权利。在人才评价工作的实践中，赋予用人主体以自主开展人才评价工作的权限非常必要。但是，当前我国人才评价工作的主导权并不完全在用人主体手中，人才评价主体和用人主体相分离的问题较为严重，用人主体在职称评审中的主导作用尚不突出。

2. 不断改进人才评价机制

人才评价机制是人才发展体制机制的重要组成部分。建立科学的人才分类评价机制，对于树立正确的用人导向、激励引导人才职业发展、调动人才创新创业积极性、加快建设人才强国具有重要作用。科学、有效、客观、公正地评价人才是做好人才资源开发、使用和管理工作的基本前提和重要保障。习近平总书记指出："要改进人才评价机制，避免简单以学术头衔、人才称号确定薪酬待遇、配置学术资源的倾向，推动人才'帽子'、人才称号回归学术性、荣誉性本质。"[①]面对当前我国人才评价机制在运行中存在的一些问题，中共中央印发的《关于深化人才发展体制机制改革的意见》和中共中央办公厅、国务院办公厅联合印发的《关于分类推进人才评价机制改革的指导意见》，从建立人才分类评价机制、完善人才评价标准、改进和创新人才评价考核方式、落实用人主体在人才评价工作中的自主权等方面明确了改进和完善我国人才培养机制的具体路径。

一是建立人才分类评价机制。不同领域、不同行业、不同职业和不同岗位，对人才的基本要求存在较大的差异，建立人才分类评价机制是确保人才评价结果科学有效和客观公正的内在要求和重要保障。在人才评价工作中，要以职业属性和岗位要求为基础，建立人才分类评价机制，健全科学的人才分类评价体系。

---

① 《习近平组织工作金句：要教育引导干部走好从政第一步》，人民网 2018 年 9 月 19 日。

二是在人才评价标准上，坚持德才兼备，突出品德、能力和业绩评价。德才兼备是评价一个人才的基本标准。在人才评价标准上，我们不能只关注学历、职称和论文，也要关注人才的政治品德和职业道德。要坚持德才兼备，增加品德、能力和业绩等方面的指标在人才评价标准中所占的比重，克服唯学历、唯职称、唯论文等倾向，要将那些政治上过得硬、靠得住且业务水平高的人才选拔出来并委以重任。政治上过硬主要体现在爱国爱人民，而这恰恰是优秀人才——科学家坚持的爱国精神，正如习近平总书记所说："在中华民族伟大复兴的征程上，一代又一代科学家心系祖国和人民，不畏艰难，无私奉献，为科学技术进步、人民生活改善、中华民族发展作出了重大贡献。"[①]同时要根据不同职业、不同岗位、不同层次人才特点和职责，坚持共通性与特殊性、水平业绩与发展潜力、定性与定量评价相结合，分类建立健全涵盖品德、知识、能力、业绩和贡献等要素，科学合理、各有侧重的人才评价标准。

三是不断创新和改进人才评价考核方式，发挥多元评价主体的作用。要不断创新和改进人才评价考核方式，要按照社会和业内认可的要求，建立以同行评价为基础的业内评价机制，注重引入市场评价和社会评价，发挥多元评价主体作用。基础研究人才以同行学术评价为主，加强国际同行评价。应用研究和技术开发人才突出市场评价，由用户、市场和专家等相关第三方评价。哲学社会科学人才评价重在同行认可和社会效益。丰富评价手段，科学灵活采用考试、评审、考评结合、考核认定、个人述职、面试答辩、实践操作、业绩展示等不同方式，提高评价的针对性

① 习近平：《加快建设科技强国　实现高水平科技自立自强》，《求是》2022年第9期。

和精准性。

四是突出用人主体在人才评价中的主导作用，落实用人主体人才评价的自主权。政府要改变将人才评价权限集中于政府人事管理部门的现状，要突出高校、科研院所和国有企业等用人主体在自身人才评价工作中的主导作用。要合理界定和下放职称评审权限，推动高校、科研院所和国有企业自主评审。对职称外语和计算机应用能力考试不作统一要求。同时，探索高层次人才、急需紧缺人才职称直聘办法。畅通非公有制经济组织和社会组织人才申报参加职称评审渠道。此外，还需要清理减少准入类职业资格并严格管理，推进水平类职业资格评价市场化、社会化。放宽急需紧缺人才职业资格准入。

（四）要创新人才流动机制

流动和迁移是提升人力资本的重要路径。古语云："兰蕙不采，无异蓬蒿；干将不试，世比铅刀。"人才的作用和价值能否得到充分的发挥，与人才能否在城乡之间、不同区域之间、不同地区之间和不同单位之间合理地流动密切相关。《中华人民共和国国民经济和社会发展第十三个五年规划纲要》明确：要"促进人才优化配置"，"建立健全人才流动机制，提高社会横向和纵向流动性，促进人才在不同性质单位和不同地域间有序自由流动。完善工资、医疗待遇、职称评定、养老保障等激励政策，激励人才向基层一线、中西部、艰苦边远地区流动。开展东部沿海地区与中西部地区、东北等老工业基地人才交流和对口支援，继续实施东部城市对口支持西部地区人才培训工程"。

1. 当前我国人才流动机制存在的问题

改革开放以来，伴随我国人事管理制度改革的不断推进和社会主义市场经济体制改革的逐步深入，人才在城乡之间、区域之间、地区之间和单位之间流动的规模日渐扩大，全社会的人才资源配置格局得以不断优化，我国的人才流动机制开始建立并不断完善。但同时，我们也要看到我国人才流动机制仍存在一些较为突出的问题，这些问题主要表现在以下 3 个方面。

一是户籍制度和基本公共服务供给制度制约了人才在城乡之间和不同能级城市之间的合理流动。我国于 20 世纪 50 年代中期建立的城乡二元户籍制度，在特殊的历史时期发挥了非常重要的作用，为防止城市人口在短期内迅速膨胀、确保国民经济有序恢复和健康发展提供了有力的保障。但是，伴随改革开放以后我国工业化和城镇化进程的快速推进，户籍制度以及与户籍制度密切关联的基本公共服务供给制度，已经成为影响和制约人才在城乡之间和不同能级的城市之间合理流动的主要障碍，特大城市和超大城市的落户条件较为严格，城市常住人口难以享受到与城市户籍人口同等的教育、就业创业、社会保险、医疗卫生、基本住房保障等方面的基本公共服务。

二是人事关系、档案管理等用人制度阻碍了人才在不同单位之间的合理流动。人才在党政机关、国有企事业单位之间合理有序地流动，是合理使用人才、充分发挥人才价值的内在要求和重要保障。不过，由于受到人事关系和档案管理等用人制度的制约，人才在党政机关和国有企事业单位之间流动时通常会遇到较多的阻碍，人才在不同单位之间合理流动的格局尚未形成。

三是社会保障制度阻碍了人才在不同区域之间和同一区域内部不同地区之间合理有序的流动。基本养老保险、医疗保险、生育保险、工伤保险和失业保险等社会保障制度如何设计，是影响人才能否在不同区域之间以及同一区域内部不同地区之间自由流动的重要因素之一。党的十八大以来，我国的社会保障统筹层次不断提高，社会保障水平也随之不断提升。但是，现有的社会保障制度尚未完全实现全国统筹，全国一体化的社会保障体系尚未建成，人才在不同区域之间和同一区域内部不同地区之间流动时还需要办理较为烦琐的社会保险转接手续，进而影响到人才在不同区域之间和同一区域内部不同地区之间的合理流动。

2. 不断创新人才流动机制

创新人才流动机制是加快人才制度和政策创新的有效途径。创新人才流动机制，是深化人才发展体制机制改革的重要内容，是加快人才制度和政策创新的有效途径，是激发人才创新活力的重要保障。习近平总书记在全国组织工作会议上发表的重要讲话中指出："要创新人才流动机制，打破户籍、身份、学历、人事关系等制约，促进城乡、区域、行业和不同所有制之间人才协调发展，鼓励引导人才向艰苦边远地区和基层一线流动。"面对当前我国人才流动机制在实际运行中存在的一些问题，我们需要从破除户籍、身份、学历、人事关系给人才流动造成的阻碍、引导人才向艰苦边远地区和基层一线流动等方面着手，完善社会保险、人事档案等配套政策，畅通人才流动渠道，为人才跨地区、跨行业、跨体制流动提供便利，大力提高人才横向和纵向流动性，促进人才资源合理流动和有效配置，推动城乡、区域、行业间人才协调发展格局的形成。

一是破除户籍、身份、学历、人事关系给人才流动造成的阻碍。如何破除户籍制度、身份、学历、人事关系等因素给人才流动造成的阻碍，推动人才合理流动和有效配置，是改革和创新当前我国人才流动机制的主要任务。中共中央办公厅、国务院办公厅于 2019 年 12 月联合印发的《关于促进劳动力和人才社会性流动体制机制改革的意见》指出，要从以户籍制度和基本公共服务供给制度改革牵引区域流动、以用人制度改革促进单位流动、以档案服务改革畅通职业转换三个方面来畅通人才有序流动渠道，提高社会横向和纵向流动性，激发社会性流动活力。在户籍制度和基本公共服务供给制度改革方面，要全面取消城区常住人口 300 万以下的城市落户限制，全面放宽城区常住人口 300 万至 500 万的大城市落户条件，完善城区常住人口 500 万以上的超大特大城市积分落户政策，推进基本公共服务均等化，常住人口享有与户籍人口同等的教育、就业创业、社会保险、医疗卫生、住房保障等基本公共服务。在用人制度改革方面，要加大党政人才、企事业单位管理人才交流力度，进一步畅通企业、社会组织人员进入党政机关、国有企事业单位渠道，完善并落实基本养老保险关系跨地区跨制度转移接续办法。在档案服务改革方面，要努力做到流动人员人事档案可存放在公共就业服务机构、公共人才服务机构等档案管理服务机构，存档人员身份不因档案管理服务机构的不同发生改变，推进档案信息全国联通，逐步实现档案转递线上申请、异地通办。

二是引导人才向艰苦边远地区和基层一线流动。艰苦边远地区和基层一线，工作环境艰苦，晋升空间有限，很难吸引到人才去工作。中共中央办公厅、国务院办公厅于 2019 年 12 月联合印发的《关于促进劳动力和人才社会性流动体制机制改革的意见》指出，要从拓展基层人员发展空间、加大对基层一线人员奖励激励力度等方面来促进人才向艰苦边远地区和基层一线流动。其中，在拓展基层工作人员发展空间方面，要不断完善艰苦边远地区津贴政策，落实高校毕业生到艰苦边远地区高定工资政策。要加快推行县以下事业单位管理岗位职员等级晋升制度，优化基层和扶贫一线教育、科技、医疗、农技等事业单位中高级专业技术岗位设置比例。要降低艰苦边远地区基层公务员招录门槛，合理设置基层事业单位招聘条件，对退役军人、村（社区）干部等可进行专项或单列计划招录招聘。在加大对基层一线人员奖励激励力度方面，需要对长期在基层一线和艰苦边远地区工作的人才，加大爱岗敬业表现、实际工作业绩、工作年限等评价权重，增加基层单位、一线岗位、技能人才评先选优比例。

（五）要健全人才激励机制

改革开放以来，特别是党的十八大以来，我国的人才激励机制建设取得了显著的成效，但也面临一些问题，不断地健全人才激励机制是当前及今后很长一段时期内我国人才工作的重要内容。

1. 当前我国人才激励机制存在的问题

党的十八大以来，党中央和国务院高度重视人才激励机制的构建工作，先后出台了《关于进一步激励广大干部新时代新担当新作为的意见》《国务院办公厅关于改革完善全科医生培养与使用激励机制的意见》等文件，广大人才干事的主动性、积极性和创造性得到很大程度的激发。习近平总书记指出：要“健全人才激励机制，让机构、人才、市场、资金充分活跃起来。要注重吸引和使用人才，但各地引才政策要符合实际，坚持需求导向，统筹考虑就业、教育、医疗、交通等承载能力，不要乱发‘帽子’，不要简单许诺一大堆物质条件，不要没有目的地撒大网，要坚持从实际出发，把人才工作做扎实”①。但是，当前我国的人

---

① 《十九大以来重要文献选编》上，中央文献出版社 2019 年版，第 567 页。

才激励机制也存在一些问题。具体来说，这些问题主要表现在以下三个方面：

一是崇尚实干、带动担当、加油鼓劲的正向激励体系尚未完全建立。人才是具有能动性的个体，人才在日常工作中主动性、积极性和创造性的发挥，与一个国家、一个地区和一个单位的用人导向密切相关。改革开放以来，特别是党的十八大以来，党中央和国务院以及各级地方党委和政府的用人导向发生了积极的变化，一大批真干事、能干事和能干成事的人才被发掘出来，得到了很好的任用。但是，在一些地区和一些部门中不正确的用人导向仍然不同程度地存在，崇尚实干、带动担当、加油鼓劲的正向激励体系尚未完全建立。

二是责、权、利相挂钩的人才激励机制尚未真正建立。人才拥有较为丰富的知识储备和较高的技能水平，通常在组织中承担着较为重要的工作职责，对组织的贡献相对较大。但是，由于受到党政机关、国有企事业单位现有薪酬制度的约束，很多人才的收入与其承担的岗位职责、工作绩效、实际贡献以及由其完成的成果所转化产生的效益并不完全对应，责、权、利相挂钩的人才激励机制尚未真正建立，进而影响到部分人才干事的主动性和积极性。

三是精神激励机制的作用没有得到应有的重视，人才的成就感和归属感有待提高。人才不仅有物质方面的需要，也有精神层面的需要和追求。人才在工作中能否获得成就感、在组织中是否有归属感，会对人才工作的主动性、积极性和创造性的发挥产生很大的影响。当前，我国人才激励机制主要侧重于从物质激励层面来设计相应的激励制度，精神激励机制并没有得到应有的重视，致使很多人才缺乏较高的成就感和归属感。

2. 不断健全人才激励机制

“致天下之治者在人才。”人才是衡量一个国家和地区综合实力的重要指标。好的人才激励机制，能充分调动各类人才创新创业的主动性和积极性，使之各展其能。2018 年 5 月，习近平总书记在中国科学院第十九次院士大会、中国工程院第十四次院士大会上发表的重要讲话中指出：“要营造良好创新环境，加快形成有利于人才成长的培养机制、有利于人尽其才的使用机制、有利于竞相成长各展其能的激励机制、有利于各类人才脱颖而出的竞争机制，培植好人才成长的沃土，让人才根系更加发达……形成天下英才聚神州、万类霜天竞自由的创新局面。”[①] 面对当前我国人才激励机制存在的一些问题，我们需要从构建崇尚实干、带动担当、加油鼓劲的正向激励体系，建立责权利相挂钩的人才激励机制，注重精神激励机制作用、提高人才的成就感和归属感等方面着手，推动形成有利于人才竞相成长各展其能的激励机制。

一是构建崇尚实干、带动担当、加油鼓劲的正向激励体系。习近平总书记在全国组织工作会议上发表重要讲话，强调要建立崇尚实干、带动担当、加油鼓劲的正向激励体系。习近平总书记指出：“‘善用人者，必使有材者竭其力，有识者竭其谋。’我们要在选人用人上体现讲担当、重担当的鲜明导向，把敢不敢扛事、愿不愿做事、能不能干事作为识别干部、评判优劣、奖惩升降的重要标准，把干部干了什么事、干了多少事、干的事群众认不认可作为选拔干部的根本依据，激励各级干部撸起袖子加油干。要注重发挥榜样的激励作用，让干部对照找差距、努力有

① 习近平：《努力成为世界主要科学中心和创新高地》，《求是》2021 年第 6 期。

方向。要真情关爱干部，帮助解决实际困难，关注身心健康，让广大干部安心、安身、安业。对基层干部特别是困难艰苦地区和奋战在脱贫攻坚第一线的干部，要给予更多理解和支持，在政策、待遇等方面给予倾斜。”

二是建立责、权、利相挂钩的人才激励机制。各尽所能、按劳分配是社会主义分配制度的基本原则。要确保人才所获得的回报与其在工作中的付出成正比，不仅是社会主义分配制度的基本要求，而且也是让人才感受到公平公正、不断提升人才获得感和满足感的重要保障。中共中央印发的《关于深化人才发展体制机制改革的意见》指出：要“赋予高校、科研院所科技成果使用、处置和收益管理自主权，除事关国防、国家安全、国家利益、重大社会公共利益外，行政主管部门不再审批或备案。允许科技成果通过协议定价、在技术市场挂牌交易、拍卖等方式转让转化。完善科研人员收入分配政策，依法赋予创新领军人才更大人财物支配权、技术路线决定权，实行以增加知识价值为导向的激励机制。完善市场评价要素贡献并按贡献分配的机制。研究制定国有企事业单位人才股权期权激励政策，对不适宜实行股权期权激励的采取其他激励措施。探索高校、科研院所担任领导职务科技人才获得现金与股权激励管理办法。完善人才奖励制度”。为此，我们要坚持以人为本，将人才的收入与岗位职责、工作绩效、实际贡献及成果转化产生的效益直接挂钩，建立责、权、利相挂钩的人才激励机制，鼓励引导一流人才作出一流贡献，获得一流报酬。同时，要提高职务发明成果转让收益在重要贡献人员、所属单位之间的分配比例。要明确高等院校、科研机构转化职务科技成果以股权形式给予科技人员的个人奖励，依法享有个人所得税优惠；高新技术企业和科技型中小企业科研人员通过科技成果转化取得股权奖励收入时，可按规定分期缴纳个人所得税。

三是注重发挥精神激励机制的作用，提高人才的成就感和归属感。对人才的激励既要从物质层面着手，也要从精神层面着眼，要注重发挥精神激励的重要作用，不断提高人才的成就感和归属感。建立精神激励机制主要是要尊重人才的人格、意见、个人利益和发展需要，为人才营造良好的事业发展机会，创造舒心的工作氛围、平等竞争的工作环境，良好沟通、团结合作的工作风气，并善于发现和激发创新热情，形成良好的人际关系、和谐的氛围，使之获得实现自身价值的自豪感，积极为社会贡献自己的力量。

三、要实行更加积极、更加开放、更加有效的人才引进政策

当今世界，国家与国家之间的竞争，归根结底还是人才的竞争。而人才的获取，一靠自主培养，二靠积极引进。为了获得更多优质的人才，党中央和国务院除了要通过不断深化人才发展体制机制改革、完善人才培养机制、改进人才评价机制和健全人才激励机制等举措来大量培养自己的人才外，也需要将眼光瞄准全球，通过实行更加积极、更加开放、更加有效的人才引进政策来吸引更多优秀的外部人才。目前，人才引进工作已经成为新阶段我国人才工作的重要组成部分。党的十八大以来，为了提高人才引进的质量和效益，党中央和国务院把人才引进的重点放在“高精尖缺”上，并不断强化人才引进的效益意识和柔性引才理念，以期形成聚天下英才而用之的人才工作格局，从而为建成社会主义现代化强国和实现中华民族伟大复兴中国梦提供坚实的智力保障。习近平总

书记指出：“不拒众流，方为江海。要实行更加积极、更加开放、更加有效的人才引进政策，集四海之气，借八方之力，聚天下英才而用之。要着眼‘高精尖缺’、坚持需求导向，用好全球创新资源，精准引进急需紧缺人才。要强化效益意识和柔性引才理念，不求所有、但求所用，不求所在、但求所为，既可以在国外调动人才离岸搞创新，也可以吸引‘候鸟型人才’兼职搞创新。”①

（一）要着眼“高精尖缺”

人类社会进入21世纪之后，以移动互联网、物联网、大数据、云计算、人工智能和区块链等先进技术为代表的科技革命日新月异，传统产业在科技革命的推动下发生着深刻的变革，数字产业化和产业数字化进程不断加快，国际人才争夺，特别是“高精尖缺”人才的争夺更趋激烈。《中华人民共和国国民经济和社会发展第十三个五年规划纲要》提出，要推动人才结构战略性调整，突出“高精尖缺”导向。《中共中央关于制定国民经济和社会发展第十四个五年规划和二〇三五年远景目标的建议》指出：“贯彻尊重劳动、尊重知识、尊重人才、尊重创造方针，深化人才发展体制机制改革，全方位培养、引进、用好人才，造就更多国际一流的科技领军人才和创新团队，培养具有国际竞争力的青年科技人才后备军……实行更加开放的人才政策，构筑集聚国内外优秀人才的科研创新高地。”因此，现阶段的人才工作要将“高精尖缺”作为人才引进的重点，充分信任和放手使用引进的人才，积极扩大人才对外交流，不断完善海

① 《十九大以来重要文献选编》上，中央文献出版社2019年版，第567—568页。

外人才引进方式，并千方百计留住引进的人才，以国际的视野和宽广的胸襟来做好人才引进工作，为建成社会主义现代化强国和实现中华民族伟大复兴中国梦提供强大的人才保障。

1. 将“高精尖缺”作为人才引进的重点

人才引进是一项复杂的系统性工程，我们既要注重引进人才的数量，也要关注引进人才的质量。特别是针对当前“顶尖人才和团队比较缺乏”[①]的状况，在引进人才时，要坚持宁缺毋滥的原则，要着眼于“高精尖缺”。高是指高层次人才，主要是指拥有高学历、高技能的高端人才。精是指非常精通某一领域或某一技术环节，并在相关领域或技术环节上拥有丰富知识储备或过人技能的人才。尖是指在某一学科领域或某一技术环节上处于顶尖地位的高层次人才。缺是指对当前我国经济社会发展和科研工作来说非常紧缺的人才。目前，中央政府和各级地方政府在人才引进上，都将“高精尖缺”作为人才引进的重点，海南、福建、深圳等很多地方政府出台了关于引进“高精尖缺”人才的专门政策，试图通过世界级、国家级、省级和市级重点实验室、高新技术企业、工程研究中心、技术创新中心等平台来引进优质的“高精尖缺”人才。

2020年9月，海南省政府发布了《海南自由贸易港外籍“高精尖缺”人才认定标准（2020—2024年试行）》。该人才认定标准是海南省政府结合海南自由贸易港劳动力市场需求实际，以建立薪酬水平为指标，以注重实绩和贡献，突出市场评价、国际同行评价等市场需求导向而制定的，并将根据海南经济社会发展需要，结合海南自由贸易港建设的实际情况进行动态调整。依据该人才认定标准，符合下列条件之一的即可认

① 《十九大以来重要文献选编》上，中央文献出版社2019年版，第462页。

定为海南自由贸易港外籍“高精尖缺”人才：一是国家外国专家局发布的《外国人来华工作分类标准（试行）》（以最新版本为准）中的外国高端人才（A类）和外国专业人才（B类）；二是在海南自由贸易港年度收入达到人民币30万元及以上的外籍人才；三是符合海南省公开发布的“急需紧缺外国人工作岗位目录”的外籍人才；四是地级市以上外国人工作许可行政部门确认的临时申报的急需紧缺外籍人才；五是省重点产业园区管理部门确认的临时申报的企业急需紧缺外籍人才。与此同时，深圳市政府也出台了相应的外籍“高精尖缺”人才认定标准。2020年10月，中共中央办公厅和国务院办公厅联合印发的《深圳建设中国特色社会主义先行示范区综合改革试点实施方案（2020—2025年）》明确提出，要“按程序赋予深圳外国高端人才确认函权限。支持探索制定外籍‘高精尖缺’人才认定标准，为符合条件的外籍人员办理R字签证和提供出入境便利”[①]。依据《深圳市外籍“高精尖缺”人才认定标准（试行）》的规定，只要符合下列任意一类及以上标准外籍人员即可申请认定为深圳市外籍“高精尖缺”人才：入选国内人才引进计划的、符合国际公认的专业成就认定标准的、符合市场导向的鼓励类岗位需求的、属于创新创业人才的、属于优秀青年人才的、计点积分在85分以上的和经市有关部门推荐的人才。此外，福建省也出台了相应的高层次人才认定和支持办法。2020年6月出台的《福建省高层次人才认定和支持办法（试行）》规定，人才在认定期内，由A类人才晋升特级人才的奖励300万元，B类人才晋升A

---

① 《中办国办印发〈深圳建设中国特色社会主义先行示范区综合改革试点实施方案（2020—2025年）〉》，http://www.xinhuanet.com/mrdx/2020-10/12/c_139434685.htm。

类人才的奖励 20 万元，C 类人才晋升 B 类人才的奖励 10 万元。对已认定人才，新取得特级、A 类、B 类、C 类人才认定条件中“荣誉称号（奖项）”或“所承担科研项目获得奖项”有关条款要求业绩的，分别一次性给予 80 万元、15 万元、8 万元、3 万元奖励。

2. 充分信任和放手使用引进的外籍人才

习近平总书记指出：“要结合新形势加强人才国际交流，坚持全球视野、世界一流水平，千方百计引进那些能为我所用的顶尖人才，使更多全球智慧资源、创新要素为我所用。”[①]从近年来我国中央政府和地方政府出台的有关“高精尖缺”人才引进政策及相关认定标准来看，现阶段我国主要着眼于引进科技创新类人才。以深圳市为例，深圳将引进更多具有国际一流水平的科技战略人才、顶尖科学家和获得主要发达国家及地区认可的科技人才作为人才引进工作的重点，目标是围绕科技创新全链条，打造完整人才梯队、完善创新生态，构筑集聚国内外优秀人才的科研创新高地。对于花费很大气力和财力引进的外籍优秀人才，我们要予以充分的信任，要为这些外籍优秀人才提供广阔的平台，让他们能够充分地施展才能、发挥价值。中共中央印发的《关于深化人才发展体制机制改革的意见》指出：“对引进人才充分信任、放手使用，支持他们深度参与国家计划项目、开展科研攻关。研究制定外籍科学家领衔国家科技项目办法。完善引才配套政策，解决引进人才任职、社会保障、户籍、子女教育等问题。对外国人才来华签证、居留，放宽条件、简化程序、落实相关待遇。整合人才引进管理服务资源，优化机构与职能配置。”

---

① 习近平：《深入实施新时代人才强国战略　加快建设世界重要人才中心和创新高地》，《求是》2021 年第 24 期。

3. 积极扩大人才对外交流

通过扩大人才队伍交流，鼓励我国的高校、科研院所和企事业单位在海外建立办学机构、研发中心，是吸引和使用外籍优秀人才的重要方式。伴随我国高校办学国际化程度的不断提升、国有企业在海外投资范围和投资规模的日益扩大，我国已在越来越多的国家和地区设立了中外合作办学机构和研发机构，吸引了很多优秀的外籍“高精尖缺”人才在当地为中资机构服务或来华工作，人才对外交流范围不断扩大，人才对外交流水平得到显著提升。

4. 完善海外人才引进方式

要想引进更多优秀的外籍人才，我们除了要在思想上高度重视海外高层次人才引进工作外，还需要在引进外籍高层次人才的体制、机制、政策和措施等方面下功夫，为“高精尖缺”外籍人才的引进开辟绿色通道，不断优化外国留学生的结构，提高优秀外国留学生毕业后留华工作的比例。中共中央印发的《关于深化人才发展体制机制改革的意见》指出：“实行更积极、更开放、更有效的人才引进政策，更大力度实施海外高层次人才引进计划（国家‘千人计划’），敞开大门，不拘一格，柔性汇聚全球人才资源。对国家急需紧缺的特殊人才，开辟专门渠道，实行特殊政策，实现精准引进。支持地方、部门和用人单位设立引才项目，加强动态管理。”同时，要“鼓励社会力量参与人才引进。扩大来华留学规模，优化外国留学生结构，提高政府奖学金资助标准，出台学位研究生毕业后在华工作的相关政策”。

5. 千方百计留住引进的外籍优秀人才

外籍人才特别是外籍“高精尖缺”人才非常稀缺，是世界各国政府争夺的对象。我们在引进外籍“高精尖缺”人才的同时，更要想办法留住这些人才。习近平总书记指出："外国专家主管部门要继续完善外国人才引进体制机制，切实保护知识产权，保障外国人才合法权益，对作出突出贡献的外国人才给予表彰奖励，让有志于来华发展的外国人才来得了、待得住、用得好、流得动。要遵循国际人才流动规律，更好发挥企业、高校、科研机构等用人单位的主体作用，使外国人才的专长和中国发展的需要紧密契合，为外国专家施展才能、实现事业梦想提供更加广阔的舞台。"[①]目前，我国很多地方政府都出台了较为完备的外籍人才激励政策，以此来留住外籍优秀人才。比如，近年来河北省全力提升外国专家管理服务水平，全方位保障外国专家工作生活权益，使外国专家能够安心在华工作。2020年，河北省进一步规范了"外国人来华工作许可"审批工作，持续做好A、B类外国专家工作许可发放工作，坚持"一次办好"原则，打造"一站式"服务平台，而且针对疫情防控形势，建立外国人来华工作许可"不见面"审批制度，减少人员流动，采取全流程"网上办"或邮寄材料等方式受理许可申请。同时，河北省还出台了《关于加强外国专家管理服务的若干措施》，从外国专家入职前培训、社会保障、家属就业、子女上学等方面全方位保障了外国专家工作生活权益，进一步提升了其工作生活便利化水平。

（二）要强化效益意识和柔性引才理念

人才特别是高层次人才是稀缺资源，是世界各国和一国内部不同地区之间争夺的主要对象。近年来，为了能够吸引到更多高层次的人才，

① 《习近平关于科技创新论述摘编》，中央文献出版社2016年版，第115—116页。

我国很多地区给所引进的人才开出了包括给予高额购房补贴、科研经费、交通补贴、生活补贴等优厚条件，引才的成本不断攀升。但同时，我们也要充分考虑到所引进的人才是否能够创造出应有的价值，要从本地区的产业结构、企业需要和技术创新等实际需要出发来引进匹配度高的人才，不断强化人才引进的效益意识。同时，面对户籍、身份、学历、人事关系等因素给人才流动和人才引进带来的阻碍，我们需要树立和强化柔性引才理念。

1. 强化人才引进的效益意识

20 世纪 90 年代以来，伴随科技革命和经济全球化进程的快速推进，世界各国之间的人才争夺日趋激烈。与此同时，我国的人才意识也随之不断强化。进入 21 世纪之后，我国各地区在人才争夺上的竞争更趋激烈，全国很多地区出台了各种优惠政策来吸引高层次人才，人才引进的成本也随之水涨船高。但部分地区在引进人才时不同程度地存在为引进而引进的问题，对所引进的人才是否与当地的产业结构相匹配、引进的人才后续该如何培养、如何充分地发挥所引人才的价值等问题考虑得不是很充分，人才引进的效益意识有待进一步强化。为此，我们需要从以下三个方面来提升人才引进的效益：一是要树立成本意识。地方政府每年用于人才引进的资金和资源毕竟是有限的，人才引进要关注成本，讲求效益。二是要突出目标导向。各地区在引进人才时要注意所引进的人才一定要是本地区经济社会发展急需的，不能盲目引进高学历人才。三是要做好引进人才的后续培养工作。要积极构建人才培养平台，利用各种资源、渠道和方式来培养好所引进的人才，让他们能够充分发挥各自的聪明才智，不断提升人才引进的效益。

2. 树立和强化柔性引才理念

迁移是提升一个国家或地区人力资本水平和质量的重要途径。由于在一定的时期内一个国家或地区所拥有的优秀人才终究是有限的，因而如何使用好优秀的人才，促进优秀的人才在城乡、区域、行业和不同所有制之间合理有序地流动，不断缩小各地区、各单位之间人才数量和质量上的差距，进而更好地推动城乡、区域、行业和不同所有制之间人才协调发展，是我们做好人才工作的内在要求和重要保障。当前，我国的人才在流动时经常会受到户籍、身份、学历、人事关系等因素的影响和制约，人才在地区之间、单位之间、城乡之间流动时所遭遇的困境较多。因此，如何有效地打破户籍、身份、学历和人事关系给人才流动带来的阻碍，不断创新人才流动方式是当前我国人才工作面临的重要难题之一。而树立和强化柔性引才理念，是解决当前我国人才流动难题和化解部分在人才数量和质量上缺乏优势单位人才困境的重要路径。柔性引进人才，是指在“不求所有，但求所用”理念的指导下，在不改变所引进人才现有的户籍、人事关系、档案存放地、社会保障等关系的前提下，通过退休返聘、担任顾问、兼职、挂职、项目合作、设立人才工作站等方式，改善引进单位人才结构和提升引进单位科研水平的一种人才引进方式。习近平总书记多次强调，要实行更加开放的人才政策，不唯地域引进人才，不求所有开发人才，不拘一格用好人才。要强化效益意识和柔性引才理念，不求所有、但求所用，不求所在、但求所为。要采用柔性流动方式，引进更多“候鸟型”人才。

相对全职引进人才而言，柔性引进人才这种引才方式更加灵活，更重实效，既破除了传统思想观念和工作思维对人才引进工作的束缚，也突破了户籍、单位、地域、身份、行业界限对人才流动的限制，可以在较短时间内发挥人才集聚效应，为经济社会发展提供强大智力支持。目前，“不求所有，但求所用”的柔性引才理念已经被越来越多的地区，特别是中西部地区和东北地区，以及很多非公有制单位所接受，很多地区出台了相应的柔性引才的政策，并取得了不错的成效。比如，东北的辽宁省出台了《辽宁省人才工作领导小组鼓励和支持柔性引进人才若干措施》。该柔性引才政策，坚持“以工作实绩论英雄”“以解决问题论能力”的导向，对在提升基础研究水平、增强企业和产业技术能力、促进重大项目落地达产方面发挥关键作用的柔性引进人才，给予了职业发展、资金支持、金融扶持等一系列优惠政策。这些优惠政策主要包括3个方面：一是职称评审可以搭载“直通车”。允许柔性引进人才在辽宁参加职业（执业）资格考试和职称评审，符合条件的纳入高级职称评审“直通车”范围，对工作业绩突出的，可以破格申报或直接认定为相应级别职称。二是成果转化可以获得后补助奖励。支持柔性引进人才依托辽宁省院士专家工作站、“候鸟型”人才工作站、工程研究中心、技术创新中心等平台，破解关键问题，转化科技成果，对成绩优异并产生显著经济社会效益的，给予最高100万元后补助奖励。三是“带土移植”可以享受金融支持。对柔性引进人才带技术、带项目、带成果来辽宁创办创新型企业并有潜力发展成为“雏鹰”“瞪羚”“独角兽”企业的，可以在事业种子期、初创期阶段享受最高500万元的信用贷款，申请最高6000万元的“人才投”资金支持①。与此同时，湖南浏阳也出台了《浏阳市柔性引进人才暂行办法》。依据该办法，浏阳市柔性引进的人才最

① 《辽宁出台“柔性引才13条”！》，https://www.thepaper.cn/newsDetail_forward_10335091。

高可获得 100 万元的购房补贴、最高 3 万元 / 年的交通补贴。同时，根据协议目标或按协议履行相关责任完成情况，可给予柔性引进人才个人或团队带头人最高 20 万元的一次性财政补贴；对于获得国家或省级科技奖励成果，且项目承担单位为浏阳市内企业并在浏阳成功转化的牵头柔性人才，按照国家级 200 万元，省级一、二、三等奖分别为 150 万、100 万、50 万元的标准予以奖励①。

① 《浏阳密集出台引才重磅举措　高层次人才最高可获 100 万元购房补贴》，https://hunan.voc.com.cn/article/202101/202101220949216460.html。

第四章 做好年轻干部工作

习近平总书记2018年7月在全国组织工作会议上的讲话将做好年轻干部工作与干部队伍建设并列，应该有其特殊的地方。党的十九大以来，习近平总书记先后6次出席中央党校（国家行政学院）中青年干部培训班开班式，并发表重要讲话，足见总书记对年轻干部工作的重视。所以我们认为，年轻干部工作肯定是整个干部工作的一个重要组成部分，但从狭义上理解干部队伍建设与年轻干部工作也不一定完全相同，如果说干部队伍建设侧重的是“现在进行时”，那么年轻干部工作更多侧重是的“未来时”。2022年10月，习近平总书记在党的二十大报告中明确指出：要“抓好后继有人这个根本大计，健全培养选拔优秀年轻干部常态化工作机制”[①]。实现第二个百年奋斗目标和中华民族伟大复兴，需要

① 习近平：《高举中国特色社会主义伟大旗帜　为全面建设社会主义现代化国家而团结奋斗》，人民出版社2022年版，第67页。

一代人接着一代人干，历史使命的接力棒最终会交到他们手里，因而能否建立一支可靠的接班人队伍显得尤为重要。

一、实现中华民族伟大复兴关键在于培养造就一代又一代可靠接班人

之所以得出这一判断主要有其内在的理论逻辑与历史逻辑。理论逻辑主要回答的是为什么，即为什么说实现中华民族伟大复兴关键在于培养造就一代又一代可靠接班人。这个问题可以分解为两个子问题，一是中华民族伟大复兴是否需要中国共产党，二是实现这一复兴是否需要中国共产党中的年轻干部。

关于第一个问题，理论上的回答是需要。如果再将这一判断泛化，从世界范围的普遍意义上看，是不是大多数国家的民族复兴或者振兴都需要一个政党。事实上看，世界上没有哪个民族复兴或者振兴像我国一样需要一个强大的政党。这是由一个国家的政治发展道路决定的。国内学者杨光斌[①]在借鉴美国著名的政治学家巴林顿·摩尔[②]的基础上以主导力量与发展方式的不同把近代以来国家政治发展道路分为三种。一是以资产阶级为主导的、以政治革命或者民族革命为主要的形式的政治发展道路，这样的国家主要有英、美等；二是以地主阶级为主导的、以改良为主要形式的政治发展道路，这样的国家主要有德、日等；三是以无产阶级及其先锋队为主导的以民族民主革命（包括社会革命）为主要形

---

① 杨光斌：《制度变迁中的政党中心主义》，《西华大学学报》2010 年第 2 期。

② 巴林顿·摩尔：《专制与民主的社会起源》，王茁、顾洁译，上海译文出版社 2013 年版。

式的政治发展道路，这样的国家主要有俄、中等。实际上除了上述三种类型政治发展道路，还有一种政治发展道路。这种政治发展道路是以传统组织形式如部落、家族等为主导的以民族革命为主要形式，这样的国家主要是非洲、东南亚以及南亚等地区。第一条道路是先有民族国家后有政党，加上竞争性政党制度，此外它们进入近代世界以来一直是比较发达的国家，它们的政党不能也无须承担民族复兴的使命。第二种国家的政党也是在民族国家建立之后，它们的政党早期依附于地主阶级，也没有能力去复兴民族。第四条道路，它们的民族国家与政党几乎是同时成立的，但这些国家没有进行社会革命，重构阶级关系，政党往往成为家族势力、部落势力或地方势力的代表，也没有力量去完成复兴大业。以俄国和中国为代表的第三条道路，不仅进行了政治民主革命，也进行了社会革命（主要是生产关系及其带来的阶级关系），当然像中国还进行了民族革命，这样造成的是政党不仅重塑近代民族国家权威，也重组阶级关系，建立了新型的社会形态，同时建立的是一党长期执政的政党制度，因此作为中国工人阶级的先锋队、中国人民和中华民族的先锋队，中国共产党有责任去完成中华民族伟大复兴的使命。

二是实现中华民族伟大复兴需要年轻干部。这又分两个层面，第一个层面是中华民族伟大复兴需要党的干部。中国共产党是中华民族伟大复兴的领导力量和践行者，但是从总体上看，中国共产党是一个抽象的存在，说到底一个个党员是最具体的代表。截至 2022 年年底，中国共产党有 9800 多万名党员，这些党员之间的地位是平等的，但是不是对党的重要性也是同等的呢？答案是否定的，一名普通党员与党员干部是不同的，这是因为党赋予他们的权力和职责是不同的。中国共产党是马克思主义的群众性政党，但也十分重视党的干部的作用。《中国共产党章程》第六章第三十五条明确指出："党的干部是党的事业的骨干。"中华民族伟大复兴是当下党最重要的事业，党的干部是完成这一历史使命的骨干。第二个层面是中华民族伟大复兴不仅需要党的干部，还需要党的年轻干部。这主要是因为中国特色社会主义是实现中华民族伟大复兴的必由之路。中国特色社会主义是中国共产党经过新民主主义革命和社会主义革命几代人努力探索形成的。与马克思恩格斯设想的无产阶级革命首先在西欧发达资本主义国家不同，社会主义革命首先在落后的东方大国爆发并取得胜利。新中国成立之后，毛泽东在谈到列宁的"一国胜利论"时指出：列宁认为"无产阶级革命可以首先在一个国家取得胜利。当然，他没有预料到在什么国家首先取得胜利"。[①]不论怎么样，社会主义革命会在落后国家爆发并取得胜利。这里的落后主要是与发达的资本主义国家相比，社会生产力水平还比较低下。中国可以跨越马克思恩格斯所说的"卡夫丁峡谷"，但是不能违背人类社会发展规律，所以社会主义制度建立之后如何快速发展生产力就成了当务之急，为此中国共产党还走了不少弯路，吃了一些苦头。虽然新中国成立 70 多年了，但是我国的国情并没有根本改变，虽与发达国家发展水平差距在缩小，但还有一段距离，也远远没有达到中华文明曾在当时世界中的盛世，所以中华民族伟大复兴的历史使命不是一代人就可以完成的，需要几代人接续奋斗，需要年轻的干部。

如果说理论逻辑回答的是中华民族伟大复兴需要党的年轻干部，那么历史逻辑则是从百年党史的事实层面证明中华民族伟大复兴的确需要党的年轻干部。党的十九大报告指出，"实现中华民族伟大复兴是近

① 《毛泽东文集》第 8 卷，人民出版社 1999 年版，第 2 页。

代以来中华民族最伟大的梦想”[①]。但中华民族的伟大复兴不可能一蹴而就，是一个长期的过程，离不开一代又一代先进的中国人艰难的探索。近代以来，中国人民一直在为实现这个伟大梦想而接续奋斗。习近平总书记在2021年“七一”重要讲话中指出：“中国共产党一经诞生，就把为中国人民谋幸福、为中华民族谋复兴确立为自己的初心使命。一百年来，中国共产党团结带领中国人民进行的一切奋斗、一切牺牲、一切创造，归结起来就是一个主题：实现中华民族伟大复兴。”[②]中国共产党成立之后，中华民族的历史进程就发生了改变，经过百年不懈奋斗，中华民族终于挺直了脊梁、屹立于世界的东方。回首近代历史可以发现，诞生中国共产党、成立中华人民共和国、推进改革开放和中国特色社会主义事业，是自1840年以来我国发生的三大历史性事件，也是近代以来实现中华民族伟大复兴的三大里程碑，实际也是中国人民从站起来到富起来再到强起来的历程。回顾1840年到2022年的历史，我们发现无论是站起来还是富起来都不是一个轻轻松松的过程，而是一条充满困难险阻的道路。1840年西方列强用坚船利炮打开中国大门，鸦片战争之后，中国成为殖民地半殖民地，先进的中国人开始探索救国救民的道路。毛泽东曾在《论人民民主专政》一文中这样写道：“自从一八四〇年鸦片战争失败那时起，先进的中国人，经过千辛万苦，向西方国家寻找真理。洪秀全、康有为、严复和孙中山，代表了在中国共产党出世以前向西方寻找真理的一派人物。那时，求进步的中国人，只要是西方的新道

① 习近平：《决胜全面建成小康社会　夺取新时代中国特色社会主义伟大胜利》，人民出版社2017年版，第13页。

② 《习近平谈治国理政》第4卷，外文出版社2022年版，第4页。

理，什么书也看。向日本、英国、美国、法国、德国派遣留学生之多，达到了惊人的程度。国内废科举，兴学校，好像雨后春笋，努力学习西方。我自己在青年时期，学的也是这些东西。这些是西方资产阶级民主主义的文化，即所谓新学，包括那时的社会学说和自然科学，和中国封建主义的文化即所谓旧学是对立的。学了这些新学的人们，在很长的时期内产生了一种信心，认为这些很可以救中国，除了旧学派，新学派自己表示怀疑的很少。要救国，只有维新，要维新，只有学外国。那时的外国只有西方资本主义国家是进步的，它们成功地建设了资产阶级的现代国家。”“中国人向西方学得很不少，但是行不通，理想总是不能实现。多次奋斗，包括辛亥革命那样全国规模的运动，都失败了。”[①]他们虽然失败了，也不能否定以康有为、梁启超为代表的资产阶级改良派、以孙中山为代表的资产阶级革命派在探索中国人民站起来的道路上所作的努力与贡献。

1921 年，五四运动之后，在中华民族内忧外患、社会危机空前深重的背景下，在马克思列宁主义同中国工人运动相结合的进程中，中国共产党诞生了。自从诞生，民族复兴的使命就落到了中国共产党的身上。中国共产党团结带领中国人民进行 28 年浴血奋战，打败日本帝国主义，推翻国民党反动统治，完成新民主主义革命，建立了中华人民共和国，彻底结束了旧中国半殖民地半封建社会的历史，彻底结束了旧中国一盘散沙的局面，彻底废除了列强强加给中国的不平等条约和帝国主义在中国的一切特权，实现了中国从几千年封建专制政治向人民民主的伟大飞跃，中国人民从此“站起来”了。在这 28 年里，无数中国共产党人不怕

① 《毛泽东选集》第 4 卷，人民出版社 1991 年版，第 1469—1470 页。

牺牲，抛头颅、洒热血，许多人献出宝贵的生命，如李大钊、瞿秋白、蔡和森、陈延年、赵世炎、方志敏、叶挺等，其中许多人在青春风华正茂时就牺牲了。

在“富起来”的道路上，中国共产党的探索也不是一帆风顺的。与马克思、恩格斯的共产主义社会建立在生产力高度发达基础上的设想不同，中国的社会主义制度是建立在社会生产力比较落后的东方大国。这种落后体现在产业结构是传统农业产业占主导，现代化工业所占比重很小。毛泽东在 1949 年 3 月召开的党的七届二中全会报告中指出，“中国的工业和农业在国民经济中的比重，就全国范围来说，在抗日战争以前，大约是现代性的工业占百分之十左右，农业和手工业占百分之九十左右”[①]，而全民族抗战前的1936年是旧中国经济形势最好的一年。到了 1954 年，毛泽东还尖锐而形象地指出：“我们现在能造什么？能造桌子椅子，能造茶碗茶壶，能种粮食，还能磨成面粉，还能造纸。但是，一辆汽车、一架飞机、一辆坦克都不能造。”[②]发展社会生产力是中国人民“富起来”的基本物质前提，工业化则是发展社会生产力最重要的路径。所以，从 1953 年中国共产党开始工业化进程，刚开始进行还是比较顺利，但是从 1957 年起，受到“左”倾错误的影响，当时的共产党人过分强调所有制对于社会主义建设的重要性，并出现了违背规律来发展社会生产力，结果导致社会生产力水平并没有得到多大提高。1985 年 4 月，邓小平在接见外宾时说道：“一九五七年后，‘左’的思想开始抬头，逐

---

① 《毛泽东选集》第 4 卷，人民出版社 1991 年版，第 1430 页。

② 薄一波：《若干重大决策与事件的回顾》上册，中共中央党校出版社 1991 年版，第 292 页。

渐占了上风。一九五八年‘大跃进’，一哄而起搞人民公社化，片面强调‘一大二公’，吃大锅饭，带来大灾难。‘文化大革命’就更不用说了。一九七六年粉碎‘四人帮’后，还徘徊了两年，基本上还是因循‘左’的错误，一直延续到一九七八年。从一九五八年到一九七八年整整二十年里，农民和工人的收入增加很少，生活水平很低，生产力没有多大发展。”①1978年党的十一届三中全会之后，中国共产党放弃以“阶级斗争为纲”的路线，转向以经济建设为中心，把发展社会生产力与实现共同富裕作为社会主义的本质。邓小平指出：“社会主义阶段的最根本任务就是发展生产力，社会主义的优越性归根到底要体现在它的生产力比资本主义发展得更快一些、更高一些，并且在发展生产力的基础上不断改善人民的物质文化生活。”②当然，邓小平特别强调发展生产力的社会主义属性，并说：“如果走资本主义道路，可以使中国百分之几的人富裕起来，但是绝对解决不了百分之九十几的人生活富裕的问题。而坚持社会主义，实行按劳分配的原则，就不会产生贫富过大的差距。再过二十年、三十年，我国生产力发展起来了，也不会两极分化。”③应该说，经过改革开放以来40多年的发展，中国跃升为世界第二大经济体，综合国力、科技实力、国防实力、文化影响力、国际影响力显著提升；我国人民生活由温饱不足到全面小康，整体上彻底摆脱了绝对贫困，成为世界上中等收入人口最多的国家。虽然，新时代社会主义社会的主要矛盾转化为人民日益增长的美好生活需要和不平衡不充分的发展之间的矛盾，但不

---

① 《邓小平文选》第3卷，人民出版社1993年版，第115页。

② 《邓小平文选》第3卷，人民出版社1993年版，第63页。

③ 《邓小平文选》第3卷，人民出版社1993年版，第64页。

可否认的是中国人民正走在共同富裕的道路上。

2017 年 10 月，党的十九大报告又提出了从 2020 年到本世纪中叶的两个阶段的战略安排。第一个阶段是从 2020 年到 2035 年，在全面建成小康社会的基础上，再奋斗十五年，基本实现社会主义现代化。到那时，我国经济实力、科技实力将大幅跃升，跻身创新型国家前列；人民平等参与、平等发展权利得到充分保障，法治国家、法治政府、法治社会基本建成，各方面制度更加完善，国家治理体系和治理能力现代化基本实现；社会文明程度达到新的高度，国家文化软实力显著增强，中华文化影响更加广泛深入；人民生活更为宽裕，中等收入群体比例明显提高，城乡区域发展差距和居民生活水平差距显著缩小，基本公共服务均等化基本实现，全体人民共同富裕迈出坚实步伐；现代社会治理格局基本形成，社会充满活力又和谐有序；生态环境根本好转，美丽中国目标基本实现。第二个阶段是从 2035 年到本世纪中叶，在基本实现现代化的基础上，再奋斗十五年，把我国建成富强民主文明和谐美丽的社会主义现代化强国。到那时，我国物质文明、政治文明、精神文明、社会文明、生态文明将全面提升，实现国家治理体系和治理能力现代化，成为综合国力和国际影响力领先的国家，全体人民共同富裕基本实现，我国人民将享有更加幸福安康的生活，中华民族将以更加昂扬的姿态屹立于世界民族之林。同前面“站起来”和全面建成小康社会一样，实现“富起来”梦想也绝不会轻易就可以实现。一方面，当前国家的发展中还存在不少问题，如发展不平衡不充分的一些突出问题尚未解决，发展质量和效益还不高，创新能力不够强，实体经济水平有待提高，生态环境保护任重道远；民生领域还有不少短板，城乡区域发展和收入分配差距依然较大，群众在就业、教育、医疗、居住、养老等方面面临不少难题；社会文明水平尚需提高；社会矛盾和问题交织叠加，全面依法治国任务依然繁重，国家治理体系和治理能力有待加强，等等。另一方面，国际环境比较复杂。不稳定性不确定性明显增加，新冠疫情影响广泛深远，经济全球化遭遇逆流，世界进入动荡变革期，单边主义、保护主义、霸权主义对世界和平与发展构成威胁。

这只是中国人民“富起来”道路上遇到的困难，那么在“强起来”道路上遇到的各种困难也不会比之前“站起来”和“富起来”的少，也就是说整个中华民族伟大复兴绝不是轻轻松松、敲锣打鼓就能实现的。中国共产党必须准备付出更为艰巨、更为艰苦的努力。因为中华民族伟大复兴是一个长期、复杂、艰巨的任务，所以，不仅要锻造一批德才兼备的高素质的干部队伍，更要培养一代又一代可靠的接班人。

二、中国共产党人高度重视年轻干部工作

中国共产党从诞生开始就重视年轻干部工作。1923 年党的三大通过的青年运动决议案就明确指出：“第三次大会认青年运动为本党重要工作，所以对于社会主义青年团应极力加以组织上指导上之援助。”[①]那时中国共产党刚刚诞生不久，不仅全体党员都很年轻，党的干部，包括党的创始人也很年轻。参加党的一大代表平均年龄才 28 岁，年纪最大的是湖南代表何叔衡 45 岁，最小的是北京代表只有 19 岁，毛泽东也不过 28 岁。所以可以说重视年轻干部的培养是我们党的一项重要工作。对于因

① 《建党以来重要文献选编（1921—1949）》第 1 册，中央文献出版社 2011 年版，第 265 页。

为犯了右倾错误而导致大革命失败的中国共产党来说，克服党内的错误思潮是当时最紧迫的任务，因此革命化比年轻化更重要，所以党的领导人非常重视干部的成分，这一点在1928年召开的党的六大上得到充分体现。在新中国成立前，专业化又排在了年轻化的前面。因为党的工作重点发生转移，城市的管理和经济建设成为新的工作重点。毛泽东说："严重的经济建设任务摆在我们面前。我们熟习的东西有些快要闲起来了，我们不熟习的东西正在强迫我们去做。""我们必须克服困难，我们必须学会自己不懂的东西。我们必须向一切内行的人们（不管什么人）学经济工作。拜他们做老师，恭恭敬敬地学，老老实实地学。"[①]直到20世纪的60年代，毛泽东针对苏联出现修正主义者，从防止出现修正主义视角，提出了五条培养无产阶级革命接班人的准则。第一条是要教育干部懂得一些马列主义，懂得多一些更好。就是说，要搞马列主义，不搞修正主义。第二条是要为大多数人民谋利益，为中国人民大多数谋利益，为世界人民大多数谋利益，不是为少数人，不是为剥削阶级，不是为资产阶级，不是为地、富、反、坏、右。第三条是要能够团结大多数人。所谓团结大多数人，包括从前反对自己反对错了的人，不管他是哪个山头的，不要记仇，不能"一朝天子一朝臣"。第四条是"有事要跟同志们商量，要充分酝酿，要听各种意见，反对的意见也可以让他讲出来。要讲民主，不要'一言堂'，一开会就自己讲几个钟头，不让人家讲话。第五条是自己有了错误，要作自我批评。一个指挥员指挥打仗，三个仗，胜二个，败一个，就可以当下去。打主意，对的多，错的少一点，

① 《毛泽东选集》第4卷，人民出版社1991年版，第1480—1481页。

就行了。要准备好接班人。无产阶级的革命接班人总是要在大风大浪中成长的。”①

改革开放之后，以邓小平同志为核心的党的第二代中央领导集体更加重视年轻干部工作。这主要是因为经过“文化大革命”十年动乱，党的整个干部队伍老龄化现象比较严重。1979 年，各中央国家机关部委正副部长、主任平均 10 人，各省、市、自治区党委常委成员平均 17 人、政府领导成员平均 11 人，最多的省正副省长 20 多人。当时中央管理的干部中，60 岁以上者占 50.55%，其中 65 岁以上者占 26.7%；省、市、自治区党委常委和政府领导班子成员平均年龄超过 61 岁。许多老干部年高体衰，积劳成疾，很难承担领导岗位的繁重工作。所以邓小平就说“现在摆在老同志面前的任务，就是要有意识地选拔年轻人，选一些年轻的身体好的同志来接班”。并强调：老同志“第一位的事情是要认真选拔接班人”②。1981 年陈云也在专门写的《提拔培养中青年干部是当务之急》一文中明确指出：“自从中央提出提拔中青年干部到各级领导岗位上来工作的问题以后，从三中全会到现在，对这件事虽然做了若干工作，但总的说来，因为认识不一致，收效不大。这是目前的实际情况。”③对于培养选拔年轻干部，邓小平指出要改革现行的干部工作制度，建立有利于提拔年轻干部的制度，“要破格选拔人才，不要按老规矩办事”④，“一定

① 《建国以来重要文献选编》第 18 册，中央文献出版社 1998 年版，第 569—571 页。

② 《邓小平文选》第 2 卷，人民出版社 1994 年版，第 221 页。

③ 《陈云文选》第 3 卷，人民出版社 1995 年版，第 293 页。

④ 《邓小平文选》第 2 卷，人民出版社 1994 年版，第 225 页。

要把真正优秀的中青年干部都提拔上来，快点提拔上来”[①]。为了更好地选拔培养更多的优秀年轻干部，陈云提出，从中央到县一级都要成立管理中青年干部的机构。在这一机构中要有60岁左右的人带头；工作人员党性要好，且熟悉40岁以下干部的经历和底细[②]。邓小平也非常支持陈云的想法，并说：“陈云同志讲的有一条，组织部要专门设一个管理中青年干部的机构。这是很重要的。”[③]在他们二人的共同推动下，从中央到地方的各级党委组织部门相继设立了青年干部管理机构，着力推动中青年干部的选拔培养工作，从组织上确保了后备干部队伍建设的进行。

经过近10年的努力，到20世纪80年代末，中国共产党的干部年龄结构更为合理，也出现了不少年轻干部位居省部级等岗位。但是同时，国际形势大变，发生苏联解体与东欧剧变事件，使社会主义阵营大大减少，也使得社会主义在与资本主义竞争中明显落于下风，中国特色社会主义建设事业面临的形势也变得恶劣，发达资本主义国家在许多领域对中国进行禁运和封锁。苏联解体原因是复杂的、多样的，但其中一个重要原因是与赫鲁晓夫在苏共二十大作的秘密报告有关系，那个报告影响了苏联不少年轻人的价值观，他们当中一些人后来成为苏共党内领导人，并公然放弃马克思主义在意识形态领域的指导地位与共产党在国家政治生活中的领导地位。所以中共十三届四中全会之后，以江泽民同志为核心的党的第三代中央领导集体也非常重视年轻干部工作，并把这项工作

① 《邓小平文选》第2卷，人民出版社1994年版，第324页。

② 《陈云文选》第3卷，人民出版社1995年版，第303页。

③ 《邓小平文选》第2卷，人民出版社1994年版，第387页。

放到实现社会主义现代化奋斗目标，特别是放到第三步战略目标来认识。江泽民指出："要把一个稳定的充满发展活力和生机的中国带入二十一世纪，要使我国在二十一世纪中叶基本实现现代化，以社会主义强国的地位屹立于国际社会，取决于党的基本理论和基本路线的长期坚持，归根到底取决于广大青年一代及年轻干部的健康成长。"[①] 江泽民也把培养和选拔年轻干部放在党的历史来考察，并将之视为一项重要的长期的战略任务，所以他也把选拔培养年轻干部作为一项重要的历史责任，他说："不断培养中青年领导干部，始终是我们党的一项战略任务。毛泽东同志、邓小平同志都把这项工作放在关系党的事业兴旺发达和几千万烈士用鲜血换来的红色江山永不变色的高度来认识和强调。全党同志必须认清当前国内外形势的新情况新特点，认清我们党在新的世纪里所要完成的繁重任务，认清我们党的建设的实际状况，从而进一步认识到培养造就一大批适应新世纪要求的中青年领导干部的极端重要性和紧迫性。"[②] 针对当时面临的形势以及年轻干部队伍状况，江泽民特别重视年轻干部的思想政治建设，他说："建设好我们的党，首先要提高党的各级领导干部的思想政治素质，特别是要努力提高中青年领导干部的思想政治素质，使之成为忠诚于马克思主义、坚持走有中国特色社会主义道路、会治党治国的新一代政治家。"[③] 以胡锦涛同志为主要代表的党中央也非常重视年轻干部工作，他在 2000 年召开的全国培养选拔年轻干部座谈会上对此进行了系统的阐述。他从党和国家前途命运的战略高度，论述了做好培

---

① 江泽民：《论党的建设》，中央文献出版社 2001 年版，第 231 页。

② 江泽民：《论党的建设》，中央文献出版社 2001 年版，第 417—418 页。

③ 江泽民：《论党的建设》，中央文献出版社 2001 年版，第 424 页。

养选拔年轻干部工作的重要性和紧迫性，胡锦涛指出，抓紧做好培养选拔优秀年轻干部的工作，是关系老一辈无产阶级革命家开创的社会主义事业代代相传，关系我国社会主义现代化建设目标的胜利实现，关系党和国家长治久安的战略大计。同时他提出，要按照中央的统一要求，务求在选拔大批德才兼备的优秀年轻干部进入各级党政领导班子上取得突破性进展，进一步解放思想，更新用人观念，拓宽用人渠道；全面正确地执行党的干部路线和政策，严格按照标准选拔年轻干部；深化干部制度改革，改进干部选拔方法。在此基础上，明确要求要加强年轻干部的培养教育工作。①

党的十八大以来，以习近平同志为核心的党中央仍然非常重视年轻干部工作。在2013年党的组织工作会上，他提出："培养选拔年轻干部，事关党的事业薪火相传，事关国家长治久安。"针对当时在干部队伍建设中关于年龄结构的种种误读现象，例如，一些地方和单位，为了达到领导班子年龄结构要求，降低选人用人标准或者拔苗助长。更有甚者，为了追求年轻化，一些地方搞领导班子年龄层层递减，到了乡镇，许多主要领导干部过了40岁就感到提拔无望，干工作不那么认真负责了，或者干脆做一天和尚撞一天钟，或者要求调到县城"养老"去。习近平总书记强调："优化干部队伍年龄结构并不意味着提拔任用每个干部都要是年轻的，也不是每个班子都要硬性配备年轻干部，更不是不同层级领导班子成员任职年龄层层递减。"②同时，他又指出："要认真落实党政领导班子

① 《十五大以来重要文献选编》下，中央文献出版社2001年版，第345页。

② 《十八大以来重要文献选编》上，中央文献出版社2014年版，第347页。

后备干部队伍建设规划，抓紧建立各级领导班子后备干部队伍，特别是要选好一把手后备人选，使班子形成合理的梯次配备。”[①]2018 年 6 月中共中央政治局审议《关于适应新时代要求大力发现培养选拔优秀年轻干部的意见》，同年 7 月在全国组织工作会议上，习近平总书记重点阐述了在新时代如何做好年轻干部工作。2019 年 3 月、9 月，习近平总书记两次在中央党校（国家行政学院）中青年干部培训班开班式上的重要讲话，对年轻干部的理论武装、理想信念、对党忠诚、初心、为政之道、人格修养、成长之路以及斗争的意识、本领、对象、精神与斗争艺术进行了全面阐述。

2021 年 3 月在中央党校（国家行政学院）中青年干部培训班开班式上，习近平总书记又强调，不论过去、现在还是将来，党的光荣传统和优良作风都是激励我们不畏艰难、勇往直前的宝贵精神财富。年轻干部要接过艰苦奋斗的接力棒，以一往无前的奋斗姿态和永不懈怠的精神状态，勇挑重担、苦干实干，在新时代新征程中留下许党报国的奋斗足迹。节俭朴素，力戒奢靡，是我们党的传家宝。现在，我们生活条件好了，但艰苦奋斗的精神一点都不能少，必须坚持以俭修身、以俭兴业，坚持厉行节约、勤俭办一切事情。年轻干部要时刻警醒自己，培育积极健康的生活情趣，坚决抵制享乐主义、奢靡之风，永葆共产党人清正廉洁的政治本色。年轻干部是党和国家事业接班人，必须立志做党的光荣传统和优良作风的忠实传人，不断增强意志力、坚忍力、自制力，在新时代全面建设社会主义现代化国家新征程中奋勇争先、建功立业，努力

① 《十八大以来重要文献选编》上，中央文献出版社 2014 年版，第 349 页。

创造无愧于党、无愧于人民、无愧于时代的业绩。在2021年“七一”重要讲话中，习近平总书记指出：“未来属于青年，希望寄予青年。一百年前，一群新青年高举马克思主义思想火炬，在风雨如晦的中国苦苦探寻民族复兴的前途。一百年来，在中国共产党的旗帜下，一代代中国青年把青春奋斗融入党和人民事业，成为实现中华民族伟大复兴的先锋力量。”[①]同年，党的十九届六中全会通过了《中共中央关于党的百年奋斗重大成就和历史经验的决议》。第三个历史决议用一段专门论述党和人民事业接班人的问题，即“党和人民事业发展需要一代代中国共产党人接续奋斗，必须抓好后继有人这个根本大计”，并提出四个“要”，其中一个是“要源源不断培养选拔德才兼备、忠诚干净担当的高素质专业化干部特别是优秀年轻干部，教育引导广大党员、干部自觉做习近平新时代中国特色社会主义思想的坚定信仰者和忠实实践者，牢记空谈误国、实干兴邦的道理，树立不负人民的家国情怀、追求崇高的思想境界、增强过硬的担当本领”[②]。在2022年春季学期中共中央党校（国家行政学院）中青年干部培训班开班式上，习近平总书记发表了主题为《筑牢理想信念根基　树立践行正确政绩观　在新时代新征程上留下无悔的奋斗足迹》的重要讲话。在这个重要讲话中，习近平总书记指出，年轻干部是党和国家事业发展的希望，必须筑牢理想信念根基，守住拒腐防变防线，树立和践行正确政绩观，练就过硬本领，发扬担当和斗争精神，贯彻党的

① 《习近平谈治国理政》第4卷，外文出版社2022年版，第14页。

② 《中国共产党第十九届中央委员会第六次全体会议文件汇编》，人民出版社2021年版，第105页。

群众路线，锤炼对党忠诚的政治品格，树立不负人民的家国情怀，追求高尚纯粹的思想境界，为党和人民事业拼搏奉献，在新时代新征程上留下无悔的奋斗足迹。

总之，中国共产党成立以来，一直非常重视年轻干部的成长，在全国范围内执政之后，更加重视党和人民事业的接班人问题。进入新时代，针对国内形势出现的变化，习近平总书记把年轻干部的培养和成长放到了更加显著的位置，并作出了一系列新观点、新论断，丰富和发展了党的年轻干部工作理论。

三、当前年轻干部工作存在的问题

虽然党一直高度重视年轻干部工作，但是从近年来媒体曝光的案例中一些年轻干部在实际工作的种种表现来看，一些年轻干部没有以一名党员，特别是一名干部来严格要求自己，也没有把党的谆谆教导与殷切期望放在心中，出现这样或那样的问题。这些问题概括来说，分为年轻干部自身存在的问题和党组织在教育管理方面存在的问题。

（一）年轻干部自身存在的问题

年轻干部自身存在的问题一方面与其他干部有共同的一面，也具有自己的特殊性。总的来说，年轻干部自身存在的问题主要有以下几点。

1. 理想信念不够坚定

与西方国家的以利益为基础，赢得选举为主要目标的政党不同，中国共产党具有崇高的理想信念。就是这样的理想信念成为党的一次次失败转为成功并取得最后胜利的精神支柱。习近平总书记指出：“马克思主义政党不是因利益而结成的政党，而是以共同理想信念而组织起来的政党。”“在中央苏区和长征途中，党和红军就是依靠坚定的理想信念和坚强的革命意志，一次次绝境重生，愈挫愈勇，最后取得了胜利，创造了难以置信的奇迹。”所以，无论从中国共产党自身的特点来看，还是在党领导革命过程中的作用来看，理想信念对于党员来说是必不可少的。2012 年党的十八大召开不久，习近平总书记在一次会议上就用比较形象的比喻来形容理想信念的重要性，他指出：“理想信念就是共产党人精神上的‘钙’，没有理想信念，理想信念不坚定，精神上就会‘缺钙’，就会得‘软骨病’。”[①]2016 年党出台的《关于新形势下党内政治生活的若干准则》明确指出一些党员干部“理想信念不坚定”[②]。习近平总书记也多次指出当前党员干部出现理想信念不坚定，甚至理想信念缺失现象，他指出：“受各种错误思想和糊涂观念影响，有相当数量的党员、干部丢掉了共产党人的理想信念，只讲功利不讲理想、只讲私欲不讲信仰了。”[③]那么年轻干部理想信念不坚定表现在哪些方面？ 2018 年中共湖北省委党校课题组曾指出了理想信念不坚定的八种突出表现，分别是“理想信念淡化、存疑、迷茫、动摇、滑坡、丧失、投机、异化”，比如有年轻干部没有树立对马克思主义的真正信仰，认为共产主义是虚无缥缈的；有的年轻干部“在重大事件、重大原则、重大考验、重大利益等问题上，头脑不清醒，立场不坚定”；有

① 习近平：《坚定理想信念　补足精神之钙》，《求是》2021 年第 21 期。

② 《十八大以来重要文献选编》下，中央文献出版社 2018 年版，第 419 页。

③ 习近平：《努力成为可堪大用能担重任的栋梁之才》，《求是》2022 年第 3 期。

的年轻干部出现信仰投机、政治投机、权力投机；等等。[①]对于年轻干部为什么会出现理想信念不坚定的问题，一个非常重要的原因是不少年轻干部对马克思主义学习研究不够，2018 年 5 月，习近平总书记在纪念马克思诞辰 200 周年大会上的讲话中指出："马克思主义思想理论博大精深、常学常新。进入新时代，中国共产党人仍然要学习马克思，学习和实践马克思主义，不断从中汲取科学智慧和理论力量，在统筹推进'五位一体'总体布局、协调推进'四个全面'战略布局中，更有定力、更有自信、更有智慧地坚持和发展新时代中国特色社会主义，确保中华民族伟大复兴的巨轮始终沿着正确航向破浪前行。"[②]但是在实际工作中，不少年轻干部对待学习马克思主义理论采取实用主义或功利主义态度，觉得与工作相关的或者对自己工作有用的就学，与自己工作关联度不大的或者没有用的就不学，这就导致他们无法系统学习马克思主义理论。有的年轻干部不能及时跟进学，深入思考学，联系实际学。有的年轻干部不重视学习马克思主义中国化时代化最新理论成果——习近平新时代中国特色社会主义思想，无法深刻认识和领会其时代意义、理论意义、实践意义、世界意义，无法深刻理解其核心要义、精神实质、丰富内涵和实践要求。有的年轻干部学习没有坚持读原著、学原文、悟原理，没有往深里走、往实里走、往心里走。也正因为对学习马克思主义及其中国化创新理论采取这样功利和投机的态度，使他们失去学习掌握马克思主义理论最好的阶段，导致在工作中不会运用马克思主义立场、观点、

---

① 中共湖北省委党校课题组：《党员干部理想信念不坚定的八种突出表现》，《湖北行政学院学报》2018 年第 3 期。

② 《十九大以来重要文献选编》上，中央文献出版社 2019 年版，第 428 页。

方法，用辩证唯物主义与历史唯物主义来指导工作。既然坚定的理想信念对于年轻干部如此重要，那么理想信念不坚定会有什么样的严重后果？习近平总书记是从对政党、对年轻干部自己以及对党和国家事业三个层面来阐述的。第一个层面是对中国共产党的影响。“共产党一旦丢了自己的理想信念，那就同其他政党没什么本质区别了，就会失去精神动力和精神纽带，就会成为乌合之众，难逃失败的命运。”习近平总书记还以苏共垮台作为反面教材指出，“我们常说，基础不牢，地动山摇。信念不牢也是要地动山摇的。苏联解体、苏共垮台、东欧剧变不就是这个逻辑吗？苏共拥有20万党员时夺取了政权，拥有200万党员时打败了希特勒，而拥有近2000万党员时却失去了政权。我说过，在那场动荡中，竟无一人是男儿，没什么人出来抗争。什么原因？就是理想信念已经荡然无存了”。[①]第二个层面是对年轻干部自己的影响。习近平总书记指出：“对党员、干部来说，思想上的滑坡是最严重的病变，‘总开关’没拧紧，不能正确处理公私关系，缺乏正确的是非观、义利观、权力观、事业观，各种出轨越界、跑冒滴漏就在所难免了。”“共产党人如果没有理想信念，精神上就会‘缺钙’，就会得‘软骨病’，必然导致政治上变质、经济上贪婪、道德上堕落、生活上腐化。”[②]习近平总书记作出这样的论断是以党内真实存在这种现象为依据的。他指出：“现实生活中，一些党员、干部精神空虚、意志消沉、心为物役，信奉金钱至上、名利至上、享乐至上，少数人更是把党和人民赋予的权力作为谋取私利的手段，堕入腐败

① 习近平：《推进党的建设新的伟大工程要一以贯之》，《求是》2019年第19期。

② 习近平：《努力成为可堪大用能担重任的栋梁之才》，《求是》2022年第3期。

深渊，说到底都是理想信念动摇所致。”[①]第三个层面是对党和国家事业的影响。中华民族伟大复兴和第二个百年奋斗目标不是轻轻松松就可以实现的，在前进的道路上会出现难以预料的风险挑战，有的风险挑战可能比中国共产党之前遇到的各种风险挑战还要险恶。所以一旦年轻干部“没有理想信念，或者理想信念不坚定，就经不起风吹浪打，关键时刻就会私心杂念丛生，甚至临阵脱逃”，那么就会给党和国家事业造成难以估量的损失。

2. 调查研究能力不够强

正如上文提到的，中国共产党既是一个宏观抽象的存在，也是一个微观鲜活的存在。在实际工作中，谁最能够代表中国共产党，除了各级党组织，最微观的个体就是党员领导干部，因为他们是党的骨干，人民的公仆。因此，党员领导干部应该树立正确的调查研究意识，围绕工作积极开展调查研究。但是实际上不少领导干部无法做到，早在 2011 年习近平同志担任中共中央党校校长期间，就在中央党校秋季学期第二批入学学员开学典礼上的讲话中指出：“当前在领导干部中，不重视调查研究、不善于调查研究的问题还是存在的。有的走不出‘文山会海’，强调工作忙，很少下去调查研究。有的满足于看材料、听汇报、上网络，不深入实际生活，坐在办公室关起门来作决策。有的自认为熟悉本地区本部门情况，对层出不穷的新情况新问题反应不敏锐，对形势发展变化提出的新课题新挑战应对不得力，看不到事物的发展变化是一个由量变到质变的过程，凭经验办事，拍脑袋决策。有的调研走过场，只看‘盆景式’典型，满足于听听、转转、看看，蜻蜓点水、浅尝辄止。凡此种

① 习近平：《努力成为可堪大用能担重任的栋梁之才》，《求是》2022 年第 3 期。

种，严重影响决策的科学性，妨碍党的路线方针政策的贯彻执行，也损害领导机关、领导干部的形象。”[①]习近平总书记在2021年告诫年轻干部，“各方面对调查研究是重视的，但还要下更大功夫”，“现在通信很发达，通过打打电话、发发微信、看看材料也能了解很多情况，但毕竟隔了一层，没有现场看、当面听、直接问和‘七嘴八舌式’的讨论来得真实鲜活”，“不能搞作秀式调研、盆景式调研、蜻蜓点水式调研，‘无实事求是之意，有哗众取宠之心’是不行的！这就是严重的形式主义、官僚主义”。[②]

如果年轻干部不能树立正确的调查研究意识，就不会认真开展调查，更不会深入研究作出科学的决策，执行上级政策也不会结合本地区、本部门和本单位实际，事业发展遭到挫折成为必然。因此，毛泽东早在革命战争时期就说过：“不调查不研究就不得了，就要亡党亡国亡头。”[③]

3. 做群众工作本领不够高

一些年轻干部对群众工作存在误区，一方面没有将群众工作与地方经济发展统一起来，认为与地方经济发展比起来，群众工作不重要，平时不需要去做，不用将时间与精力放在这上面。只有到了征地拆迁等事情时，才想起来做群众工作。试想这样的党员干部怎么会有很强的群众工作本领呢？另一方面，一些党员干部不善于做群众工作，或做群众工作方式方法简单，缺乏亲和力和感召力，按照法律和政策规定办事本领

---

① 习近平：《谈谈调查研究》，《学习时报》2011年11月21日。

② 习近平：《努力成为可堪大用能担重任的栋梁之才》，《求是》2022年第3期。

③《毛泽东　周恩来　刘少奇　朱德　邓小平　陈云论调查研究》，中央文献出版社2006年版，第7页。

不强。特别是随着互联网技术的发展，我国早已进入网络社会，有学者甚至认为我国现处于网络社会的第五阶段[①]。根据第 49 次《中国互联网络发展状况统计报告》，截至 2021 年 12 月，我国网民规模达 10.32 亿人，较 2020 年增长 4296 万人，互联网普及率达 73.0%。[②]所以网络也是党员干部从事群众工作的重要阵地。但是一些党员干部面对网络群众工作的兴起，没有做好充分的心理准备，甚至出现逃避心理。不愿接触复杂的网络社会环境，在执行中搞变通、打折扣，工作落后于现实需要。也出现畏惧心理，不敢直面复杂的网络社会矛盾，对复杂网络舆情和突发事件的应对，事前没有充分准备，临事束手无策。同时一些党员干部能力不足，这主要表现在讲政治能力不够，对重要的、涉及政治理念和价值的事务应对能力不够、意识不足，临事之际，常常是束手无策、左右为难。也表现在不善于利用网络平台来开展工作，网上沟通能力不够。不擅长使用适宜的语言来迅速地获得网民的认同，常常不是言语简单，就是沟通方式生硬；不是单纯地讲法言法语，就是无原则地迎合；不是静默失语，就是雷言雷语，难以打开群众工作局面[③]。

实际上，当前年轻干部群众工作能力不强在 21 世纪初就已经存在。胡锦涛就曾指出："我们要清醒地看到，随着形势发展变化和党员干部队伍不断新老交替，群众工作也出现不少新情况新问题，面临不少新挑

① 刘少杰：《中国网络社会的发展历程与时空扩展》，《江苏社会科学》2018 年第 6 期。

② 中国互联网信息中心，http://www.cnnic.net.cn/hlwfzyj/hlwxzbg/hlwtjbg/202202/t20220225_71727.htm。

③ 刘军胜：《重视群众工作的网络阵地》，http://dangjian.people.com.cn/n/2014/0714/c117092-25279197.html。

战，我们在群众工作上还存在一些不适应的地方，突出表现在以下几个方面：有的党员干部群众观念淡薄，党的宗旨意识不强，不依靠、不相信群众，甚至脱离群众、脱离实际，违背群众意愿；有的党员干部群众立场不坚定，个人主义严重，一事当先只为自己考虑、不为群众考虑，对群众疾苦漠不关心，对群众呼声置若罔闻，对群众利益麻木不仁，甚至见利忘义、以权谋私；有的党员干部做群众工作方式方法简单，缺乏亲和力和感召力，按照法律和政策规定办事本领不强，对互联网等新兴媒体不了解、不熟悉，习惯于发号施令、做表面文章，形式主义、官僚主义严重；有的地方和部门群众工作制度不健全，已有制度贯彻落实不力，一些工作领域和环节缺乏制度安排，工作系统性、协调性、持续性不强。”①

4. 有的年轻干部不愿去基层锻炼

一部分年轻干部对基层锻炼有不正确认识。他们认为基层太苦，工作生活条件较差，交通不便，同时晋升渠道较窄，就是再努力也看不到晋升希望，所以不愿意留在基层。有的年轻干部认为自己付出了很多，却没有得到相应的回报，失去扎根基层的动力。还有的干部到基层锻炼态度不够端正，将基层锻炼简化为“到此一游”，代之以“观光式”学习，与群众接触交流不多，将基层锻炼变成“镀金”。有的年轻女干部为了不愿意去基层干事，竟然拒绝组织的提拔。②有的年轻干部不愿去边远地区磨炼。长期以来，边远地区人才、年轻干部缺乏一直是一个突

① 《十七大以来重要文献选编》中，中央文献出版社 2011 年版，第 1011—1012 页。

② 李清白：《“拒绝提拔”去基层值得深思》，《吉林日报》2019 年 7 月 31 日。

出的问题。随着社会生产力水平的提高，中国不少地区特别是东部沿海地区的基层工作条件已得到较大程度的改善。但是中国的中西部落后地区，特别是一些老少边穷地区的生活、工作条件比较艰苦，交通也非常不方便，同时工作任务与发达地区比起来更加繁重，特别是一些少数民族聚集的地区还要涉及民族与宗教问题。两方面因素叠加在一起使得一些年轻干部望而却步，不愿意去那些地区工作。

还有的年轻干部不愿意去关键岗位历练。地方党委与政府的各个部门中有关键岗位与非关键岗位。关键岗位是一些掌握比较大的公共权力与公共资源的部门，简单地说就是负责人、财、物的部门，具体来说，是党组织的组织部门、政府的人事、财政税收、投资融资、国有资产管理、工程建设、土地矿产资源审批、政府采购等部门。一方面，这些部门的岗位领导能否尽责履职对于促进一个地方的经济社会发展非常重要；另一方面，这些部门的岗位因为掌握的权力与资源，非常受到不法商人的“围猎”，算是党委与政府的“高危”岗位，所以在这些关键岗位历练能锻炼年轻干部的德能勤绩廉。但是一些干部地方组织部门对年轻干部往往采取不信任的态度，不敢把他们放在这些岗位上历练；也有一些年轻干部只想当“太平官”，不想在这些有风险且责任较大的岗位历练。

年轻干部正因为不愿锻炼、磨炼与历练，导致在现实工作中，有的年轻干部担当的底气不足，这主要表现在不敢与身边不正常的现象作斗争。年轻干部怕担当影响升迁，怕惹麻烦、怕“丢选票”，对错误行为不抵制、不批评，对存在的问题不研究、不解决，任何得罪人的事情都不干，任何触及矛盾的事情都不做。有的年轻干部认为自己年纪轻、资历浅，工作经验还不够丰富，总觉得自己能力与阅历和年长的干部相比还有差距，在重大重要时刻，缺乏发声作决定的底气。对于党和国家的事业，习近平总书记指出，“有的唱功好、做功差，工作落实在口号上，决心停留在嘴巴上；有的摆花架子、做表面文章，应景造势、敷衍应付；有的消极懈怠、得过且过，上面推一推才动一动，不推就不作为；更有的有令不行、有禁不止，甚至欺上瞒下、弄虚作假。今年以来，一些地方在疫情防控、抗击自然灾害、生态环境保护、安全生产等方面出现这样那样的问题，核查下来，其中一个重要原因就是一些干部作风不务实、工作不扎实、责任不落实”①。

5. 触碰党纪国法，贪腐现象值得警醒

应该说年轻干部队伍整体是好的，清正廉洁，遵纪守法，但是从全国一些地方出现的“35 岁”现象来看，年轻干部群体中出现的消极腐败问题还是引起了党和国家领导人的重视。习近平总书记强调：“我看到一些领导干部腐败堕落的材料，是感到很痛心的，恨铁不成钢啊！前段时间，我看了一个材料，反映一些年轻干部‘前脚刚踏上仕途，后脚就走入歧途’，刚成为单位骨干或走上领导岗位就陷入贪腐，不是晚节不保，而是早节就没保住。”②这些年轻干部多为 80 后、90 后，具有成长环境好，物质条件丰厚，具有学历高、阅历少等特点。他们的年纪和他们的成长过程，贪腐问题在他们身上体现出不同的特点。有学者概括为以下几个方面③。

① 习近平：《努力成为可堪大用能担重任的栋梁之才》，《求是》2022 年第 3 期。

② 习近平：《努力成为可堪大用能担重任的栋梁之才》，《求是》2022 年第 3 期。

③ 邵景均：《年轻干部腐败的特点、成因及治理对策》，《中国党政干部论坛》2021 年第 11 期。

一是从贪腐手段看，他们主要不是依靠其他手段搞以权谋私，而是依靠具体的“办事”职权，通过贪污、骗取公款等方式牟取私利。如刘明鑫，80后，2005年4月到广西壮族自治区崇左市扶绥县财政局工作。因业务能力强，很快担任该局国库集中支付中心副主任。伴随着对工作的日渐熟悉，刘明鑫发现可利用管理上的漏洞为自己捞取利益。2015年6月至2017年2月，刘明鑫利用职务之便，虚造款项用途，侵吞公款1592.9万元。[①]

二是从贪腐目的看，他们主要不是为钱、为权、为色而搞腐败，而多是为“玩”。如浙江省宁波市镇海区蛟川街道经济发展服务中心原副主任张裕贪污的钱就是为了“网游”。为了不“落后于人”，张裕一有零星时间就拼命做“任务”，上班期间也偷偷玩两把，甚至连续半个月熬夜升级装备。身边一些同事也注意到张裕上班时心不在焉，经常捧着手机打游戏。因为游戏水平一般，求胜心切的他开始直接买装备、刷等级，为的就是在网络世界中“出人头地”，在玩家中“有面子”，在朋友中“多吹吹牛”。用他自己的话说，“网络游戏是虚拟的，闯关打怪的成就感却是真实的”。但是，买装备的花费少则几百元，多则上千元，游戏的开销越来越大，张裕的工资收入开始不够用了，就向一些企业老板索贿，并走上不归路。[②]

三是从贪腐行为看，他们主要不是收钱、收色“俗贪”，或是收名人

---

① 韩亚栋：《年轻干部违纪违法问题引关注　警惕成长黄金期成贪腐危险期》，《中国纪检监察报》2021年12月18日。

② 郑纪宣：《“奋斗”在网络游戏里的失控青春》，《中国纪检监察》2021年第4期。

字画、文物古玩等“雅贪”，而是利用数字支付、电子理财等新的方式，贪腐行为更加隐秘。如河南省濮阳市华龙区机关事业单位社会保障中心原干部穆玉龙。从农村家庭走出来的他不愿过艰苦生活，在虚荣心理作祟下，把黑手伸向了该区机关事业单位人员补缴的养老保险费。2019 年 12 月，他利用职务之便，私自将个人支付宝二维码页面名称篡改为“中国社会保险华龙区机关事业单位社会保障中心”，并将此二维码出示给前来缴费的人员。如此一来，本应打入公共账户的养老保险费，便进入了穆玉龙个人的腰包。此后，他陆续通过个人支付宝、微信账户及现金方式，违规收取辖区机关事业人员补缴的养老保险费 60 多万元。穆玉龙仅将 8000 余元上缴到区社保中心财务室入账，其余全部用于个人消费。①

四是从贪腐心理看，他们比其他腐败分子更肆无忌惮。他们年龄不大，职位不高，但是受到一些不良社会思潮的影响，贪欲很大。如河北省南宫市水务局财务股原 90 后干部李晓飞在网络赌博的世界里越陷越深。2018 年 4 月，面对催债消息，李晓飞盯上了单位的公款，他趁着股长不在、副股长请产假在家的机会，从单位账户里挪出 20 余万元。随后，在短短 8 个月时间里，他共挪用、贪污公款 1921.88 万元。又如 95 后干部张雨杰，其在滁州市不动产登记中心交易管理科工作期间，通过伪造收款事实等方式侵吞公款近 7000 万元，用于消费挥霍和支付买房费用。②

对于年轻干部出现贪腐行为的原因，不同的专家学者认识的侧重点不同，有从主体的心态失衡、环境的外在诱因以及组织的重使用、轻监

① 沈东方:《莫用贪腐赌未来》,《中国纪检监察报》2021 年 7 月 18 日。

② 沈东方:《莫用贪腐赌未来》,《中国纪检监察报》2021 年 7 月 18 日。

管层面分析[1]，也有从内外因找根据[2]。笔者认为按照唯物辩证法的观点，内因是年轻干部腐败变质的根本原因。那么内因具体有哪些？笔者认为主要是年轻干部没有守住政治关、权力关、交往关、生活关以及亲情关。一是没有守住政治关。这主要表现在年轻干部没有从方向、大局和长远来看自己的贪腐对党的形象、执政地位以及伟大事业的影响。中国共产党历代领导人在多个场合反复强调全心全意为人民服务的宗旨，习近平总书记也指出："每个共产党员都要弄明白，党除了人民利益之外没有自己特殊利益，党的一切工作都是为了实现好、维护好、发展好最广大人民根本利益。"[3]但是年轻干部的"早节不保"严重与党的根本宗旨不符，也违背党的初心与使命，给人民群众留下了中国共产党"说一套、做一套"的坏印象，大大影响党的光辉形象。从 20 世纪末许多大党老党丧失执政地位的教训来看，腐败是首当其冲的问题。所以习近平总书记强调："近年来，一些国家因长期积累的矛盾导致民怨载道、社会动荡、政权垮台，其中贪污腐败就是一个很重要的原因。"[4]正如上文所述，年轻干部是中国共产党的未来，是党和国家事业建设的接班人。党和国家事业面临的环境复杂严峻、任务艰难繁重，对接班人队伍建设提出的要求很高。如果是这些贪腐分子来成为未来党和国家事业的中坚分子，极可能会出现颠覆性后果。二是没有守住权力关。早在党的十八

---

① 赵振宇、王丹妮：《莫让成长"黄金期"变成贪腐"危险期"》，《中国纪检监察》2021 年第 15 期。

② 邵景均：《年轻干部腐败的特点、成因及治理对策》，《中国党政干部论坛》2021 年第 11 期。

③ 《习近平谈治国理政》第 3 卷，外文出版社 2020 年版，第 137 页。

④ 《十八大以来重要文献选编》上，中央文献出版社 2014 年版，第 81 页。

大之前，习近平同志就曾指出：“现在确有一些领导干部不能正确对待和使用权力。有的认为权力是上级给的，想问题、办事情不怕群众不满意，只怕领导不注意，逢迎拍马、唯上是从；有的认为权力来源于个人努力、个人奋斗，把‘有权不用、过期作废’奉为信条，滥用权力甚至以权谋私。”[①]党的十八大以来，一些年轻干部不仅没有树立正确的权力观，反而将这种权力观与封建社会的特权思想结合起来，形成新的特权思想和特权现象。那么什么是特权？有学者认为：“所谓特权，就是凌驾于法律、制度规定之上的特殊权力，是‘四风’和腐败问题产生的病灶源头”，主要表现为：“关门当老大，炫‘特殊身份’”，“个人说了算，行‘特殊权能’”，“见利就伸手，谋‘特殊利益’”以及“有福我来享，享‘特殊待遇’”，等等。[②]三是没有守住交往关。马克思认为，人是社会关系的总和，年轻干部的工作与生活都有自己的交往行为、交往范围。客观来说，中国发展道路是以地方政府为主导，以企业为主体的，所以年轻干部因工作需要与企业老板交往比较频繁，也是正常现象。同时没有人都是自己的朋友圈，年轻干部也不例外。但是年轻干部与企业老板的中介非常重要，是正常工作还是什么不正当的私人利益关系？与朋友交往亦是如此，是基于共同的兴趣爱好还是利益纠葛？但是“过去较长一段时间内，传统的政商关系由于边界模糊、缺少规范、监督乏力，很容易导致官商勾结、利益输送、以权谋私等问题。透视近年来查处的违

① 习近平：《领导干部要树立正确的世界观权力观事业观》，共产党员网，https://news.12371.cn/2015/12/15/ARTI1450151925614625.shtml。

② 沈叶、侯逸宁、朱丹萍：《为什么总有领导干部喜欢搞特权》，《中国纪检监察》2021 年第 17 期。

纪违法案件，这方面的问题非常多。有的领导干部身边总有一帮私人老板如影相随，他们到哪里任职，这些人就跟到哪里，大揽工程，大发横财；有的‘不与组织交心交肺，却跟老板勾肩搭背’，甘心被‘围猎’，与不法商人搞封闭式权钱交易；有的把民营企业当利益输送、洗钱获利的工具，蚕食鲸吞国有资产。更为严重的是，少数领导干部利用权力设租寻租、保租护租，形成政治利益与经济利益交织缠绕的利益链，严重污染党内政治生态。在这过程中，少数企业通过拉关系、走捷径实现超常发展，甚至采取违法手段牟取暴利，极大地伤害了资源分配的公平性，严重干扰市场经济秩序，破坏社会公平正义。变异扭曲的政商关系，危害面广、破坏力大，贻害无穷”。[①]四是没有守住生活关。从近年来中纪委曝光的案件来看，不少年轻干部因为自己的不良嗜好而走上贪腐的不归路。有的年轻干部讲究高消费、用高档奢侈品。其实这些问题，习近平总书记早在2013年就进行过刻画：“在享乐主义方面，主要是精神懈怠、不思进取，追名逐利、贪图享受，讲究排场、玩风盛行。有的意志消沉、信念动摇，奉行及时行乐的人生哲学，‘今朝有酒今朝醉’，‘人生得意须尽欢’。有的追求物质享受，情趣低俗，玩物丧志，沉湎花天酒地，热衷灯红酒绿，纵情声色犬马。”在奢靡之风方面，“有的热衷于个人享受，住房不厌其大其多，车子不厌其豪华，菜肴不厌其精美，穿戴讲究名牌，对超出规定的生活待遇安之若素，还总嫌不够。有的要求超规格接待，住高档酒店，吃山珍海味，喝美酒佳酿，觥筹交错之后还要‘意思意思’。有的兜里揣着价值不菲的会员卡、消费卡，在高档

---

① 何艳：《领导干部要光明磊落同企业交往——深入学习习近平总书记关于构建亲清政商关系重要论述》，《中国纪检监察》2020年第19期。

会馆里乐不思蜀，在高级运动场所流连忘返，在名山秀水间朝歌夜弦，在异国风情中醉生梦死，有的甚至到境外赌博场所挥金如土啊！有的作风不检点，甚至道德败坏、生活放荡，不以为耻、反以为荣”。[①]五是没有守住亲情关。年轻干部有家庭，有的可能还是大家庭，都有父母子女，有的还有兄弟姐妹。人是有感情的动物，年轻干部与家人之间都会有非常密切的天生亲情。如果从公私领域来说，家庭及其内部关系是私人领域。年轻干部掌握的是公权力，为人民群众服务，工作关系是公共领域，要能分清公私关系。习近平总书记指出，“党的十八大以来，我们查处的腐败案件，其中很多都存在通过领导干部配偶和子女等经商办企业，制造寻租空间、进行利益输送、贪赃枉法等问题，搞‘一家两制’。这边当领导干部，那边亲属们在经商办企业，就是没有利益输送，老百姓观感很不好”。这种家族裙带式的腐败主要特征是“以腐败官员为轴心，夫妻联手、父子上阵，兄弟串通，七大姑八大姨共同敛财”。[②]

（二）部分地区党组织年轻干部工作存在的问题

正如习近平总书记指出的好干部的成长，一靠自身努力，二靠组织培养。[③]如果一位年轻干部最终没有成长为一位好干部的话，一方面是自身努力不够，另一方面是组织上存在的问题，没有用心培养。年轻干部成长过程中主要存在以下 3 个方面的问题。

---

① 《十八大以来重要文献选编》上，中央文献出版社 2014 年版，第 312 页。

② 《习近平关于注重家庭家教家风建设论述摘编》，中央文献出版社 2021 年版，第 50—51 页。

③ 《十八大以来重要文献选编》上，中央文献出版社 2014 年版，第 341 页。

一是一些地方、部门和单位对年轻干部工作重视不够、抓落实不够。正如上文所述，中国共产党高度重视年轻干部工作，并作为社会主义建设事业接班人来看待，改革开放以来出台了《党政领导班子后备干部工作暂行规定》等一系列党内法规进行制度化与规范化安排，并且分第二、第三梯队来进行。但是一些地方、部门和单位对于干部队伍建设政治站位不高，缺少战略眼光，思想保守，不能将自己的行动统一到党中央决策部署上来。有的领导干部境界不高，格局不大，认为自己年龄不大，还可以干几年，缺少培养选拔年轻干部的紧迫感；有的夸大年轻干部存在的不足，不能实事求是地全面看待年轻干部的优点和缺点、长处与短处，总觉得年轻干部不成熟、不可靠，感到无人可用。有的地方、部门和单位虽比较重视年轻干部工作，根据上级精神，结合本部门、本单位实际，制定了一些政策，确立了目标，但是缺乏抓铁有痕、踏石留印的劲头和钉钉子精神，没有落实好党中央关于年轻干部工作的各种精神，导致年轻干部工作滞后，一些地区、部门和单位甚至出现了青黄不接的状况。

二是重选拔轻培养和论资排辈、平衡照顾现象比较突出。首先是一些地区、部门和单位重选拔轻培养。它们按照相关文件精神对于符合要求的年轻干部进行了选拔，但是对这些干部的培养与成长没有引起足够重视。这里分两种情况，一种情况是主观的意愿，主要是不愿意或者是不想培养，有的虽然选拔了一些年轻干部进领导班子，但不敢放在关键岗位上锻炼和考验，不放手支持年轻干部开创性的工作。另一种情况是没有掌握年轻干部培养的规律。有的把培养当照顾，“对要培养的‘苗子’百般呵护，为他们设好‘台阶’、铺好‘路子’，恰恰忽略了把他们放到艰苦岗位上去磨炼。现在形成了一种匪夷所思的怪圈，组织把谁放到艰苦岗位上、放到基层去锻炼，本人以及周围的人往往会认为是组织上不信任他了”[①]。其次是排资论辈。干部工作如果只按照年龄与资历，而不是按照工作实绩来评价和衡量，容易出现“劣币逐良币”现象，就是说优秀的、能力强的年轻干部、没有得到重用与提拔，反倒是能力平庸、混日子年龄较大的干部实现晋升，会大大挫伤年轻干部干事创业的积极性，也会影响该地区、单位的事业发展。最后是平衡照顾。如果说排资论辈是考虑不同年龄阶段干部的问题，那么平衡照顾是在选拔任用以及考核干部，对不同岗位采取齐头并进、轮流坐庄等措施。在党的历史上，因为中国革命道路等原因，在干部政策采取了“五湖四海”的原则，并且这种原则沿用至今。“五湖四海”也是 2019 年新修订《党政领导干部选拔任用工作条例》的重要原则。但是“五湖四海”与平衡照顾不同。如上所述，不同的岗位对事业发展的重要性是不同的，在一些关键岗位上得到磨炼、经受住考验并取得实绩的干部，理应优先得到提拔，而不是将关键岗位与非关键岗位干部同样对待，大搞平衡术。

三是企事业单位优秀人才进入党政干部队伍的渠道不够畅通。长期以来，从单位性质来看，我国干部队伍主要有高校、科研院所等事业单位，国有企业等企业单位，以及党政群团组织三类干部构成的。长期以来，三类单位的干部基本是各自为政，有时党政机关干部进入企事业单位的渠道还是比较畅通的，但是企事业单位干部进入党政机关工作的渠道还没有完全畅通。主要表现在有的组织部门思想还不够解放，用人视野不开阔，局限在自己熟悉的地方、部门和人员中选干部；有的选人的出发点不端正，凭个人好恶或只从能否与自己在工作上配合默契考虑，

---

① 《十八大以来重要文献选编》上，中央文献出版社 2014 年版，第 348 页。

不注意按照党的用人标准识别良莠。

四、优秀年轻干部的标准

习近平总书记在2018年全国组织工作会议上提出了优秀年轻干部的标准是“对党忠诚”“有足够本领”以及“当老实人、讲老实话、做老实事、质量优良”。在这里，要正确认识新时代优秀年轻干部标准与新时代好干部标准之间的关系。在2013年全国组织工作会议上习近平总书记曾提出过好干部的标准，即信念坚定、为民服务、勤政务实、敢于担当、清正廉洁。到了2018年又提出了忠诚、干净、担当的标准。那么如何认识二者的关系呢？应该说新时代好干部的标准包含了新时代优秀年轻干部的标准，但是二者侧重点不同，好干部标准是对所有干部提出的共同要求，而优秀年轻干部的标准则是在这种共同要求的基础上提出的个性要求，其中“对党忠诚”，既是共性，也是个性。

（一）对党忠诚

习近平总书记非常强调干部要对党忠诚，并视为中国共产党人的首要政治品质。习近平总书记为什么如此重视干部的对党忠诚？首先，作为中国共产党的一员，对党忠诚是一名中共党员的内在要求。中国共产党党员的入党誓词中就有“永不叛党”这一句。其实拓宽视野来看，任何一个政党的党员对其政党应该都是忠诚的。如果党员对其所在政党都朝三暮四，这个政党不会存在多长时间，当然更不会强大。在所有的成员中，青年党员，特别是年轻的骨干的忠诚具有不一般的意义，这是因为年轻骨干是中国共产党本身与所承担事业的未来。其次，在现实的政治生活中，出现了一些对党不忠诚的干部，有的年龄并不大。习近平总书记指出：“党的十八大以来我们查处了一大批高级干部，有的还是党和国家领导层的干部，哪里像党的高级干部？连做普通党员都不配！关键就是对党忠诚出了问题。”[①]这种不忠诚，往往表现在伪忠诚，即“政治上的两面人，当面一套、背后一套，口头一套、行动一套”，“人前会上信誓旦旦讲‘四个意识’、高调表态，而私下里却妄议中央、不贯彻党中央路线方针政策的人；口口声声坚定‘四个自信’、信仰马克思主义，而背后在大是大非问题上态度暧昧、立场不稳的人；高谈阔论国家前途命运，而背地里却一遇到个人名誉地位就牢骚满腹、怨恨组织的人；领导面前卑躬屈膝、阿谀奉承、溜须拍马，而在下属和群众面前却趾高气扬、盛气凌人、不可一世的人”[②]。这些人忠诚的对象不是党，是自己，自己的家族，自己所攀附的领导，是自己所在的圈子或者山头，而党只是表达自己对所忠诚对象的一种利用工具。同时，习近平认为，要更加精准识别不忠诚现象，不能认为“只要不反党、反社会主义就不是不忠诚，这样的认识是很肤浅的”。“有的干部工作上拈轻怕重、不愿到艰苦地方和岗位工作，能说对党忠诚吗？有的干部报告个人有关事项打埋伏、八小时之外找不到人，能说对党忠诚吗？这样的干部，真到了关键时刻能靠得住吗？”党是抽象的，对党忠诚具体是对党的哪些方面的忠诚？必须体现到对党的信仰的忠诚上，必须体现到对党组织的忠诚上，必须体现到对党的理论和路线方针政策的忠诚上。

---

① 《十九大以来重要文献选编》上，中央文献出版社2019年版，第569页。

② 习近平：《努力造就一支忠诚干净担当的高素质干部队伍》，《求是》2019年第2期。

所以优秀年轻干部必须对党忠诚，坚持走中国特色社会主义道路，坚定不移听党话、跟党走。各级组织部门挑选优秀年轻干部，千条万条，第一条就是看是否对党忠诚；组织部门培养优秀年轻干部，千条万条，第一条就是教育他们对党忠诚，坚决防止政治上的“两面人”。“这一点，从一开始就要把握好，确保选的苗子政治上过硬。”[①]

（二）有足够本领

优秀的年轻干部要有足够的本领来接班，为什么要强调优秀的年轻干部需要足够的本领？如果说，对党忠诚侧重的是干部的德，主要是干部政德中的大德，那么本领则是才，即才能。干部的才能主要指的是哪些方面的才能？习近平总书记在2020年秋季学期中央党校（国家行政学院）中青年干部培训班开班式上强调，面对复杂形势和艰巨任务，我们要在危机中育先机、于变局中开新局，特别是年轻干部要提高政治能力、调查研究能力、科学决策能力、改革攻坚能力、应急处突能力、群众工作能力、抓落实能力7种能力。政治能力主要是把握方向、把握大势、把握全局的能力和辨别政治是非、保持政治定力、驾驭政治局面、防范政治风险的能力；在大是大非面前态度鲜明、立场坚定，始终在政治立场、政治方向、政治原则、政治道路上同以习近平同志为核心的党中央保持高度一致，要强化忧患意识、风险意识，增强政治敏锐性和政治鉴别力，对容易诱发政治问题特别是重大突发事件的敏感因素、苗头性倾向性问题，做到眼睛亮、见事早、行动快，及时消除各种政治隐患。调查研究能力主要是在实际工作中，年轻干部能够深入群众、深入

---

① 《十九大以来重要文献选编》上，中央文献出版社2019年版，第569页。

实践，采取各种召开座谈会等调查方式，对相关问题作系统掌握的一种能力。科学决策能力主要是年轻干部要有遵循决策规律的信息搜集、加工，最后作出判断、制定政策的能力。改革攻坚能力主要是年轻干部拥有改革精神，遵循改革规律，掌握改革方法的能力。应急处突能力主要是有风险研判能力、危机预防能力、危机决策能力、现场指挥能力、风险沟通能力以及安全发展能力6种能力。群众工作能力主要是融入群众、帮助群众、服务群众以及组织群众4种能力。抓落实能力就是将上级的方针、政策等能够完完全全落实到本地区、本单位和本部门的工作中。但是当前一些年轻“干部能力不足”“本领恐慌”问题是比较突出的。比如，在纷繁复杂的形势变化面前，耳不聪、目不明，看不清发展趋势，察不出蕴藏其中的机遇和挑战；贯彻新发展理念、推进供给侧结构性改革，找不到有效管用的好思路好办法；面对信息化不断发展，不懂网络规律、走不好网上群众路线、管不好网络阵地，被网络舆论牵着鼻子走，等等。[①]所以习近平总书记强调年轻干部“要加强学习、积累经验、增长才干，自觉向实践学习、拜人民为师。要沉下心来干工作，心无旁骛钻业务，干一行、爱一行、精一行。要信念如磐、意志如铁、勇往直前，遇到挫折撑得住，关键时刻顶得住，扛得了重活，打得了硬仗，经得住磨难，勤勤恳恳、任劳任怨，不图名、不图利，专心致志做好工作。如果这山望着那山高，觉得单位‘庙小’了，岗位‘屈才’了，三心二意、心猿意马，是不能把工作干好的。如果只能顺风顺水，不能逆水行舟，遇到困难就打退堂鼓，受到挫折就意志消沉，抗压能力弱，一遇事就崩

---

① 习近平：《努力造就一支忠诚干净担当的高素质干部队伍》，《求是》2019年第2期。

溃，也是不能把工作干好的。如果只是把党交付的工作当作一个职业、一个饭碗，斤斤计较个人得失，而不是作为一种责任，更是不能把工作干好的。”①

（三）当老实人、讲老实话、做老实事

年轻干部要在思想上正确认识当老实人的重要性和意义，要清理思想上的错误认识，力戒形式主义、官僚主义，树立正确的政绩观，同时要在学习上做老实人，要端正学习态度，踏踏实实地学、深入持久地学，书本上的知识才能进入大脑。实践是实实在在的行动，只有在实践中老老实实学习，甘当“小学生”，努力向群众学习。也要做工作上的老实人。在工作中要做到“大公无私”，正所谓“无私才能无畏”，只有一心为公、严格自律的人，才能把人民群众的利益放在首位，不动利欲之心、不取不义之财、不交不正之友、不做不公之事，始终保持一身正气。“老实人”还要做到履职尽责、爱岗敬业，对待工作勤勤恳恳，对待名利不计得失，少说空话、多做实事，为人民利益不懈努力和奋斗。此外，还要在作风上做老实人。干部的作风是干部在日常生活中的集中反映，不仅是代表干部个人的形象，更是代表了党的形象。所以年轻干部在作风上当老实人十分重要，要有敬业与求真务实的工作作风、勤俭的生活作风等。习近平总书记告诫年轻干部：“如果急功近利、患得患失、投机取巧、见风使舵，处事圆滑，见人说人话、见鬼说鬼话，或者搞自我包装、花里胡哨、花拳绣腿，长期看不利于干部健康成长，也不利于党的事业长久发展。各级党组织也要“教育引导年轻干部牢记‘堤溃蚁孔，气泄

① 《十九大以来重要文献选编》上，中央文献出版社 2019 年版，第 570 页。

针芒’的古训，慎独慎初慎微慎欲，经受住权力、金钱、美色等考验。人都有七情六欲，最难战胜的是自己。”总之，“优秀年轻干部要想当老实人，就必须要强化自我修炼，正心明道，防微杜渐，做到有原则、有底线、有规矩”①。

五、加强年轻干部工作的有效路径

党的十八大以来习近平对年轻干部工作的重要论述为新时代加强年轻干部工作提供了根本遵循，概括地说有两个方面，一方面是从宏观方面加强年轻干部队伍的整体建设，这个主要是各级各地区组织部门所要承担的任务。另一方面是从微观方面促进年轻干部的个体成长，这个方面主要是在党委组织部门培养下年轻干部个人要增强本领与担当。

（一）宏观路径

1. 确保优秀年轻干部既要数量充足，又要质量优良

优秀年轻干部培养的数量必须充足，否则，有的地区有的岗位会出现断层问题。习近平总书记指出：“各地区各部门要着眼近期需求和长远战略需要，培养选拔一定数量规模的优秀年轻干部。”在数量充足的基础上，习近平总书记提出，要注意年轻干部内部的结构，不能只注重男性干部、党内干部和汉族干部，“女干部、少数民族干部、党外干部都要有一定数量”②。他在党的二十大报告中强调：“重视女干部培养选拔工作，

---

① 《十九大以来重要文献选编》上，中央文献出版社 2019 年版，第 571 页。

② 《十九大以来重要文献选编》上，中央文献出版社 2019 年版，第 571 页。

发挥女干部重要作用。重视培养和用好少数民族干部。”[①]各地区、各单位的组织部门要处理好“重点”与“全面”的关系，既要关注重点岗位，也要拓宽培养选拔干部的视野，要重视不同岗位中表现突出的优秀年轻干部。习近平总书记指出：“三百六十行，行行出状元。培养选拔优秀年轻干部要放眼各条战线、各个领域、各个行业，广开进贤之路、广纳天下英才。”培养选拔年轻干部在重视数量基础上，更要强调整个年轻干部队伍的质量。习近平总书记指出：“培养选拔优秀年轻干部，要在质的提升上下大功夫。”那么高质量的年轻干部队伍是什么样的？习近平总书记指出：“随着中国特色社会主义事业不断向前推进，专业化、专门化、精细化要求越来越高，要注意培养有专业背景的复合型领导干部。”[②]那么什么样的干部又可以称为具有专业背景的复合型领导干部？具有专业背景的复合型领导干部一般都是具有一个或者多个专业背景（如经济金融、法律等）的复合型人才。那么什么又是复合型人才？“复合型人才，通常是指具有复合型知识、复合型能力、复合型思维的综合性多功能人才，其特点是能够融合多方面素质于一身。”[③]那么如何培养复合型领导干部呢？习近平总书记认为，要“培养复合型领导干部，跨领域交流是行之有效的途径”。也就是说，不能只考虑从党政系统或者群团系统等传统范围来培养复合型领导干部。如果还是按照过去的做法，很难做到专业性，更难做到复合型，所以要从其他系统跨领域交流到党政管理部

① 习近平：《高举中国特色社会主义伟大旗帜　为全面建设社会主义现代化国家而团结奋斗》，人民出版社2022年版，第67页。

② 《十九大以来重要文献选编》上，中央文献出版社2019年版，第571页。

③ 张星星：《培养复合型干部要立足实践》，《人民日报》2018年3月23日。

门。当然不是什么领域的人才都可以进入党政管理部门，习近平总书记提到了三种单位，即国有企业、教育以及科研单位。他说：“有的干部要从国企、教育、科研等单位选进党政班子”，并提出了跨领域交流的时间节点，“可以早一点过来，晚了会影响培养效果”。同时，习近平总书记指出：“要注重培养具有国际视野、战略思维的干部。”进入新时代，我国逐渐走近国际舞台中央，在与世界深度交融中不断发展壮大，国际影响力显著提升。所以一定要培养具有国际视野与战略思维的干部。此外，习近平总书记还强调：“在选干部、配班子时不能只看年轻干部‘有没有’、‘有多少’，更要看‘好不好’、‘优不优’，这一点在工作中要把握好。”①

2. 重视探索培养年轻干部的规律

培养年轻干部是一个系统工程，需要遵循一定的规律。干部是党和国家事业兴衰成败的关键，对年轻干部的培养要有足够的时间，这是由干部成长的规律决定的。干部的成长需要经过长时间的磨炼，特别是现在大部分干部经历重大斗争考验的机会不多，所以时间是一个重要的因素。习近平总书记指出：干部成长规律决定了干部培养要有足够时间，不仅着眼未来 5 年、10 年，更要着眼未来 15 年、20 年乃至更长时间。同时在培养年轻干部过程中，要循序渐进，除非出现大范围的重大危机或者年轻干部在工作岗位上有非常突出的表现，组织部门可以跃进式培养干部，如破格提拔干部。在一般情况下，“我们党坚持一层一层考验、递进式培养干部，这是我们的制度优势”。这与国外不同，国外的官员分为政务官与事务官。政务官随着政党执政地位的变化而变化，资

① 《十九大以来重要文献选编》上，中央文献出版社 2019 年版，第 571 页。

本主义制度下的资产阶级政党没有系统的比较完备的培养年轻干部的机制，他们往往根据总统或者政党在议会选举中获得胜利的贡献来分配官职，极少有计划性培养，随机性较强。同时习近平总书记还把年轻干部成长比喻成植物生长，他强调："年轻干部培养，不能搞大水漫灌，更不能任其自然生长，要精耕细作，加强田间管理，及时施肥浇水、修枝剪叶、驱虫防病。"这就是说，年轻干部培养既不能用力过猛，也不能不管不问、放任自流；既要从严管理，也要关心爱护，特别是遇到一些不好倾向的苗头性与倾向性问题，要及时提醒，做好预警工作。在所有的培养工作中，习近平总书记特别重视"要突出政治训练，重点是学习党的理论特别是新时代中国特色社会主义思想，学习党的革命历史和优良传统。"[①] 2018 年中共中央印发的《2018—2022 年全国干部教育培训规划》指出，"突出政治训练、政治历练，把提高政治觉悟、政治能力贯穿全过程，坚持政治统领、服务大局"，并提出要"全面深入开展习近平新时代中国特色社会主义思想教育培训"，"把习近平新时代中国特色社会主义思想作为党委（党组）理论学习中心组学习主要内容，作为各级党校（行政学院）、干部学院、社会主义学院主课，作为干部学习的中心内容，不分心、不走神、不偏离，长期坚持、持续发力，精耕细作、不断深化，结合'不忘初心、牢记使命'主题教育，推动学习教育往深里走、往实里走、往心里走"。习近平总书记还提出，对年轻干部的政治训练要有持之以恒的精神与勇气。他指出："这个事情不要怕花时间、花精力。政治训练不可能毕其功于一役，不是搞几次培训就万事大吉了，而要持续用力、久久为功。"

---

① 《十九大以来重要文献选编》上，中央文献出版社 2019 年版，第 571 页。

3. 有培养前途的年轻干部要放到基层去锻炼

为什么要将有培养前途的年轻干部放到基层锻炼？首先，基层是矛盾多发的地方，当下中国社会的很大一部分矛盾都发生在基层。这些矛盾不是什么大的矛盾，也不是多么尖锐的矛盾，大多是家庭、邻里矛盾，当然有的地方也不乏拆迁、医患矛盾。能否妥善处理这些矛盾是对年轻干部的考验。其次，基层是与群众打交道的第一线。年轻干部的群众工作能力的提升，厚植于人民群众的情感，也必须在基层工作中才能形成。但是如上文所述，一些年轻干部来基层锻炼是来“镀金”的，没有受到考验，也没有得到锤炼。这种“镀金”式锻炼对于年轻干部的成长意义并不大。习近平总书记指出，“下去要真下去，而不是去‘镀金’”，“有些干部，看简历有基层工作经历，但并没有经过实实在在的磨炼。有的‘名在人不在’，有的‘身在心不在’，有的‘时在时不在’，这是‘混基层经历的’”，并提出年轻干部在基层锻炼，要以史为鉴，他指出：“战国赵括纸上谈兵、两晋学士虚谈废务的历史教训值得记取。”基层实践对年轻干部来说，是最好的磨炼。这是因为现在的年轻干部普遍学历高，书本知识丰富，讲道理一套一套的，但是实践经验相对匮乏，特别是在处理基层一些问题时，有时显得无所适从。因此，年轻干部一定要“要强化实践磨炼，把火热的实践作为最好的课堂，让干部经风雨、见世面、壮筋骨、长才干。”习近平总书记指出要给有培养前途的年轻干部多压重担。只有能经受住一些重大挑战、重大斗争的考验，才能增长才干，才能在关键时刻、关键岗位挑担子。他指出：“对有潜力的优秀年轻干部，还要让他们经受吃劲岗位、重要岗位的磨炼，把重担压到他们身上，在难事急事乃至‘热锅上蚂蚁’一样的经历中经受摔打。”他还指出了锻炼的时间长度，时间不能太短，“吃劲岗位、重要岗位磨炼，要有完整周期”，“速生树材质疏松，是做不了扁担的，做了就会把担子挑翻。”他指出，放在基层锻炼的干部也不是每一个都很优秀、有培养前途，基层也像火炉一样，能够辨别谁是“真金”，所以也会出现有些年轻干部经过基层锻炼，发现不值得组织大力去培养。所以，习近平总书记强调：“培养干部放下去了，不是挂职、兼职，就是到当地任职，行就行，不行就不行，赛场选马，优胜劣汰。”[①]此外，他还提出去各级组织部门的要求，要求“对优秀年轻干部，组织上要注意跟踪”。

4. 要不拘一格大胆使用年轻干部

对于有培养潜力的并经受住重大考验的年轻干部要不拘一格大胆使用，因为这些年轻干部是经过实践检验合格乃至优秀的干部。他们在岗位的表现并不亚于一些年长他们许多的干部，这样的年轻干部，组织部门理应放心大胆地使用。但是一些地方在长期的干部使用过程中思想始终不够解放，不敢使用比较成熟的年轻干部。要么是论资排辈，按照长幼次序来使用；要么就是搞平衡照顾；要么就是求全责备，把年轻干部身上的缺点无限放大。总之就是不敢使用年轻干部。对此，习近平总书记强调，“不拘一格不等于破格提拔，而是要破除论资排辈、平衡照顾、求全责备等观念，打破隐性台阶。”关于干部与成长台阶的关系一直有不同认识。所谓“台阶”就是指干部人才选拔使用过程中应当经过的一个个级别。一般来说，干部只有经过一级一级的台阶，才有利于组织更真切、更具体地了解。但是这并不能排除一些年轻干部特别优秀，在基层锻炼中表现又特别突出。对于这些干部更要大胆使用，不排除可以破格提拔使用的可能性。所以，习近平总书记指出：“必要的台阶资历是积累

① 《十九大以来重要文献选编》上，中央文献出版社 2019 年版，第 572 页。

领导经验所需要的，但讲台阶不能抠台阶，论资历不能唯资历。‘高才者处以重任，不问出入’”。当然大胆使用也不是越快越好，“要辩证把握年轻干部使用快慢关系，不要做欲速则不达的事。”同时，习近平总书记告诫：“选拔干部不是越年轻越好，要防止拔苗助长，不能单纯为弥补经历而频繁调整其工作岗位。”①

5. 坚持系统思维和全局观念培养选拔年轻干部

系统思维指的是人们运用系统观点，把对象的互相联系的各个方面及其结构和功能进行系统认识的一种思维方法。整体性原则是系统思维方式的核心。这一原则要求人们无论干什么事都要立足整体，从整体与部分、整体与环境的相互作用过程来认识和把握整体。党的十八大以来习近平总书记在多个场合强调系统思维。比如 2013 年在提到全面深化改革的时候，他指出：“全面深化改革是一项复杂的系统工程，需要加强顶层设计和整体谋划，加强各项改革关联性、系统性、可行性研究”②。坚持系统思维，要把年轻干部放在整个干部队伍来考察。把优秀年轻干部放在整个年轻干部队伍中来认识，组织部门特别要运用变化发展的眼光来看待优秀年轻干部，可能有的原本很优秀，但是后来懈怠了，退步了，变得不够优秀；有的原本不那么优秀，但始终保持干事创业的劲头，逐渐变得优秀了。因此各地组织部门要注意“优秀年轻干部不能搞成特殊群体，不能像‘储君’一样供在那里坐等提拔。要动态更新，把相形见绌的调整出去，同时注意补充新的优秀人选，始终保持

① 《十九大以来重要文献选编》上，中央文献出版社 2019 年版，第 572 页。

② 《习近平关于全面深化改革论述摘编》，中央文献出版社 2014 年版，第 48 页。

一池活水”[①]。

同时选拔培养年轻干部要坚持全局观念，“要在干部工作全局中推进年轻干部工作，不能只盯着少数年轻干部使用，一提拔他们永远都赶上点，别人永远赶不上点。年轻干部选拔任用要严格标准、严格把关。前几年湖南等一些地方‘火箭提拔’年轻干部，在社会上产生了不良影响，要引以为戒。”[②]前些年，一些地方组织部门在培养提拔干部时，往往把年龄作为一个非常重要的标准。因此部分地区出现了干部晋升“天花板”现象。这种现象在不同行政级别40岁以上的各个年龄阶段干部中都存在，但不是所有行政级别所有年龄阶段都一样。2009年人民论坛曾经做了一个调查，结果显示64%的受访者认为县处级“天花板”干部最多，70%的受访者认为“天花板”干部年龄为“45—55岁”，那么“天花板”干部有什么危害？35%的受访者选择“一些干部觉得升迁无望，开始混日子，得过且过，带坏官场风气”。[③]党的十八大以来，中央也注意到了干部成长的“天花板”现象。2013年6月在全国组织工作会议上，习近平总书记指出：“四十多岁为什么就不能当乡镇主要领导干部了？五十多岁为什么就不能当县市区主要领导干部了？为什么不能让他们感到有干头、有奔头？没有道理嘛！”“德才表现好的、群众口碑好的还是应该用，不能简单以年龄划线。”[④]2014年年底，中共中央办公厅印

---

① 《十九大以来重要文献选编》上，中央文献出版社2019年版，第572页。

② 《十九大以来重要文献选编》上，中央文献出版社2019年版，第572—573页。

③ 杜凤娇：《仕途“天花板”：突不破的“围城”？——干部成长“天花板”调查》，《人民论坛》2009年第23期。

④ 《十八大以来重要文献选编》上，中央文献出版社2014年版，第347页。

发了《2014—2018 年全国党政领导班子建设规划纲要》，要求不再简单以年龄划线，不搞领导班子成员任职年龄层层递减和“一刀切”，不简单对每个领导班子搞硬性配备，不把换届提名年龄作为干部调整年龄界限。2018 年 7 月，习近平总书记指出“要发挥好各年龄段干部积极性，让整个干部队伍都有干劲、有奔头、有希望”①。

（二）微观路径

加强年轻干部工作不仅需要从党组织视角加强整体队伍建设，也需要从年轻干部自身视角全面提高各方面的素质和能力。

1. 坚定理想信念

当前，一些年轻干部理想信念不够坚定，但理想信念是党员党性修养的“总开关”，所以坚定理想信念成为年轻干部的首要必修课，也是终身课题。习近平总书记指出：“年轻干部要牢记，坚定理想信念是终身课题，需要常修常炼，要信一辈子、守一辈子。”②那么中国共产党的理想信念具体是什么？党的十八大以来，以习近平同志为核心的党中央为什么如此重视理想信念？ 2021 年习近平总书记给出了答案：中国共产党的“理想信念，就是马克思主义信仰、共产主义远大理想、中国特色社会主义共同理想”③。对于理想信念之于中国共产党的重要性，习近平总书记是这样说的，“理想信念是中国共产党人的精神支柱和政治灵魂，也

---

① 《十九大以来重要文献选编》上，中央文献出版社 2019 年版，第 573 页。

② 习近平：《努力成为可堪大用能担重任的栋梁之才》，《求是》2022 年第 3 期。

③ 《十九大以来重要文献选编》上，中央文献出版社 2019 年版，第 573 页。

是保持党的团结统一的思想基础”[1]。那么如何理解这样的论断？精神支柱主要从主观层面而非客观层面，从精神层面而非物质层面来实现个人价值追求。人是自然的存在，也是有意识精神地存在。而后者是人与动物最主要的区别。既然是精神的存在，人就会有精神活动、精神世界与精神追求。“理想信念”是一个复合词汇，是由理想和信念组成的，二者都属于精神范畴。理想是指是人们在实践过程中形成的、有实现可能性的、对未来社会和自身发展的向往和追求，是人们的世界观、人生观和价值观在奋斗目标上的集中体现。从这一意义上说，理想是人的行动的动力，指引着人的行动。一个人树立什么样的理想往往会决定采取什么行动。信念是认为是事实或者必将成为事实，对事物的判断、观点或看法，人的认识、情感、意志的统一体或“合金”，具有稳定性、执着性、多样性等特征。这是概念上抽象的分析。具体到理想信念的内容，不同的阶级、政党和人群有不同的理想信念。中国传统士大夫会把“修身齐家治国平天下”作为自己的理想信念，西方资本主义社会中的资产阶级会把“钱是万能的”作为自己的理想信念。那么影响政党的理想信念的因素是什么？笔者认为至少有三大因素，第一个是政党信奉的意识形态；第二个是政党的性质；第三个是政党的宗旨。因此，从上述三大因素来说，中国共产党以马克思主义作为自己的指导思想和行动指南，当然要坚定对马克思主义的信仰。作为“两个先锋队”和以“全心全意为人民服务”为宗旨的政党，中国共产党势必要树立共产主义远大理想和中国特色社会主义共同理想。这不仅仅因为党的最高理想和最终目标是实现共产主义，现阶段为共产主义社会的第一阶段——社会主

---

① 《十九大以来重要文献选编》上，中央文献出版社2019年版，第573页。

义初级阶段，现阶段的奋斗目标是建设中国特色社会主义国家，更主要的是共产主义社会中会实现生产力高度发达、三大差别消失以及人自由全面的发展以及第二个百年奋斗目标中“物质文明、政治文明、精神文明、社会文明、生态文明将全面提升，实现国家治理体系和治理能力现代化，成为综合国力和国际影响力领先的国家，全体人民共同富裕基本实现，我国人民将享有更加幸福安康的生活，中华民族将以更加昂扬的姿态屹立于世界民族之林”①。也就是说无论是共产主义的最高理想还是中国特色社会主义的共同理想，中国共产党将它们视为理想信念，主要不是因为理想本身，而是因为理想所蕴含的对未来生活的美好设想。

既然理想信念对于中国共产党如此重要，那么在新时代如何坚定年轻干部的理想信念？

首先，要加强理论学习。这里涉及坚定理想信念为什么要学习理论、学什么理论以及如何学的问题。关于为什么要学习理论的问题。正如上文提到的，当下一些干部理想信念不坚定是因为学习理论不够，那么学习理论与坚定理想信念有何内在的逻辑关系？这就涉及年轻干部学的是什么理论的问题了。很显然，中国共产党学的不是其他什么，而是马克思主义理论。那么为什么学习马克思主义理论是坚定理想信念内在必然要求？关于这一点，习近平总书记指出：“中国共产党人的理想信念建立在对马克思主义的深刻理解之上，建立在对历史规律的深刻把握之上。”②学习是理解的最基本的基础。所以“首先要认真学习马克思主义理论，这是我们做好一切工作的看家本领，也是领导干部必须普遍掌握

① 《十九大以来重要文献选编》上，中央文献出版社2019年版，第20—21页。

② 习近平：《论党的宣传思想工作》，中央文献出版社2020年版，第360页。

的工作制胜的看家本领”。“只有学懂了马克思列宁主义、毛泽东思想、邓小平理论、‘三个代表’重要思想、科学发展观，特别是领会了贯穿其中的马克思主义立场、观点、方法，才能心明眼亮，才能深刻认识和准确把握共产党执政规律、社会主义建设规律、人类社会发展规律，才能始终坚定理想信念，才能在纷繁复杂的形势下坚持科学指导思想和正确前进方向，才能带领人民走对路，才能把中国特色社会主义不断推向前进。”[①]学习马克思主义理论不仅要学习马克思主义原典，也要学习马克思主义中国化最新理论成果——习近平新时代中国特色社会主义思想。“学习习近平新时代中国特色社会主义思想，要深刻认识和领会其时代意义、理论意义、实践意义、世界意义，深刻理解其核心要义、精神实质、丰富内涵、实践要求。要紧密结合新时代新实践，紧密结合思想和工作实际，有针对性地重点学习，多思多想、学深悟透，知其然又知其所以然。”至于如何学习马克思主义理论，习近平总书记指出：“干部要舍得花精力，全面系统学，及时跟进学，深入思考学，联系实际学”，“最有效的办法是读原著、学原文、悟原理，强读强记，常学常新，往深里走、往实里走、往心里走，把自己摆进去、把职责摆进去、把工作摆进去，做到学、思、用贯通，知、信、行统一”[②]。

其次，积极践行党的理想信念。正如上文所述，理想信念是主观的，如果不转为某种客观实在，就很难去判断一个人的理想信念是否坚定。

① 习近平：《坚持用马克思主义及其中国化创新理论武装全党》，《求是》2021年第21期。

② 习近平：《坚持用马克思主义及其中国化创新理论武装全党》，《求是》2021年第21期。

那么如何判断年轻干部的理想信念是否坚定呢？答案是实践，当然这不是抽象的、一般的实践，而是关键时刻的实践。我们说经受住革命重要关头考验过的党员一定是理想信念坚定的同志。所以，习近平总书记指出："革命战争年代，检验一个干部理想信念坚定不坚定，就看他能不能为党和人民事业舍生忘死，能不能冲锋号一响立即冲上去，这样的检验很直接。和平建设时期，生死考验有，但毕竟不多，检验一个干部理想信念是否坚定确实比较难，X光、CT、核磁共振成像也没有办法。""当然，也不是不能检验。那就主要看干部是否能在重大政治考验面前有政治定力，是否能树立牢固的宗旨意识，是否能对工作极端负责，是否能做到吃苦在前、享受在后，是否能在急难险重任务面前勇挑重担，是否能经得起权力、金钱、美色的诱惑。这样的检验需要一个过程，不是一下子、经历一两件事、听几句口号就能解决的，要看长期表现，甚至看一辈子。"①

最后，加强党性修养。如果说前两点主要是从作为主体的年轻干部的知与行来阐述，那么第三点则是建立在知与行基础上提升年轻干部主体本身的党性修养。也就是说年轻干部在认识外部世界和改造世界的同时也改造自己的主观世界。只有主观世界改造了，他们的理想信念才会更坚定。那么如何衡量年轻干部的党性高低呢？习近平总书记指出："衡量党性强弱的根本尺子是公、私二字"，"作为党的干部，就是要全心全意为人民服务，就是要诚心诚意为党和人民事业奋斗，就是要讲大公无

① 《十八大以来重要文献选编》上，中央文献出版社2014年版，第340页。

私、公私分明、先公后私、公而忘私。”[①]那么如何加强自己的党性修养？最重要的途径是开展严肃的党内政治生活。2016 年党的十八届六中全会通过的《关于新形势下党内政治生活的若干准则》既对中国共产党长期在革命、建设和改革实践中形成的党内政治生活规范进行全面概括，又与时俱进地提出许多新的党内政治生活规范[②]。这两个方面的党内政治生活规范是年轻干部加强党性修养的基本遵循。

2. 提高调查研究能力

首先是要认识到调查研究对于中国共产党的重要性。这种重要性可以从历史与理论两个维度来理解。一个是历史维度，中国共产党很早在思想上就非常重视调查研究，在行动上积极进行调查研究，并积累了大量调查研究的经验。有学者认为中国共产党创立初期，如李大钊、李达等就十分重视调查研究[③]。虽然笔者对此不是十分赞同，但不可否认，毛泽东等早期领导人的调查研究意识十分强烈。毛泽东早在亲自参加农村调查研究时就撰写了《中国社会各阶级的分析》《湖南农民考察报告》，有力地回击了当前党内存在的右的错误倾向。在土地革命战争期间，毛泽东不仅在井冈山和中央苏区的宁冈、寻乌、兴国、上杭等进行了 8 次较大的调查研究，而且还对调查研究进行了系统的理论阐述。1930 年他撰写了《反对本本主义》，提出著名的“没有调查，就

① 《习近平关于全面从严治党论述摘编》，中央文献出版社 2016 年版，第 155 页。

② 《十八大以来重要文献选编》下，中央文献出版社 2018 年版，第 418—439 页。

③ 范伟达：《中国共产党百年调查研究历程探究》，《中国社会科学报》2021 年 7 月 14 日。

没有发言权”的论断[①]，阐明了调查研究的重要性。那是否只要调查研究就有发言权了呢？万一开展了错误的调查研究呢？所以毛泽东后来就提出了“不做正确的调查同样没有发言权”[②]。具体到中国革命的实际，他指出“中国革命斗争要靠中国同志了解中国情况”[③]。新中国成立后，毛泽东再次强调，“中国革命斗争的胜利要靠中国同志了解中国情形，不能依靠外国同志了解中国情形，或者是依靠外国同志帮助我们打胜仗”[④]。后来的邓小平、江泽民和胡锦涛等中国共产党领导人也同样重视调查研究。习近平总书记同样高度重视调查研究，并指出：“我说过，当县委书记一定要跑遍所有的村，当市委书记一定要跑遍所有的乡镇，当省委书记一定要跑遍所有的县市区。我在正定时经常骑着自行车下乡，从滹沱河北岸到滹沱河以南的公社去，每次骑到滹沱河沙滩就得扛着自行车走。虽然辛苦一点，但确实摸清了情况，同基层干部和老百姓拉近了距离、增进了感情。情况搞清楚了，就要坚持从实际出发谋划事业和工作，使想出来的点子、举措、方案符合实际情况，不好高骛远，不脱离实际。重要决策方案，特别是涉及群众切身利益的重要政策措施，要广泛听取群众意见，不能嫌麻烦、图省事。”[⑤]他自己不但这么说，也是这么做的，他在福建宁德工作期间，全市只有一个乡没有去过。他不仅积极调查研究，还把调查研究重点放在困难

① 《毛泽东选集》第1卷，人民出版社1991年版，第109页。

② 《毛泽东文集》第1卷，人民出版社1993年版，第267—268页。

③ 《毛泽东选集》第1卷，人民出版社1991年版，第115页。

④ 《毛泽东选集》第8卷，人民出版社1999年版，第259页。

⑤ 《十八大以来重要文献选编》中，中央文献出版社2016年版，第323页。

地区。在浙江工作期间，他提出的“八八战略”就是在深入调查研究基础上提出来的。他指出：“调查研究是我们党的传家宝，是做好各项工作的基本功”，“调查研究是谋事之基、成事之道。没有调查，就没有发言权，更没有决策权”。同时要注重调查研究的质量，千万“不能走马观花、蜻蜓点水，一得自矜、以偏概全”。[①]也要注重实效，他指出：“调查研究要注重实效，使调研的过程成为加深对党的创新理论领悟的过程，成为保持同人民群众血肉联系的过程，成为推动事业发展的过程。”[②]

一个是从理论维度来认识调查研究的重要性。马克思早就在《关于费尔巴哈的提纲》中就说过：“哲学家们只是用不同的方式解释世界，而问题在于改变世界”。[③]无论是解释世界还是改变世界，都涉及马克思主义哲学最重要的两方面的学说——认识论和实践论。认识论主要包括谁来认识世界？认识什么世界？如何认识世界？具体到中国，中国共产党和人民是认识世界的主体。但是当前国内外形势复杂多变，作为“两个先锋队”的中国共产党更能够准备认识这个复杂的世界。那么认识什么世界？这种世界不是日常生活中的“世界”意思，而是哲学话语中的“世界”。从人与自己、人与人以及人与自己三个层面来说，世界可以是自然世界、社会世界和精神世界，具体到中国共产党是如何探索提高生

---

① 习近平：《筑牢理想信念根基树立践行正确政绩观　在新时代新征程上留下无悔的奋斗足迹》，共产党员网，https://www.12371.cn/2022/03/01/ARTI1646127126873978.shtml。

② 《十九大以来重要文献选编》中，中央文献出版社2021年版，第114页。

③ 《马克思恩格斯选集》第1卷，人民出版社2012年版，第140页。

产力发展规律、如何探索生产关系变革规律以及如何加强自身建设的规律，实际上就是习近平新时代中国特色社会主义思想的三大时代主题。关键是时代在变，外在环境也在飞速发展，所以要想全面认识世界并不那么容易。那么应该如何获得这种对世界的认识？按照马克思主义认识论，认识来自实践。这个实践首要的是对实际进行调查研究。所以调查研究是中国共产党认识世界的最重要的途径。只有在正确认识世界基础上，中国共产党才能领导全国各族人民进行中国特色社会主义事业的伟大创造，即改造世界。

其次，要提高调查研究能力。习近平总书记指出："调查研究是做好工作的基本功。一定要学会调查研究，在调查研究中提高工作本领。"①调查研究分为调查与研究两个环节。作为年轻干部来说，工作的领域主要不是自然界（如科学家），也不是精神世界（如哲学家），而是社会世界，所以这里的调查主要是社会调查。社会调查是指人们为达到一定目的，有意识地通过对社会现象的考察、了解和分析、研究，来了解社会、人民真实情况的一种自觉认识活动。也就是说年轻干部的调查研究是一个有目的的行为，所以这样的社会调查包括调查的目标，是一个还是多个？如果是多个，它们之间的关系是什么。谁来调查？即调查主体，是自己一个人还是几个人同时一起，如毛泽东在寻乌调查那样②，抑或是分几批人调查？向谁调查？即调查的对象，如到农村调查，是村干部还是普通农民，是种粮大户还是刚刚脱贫的农民，是老人、妇女还是成年男子等。调

---

① 习近平：《年轻干部要提高解决实际问题能力　想干事能干事干成事》，共产党员网，https://www.12371.cn/2020/10/10/ARTI1602332411273782.shtml。

② 《毛泽东文集》第1卷，人民出版社1993年版，第118—119页。

查什么？即调查的内容与主体，比如乡村振兴的痛点还是农民富裕的难点等。如何调查？即调查的方法，从事理论工作者的学者一般用得比较多的是问卷调查法。这样的调查法省时省力，比较客观，但往往停留在一些问题的表面难以接触深层次问题。所以从事实际工作的年轻干部应该根据实际情况灵活采取实地考察法、访谈调查法、会议调查法以及典型调查法。调查者通过实地观察获得直接的、生动的感性认识和真实可靠的第一手资料。但因该法所观察到的往往是事物的表面现象或外部联系，带有一定的偶然性，所以需要访谈调查法来补充。访谈调查法是比实地考察法更深一层次的调查方法，它能获得更多、更有价值的信息，研究问题比较深入。访谈调查法具体还分为个别访谈法、集体访谈法、电话访谈法等。年轻干部应该多采取个别访谈法、集体访谈法。但访谈调查法难以大规模开展，需要会议调查法做补充。会议调查法是访谈调查法的扩展和延伸，主要是通过邀请若干调查对象，以座谈会形式来搜集资料、分析和研究社会问题。该调查法工作效率高，可以较快地了解到比较详细、可靠的社会信息，节省人力和时间。中国共产党采取最多的是典型调查法，也就是毛泽东所说的“解剖麻雀”。该方法是特定范围内选出具有代表性的特定对象进行调查研究，借以认识同类事物的发展变化规律及本质的一种方法。关键是选择的对象是否具有代表性，是不是典型的。这只是客观化的对调查研究的调查部分的分析。但实际上年轻干部调查能否取得实效的一个关键问题是调查对象对年轻干部是否信任。如果信任，调查对象往往会说实话；如果不太信任，那可能在一些问题上说实话，在其他问题特别是尖锐的问题上一般不太愿意或者不敢说实话；如果一点也不信任，那么调查对象根本就不会说实话。与学者对调查对象不同，年轻干部与调查对象（主要是基层干部和群众）的地位是不平等的，年轻干部要取得他们的信任特别是群众的信任并不是一件容易的事情。这需要两个条件。一是密切党群关系。需要年轻干部经常走群众路线，要坚持到群众中去、到实践中去，倾听基层干部群众所想所急所盼，了解和掌握真实情况。二是在调查过程中要有正确的态度。就像毛泽东所说的，“没有满腔的热忱，没有眼睛向下的决心，没有求知的渴望，没有放下臭架子、甘当小学生的精神，是一定不能做，也一定做不好的。必须明白：群众是真正的英雄，而我们自己则往往是幼稚可笑的，不了解这一点，就不能得到起码的知识”[①]。调查只是调查研究的基础环节。“对调研得来的大量材料和情况，要认真研究分析，由此及彼、由表及里。对经过充分研究、比较成熟的调研成果，要及时上升为决策部署，转化为具体措施；对尚未研究透彻的调研成果，要更深入地听取意见，完善后再付诸实施；对已经形成举措、落实落地的，要及时跟踪评估，视情况调整优化。”[②]同时，调查工作要经常化、长期化。因为“事物是运动的，变化着的，进步着的。因此，我们的调查，也是长期的。今天需要我们调查，将来我们的儿子、孙子，也要作调查，然后，才能不断地认识新的事物，获得新的知识”。[③]

3. 增强群众工作本领

在新的历史条件下，对于年轻干部来说，增强群众工作本领是一项系统的工作，至少需要从观念层面、经验（传统）层面以及方法层面来加强。

（1）牢固树立马克思主义的群众观。观念是行动的先导，做群众工

① 《毛泽东选集》第 3 卷，人民出版社 1991 年版，第 790 页。

② 习近平：《年轻干部要提高解决实际问题能力　想干事能干事干成事》，共产党员网，https://www.12371.cn/2020/10/10/ARTI1602332411273782.shtml。

③ 《毛泽东文集》第 3 卷，人民出版社 1993 年版，第 378 页。

作本领不够强的一个重要原因是对群众工作的重要性认识不够。中国共产党之所以高度重视群众工作，是因为其坚持马克思主义的唯物史观特别是群众史观。早在19世纪马克思、恩格斯就指出：“历史活动是群众的活动，随着历史活动的深入，必将是群众队伍的扩大。”[①]“与其说是个别人物，即使是非常杰出的人物的动机，不如说是使广大人民群众，使整个整个的民族，并且在每一民族中间又是使整个整个阶级行动起来的动机”。[②]列宁无论在执政前还是执政后都非常重视群众。在十月革命前，他指出：“为了为群众服务和代表他们正确地意识到的利益，先进队伍即组织必须在群众中开展自己的全部活动，毫无例外地吸收他们中间的一切优秀力量，并且要随时随地仔细客观地检查：是否同群众保持着联系，联系是否密切。”[③]在俄共（布）成为执政党之后，列宁更加重视群众观点。他强调：“在人民群众中，我们毕竟是沧海一粟，只有我们正确地表达人民的想法，我们才能管理。否则共产党就不能率领无产阶级，而无产阶级就不能率领群众，整个机器就要散架。”[④]中国共产党成立之后，继承了马克思、恩格斯、列宁等马克思主义经典作家关于群众的观点。毛泽东就对群众作出了一些论述。在革命时期，他说：“群众观点是共产党员革命的出发点与归宿。从群众中来，到群众中去，想问题从群众出发就好办。部队中的负责同志要替士兵着想，机关、学校的负责同志要

---

① 《马克思恩格斯文集》第1卷，人民出版社2009年版，第287页。

② 《马克思恩格斯选集》第4卷，人民出版社2012年版，第255—256页。

③ 《列宁全集》第24卷，人民出版社1990年版，第41—42页。

④ 《列宁选集》第4卷，人民出版社2012年版，第695页。

替大厨房着想，替杂务人员着想，所有的共产党员要替人民着想。”[①]毛泽东为什么如此重视群众？这源于他对群众的认识，他指出：“人民，只有人民，才是创造世界历史的动力”。[②]中华人民共和国成立之后，中国共产党执掌全国政权，容易出现脱离群众的危险。毛泽东反复告诫全党，不要犯脱离群众的官僚主义错误，他指出：“人们的工作有所不同，职务有所不同，但是任何人不论官有多大，在人民中间都要以一个普通劳动者的姿态出现。决不许可摆架子。一定要打掉官风”。[③]1978 年党的十一届三中全会以来，党和国家实现工作重心从以阶级斗争为纲到以经济建设为中心。针对当时出现领导干部特殊化现象，邓小平指出：“当前，也还有一些干部，不把自己看作是人民的公仆，而把自己看作是人民的主人，搞特权，特殊化，引起群众的强烈不满，损害党的威信，如不坚决改正，势必使我们的干部队伍发生腐化。”[④]邓小平同志要求全党特别是领导干部树立马克思主义的群众观，他强调：“群众是我们力量的源泉，群众路线和群众观点是我们的传家宝。党的组织、党员和党的干部，必须同群众打成一片，绝对不能同群众相对立。如果哪个党组织严重脱离群众而不能坚决改正，那就丧失了力量的源泉，就一定要失败，就会被人民抛弃。全党同志，各级干部，特别是领导干部，必须经常记住这一点，经常用这个标准检查自己的一切言行。”[⑤]党的十三届四中全

① 《毛泽东文集》第 3 卷，人民出版社 1996 年版，第 71 页。

② 《毛泽东文集》第 3 卷，人民出版社 1996 年版，第 71 页。

③ 《毛泽东文集》第 7 卷，人民出版社 1999 年版，第 355 页。

④ 《邓小平文选》第 2 卷，人民出版社 1994 年版，第 332 页。

⑤ 《邓小平文选》第 2 卷，人民出版社 1994 年版，第 368 页。

会以来，为肃清党内对人民群众不正确的思想，江泽民同志强调："要在全党范围内进行马克思主义唯物史观的教育，批判各种否定、贬低人民群众在社会发展中的地位和作用的历史唯心主义观点，牢固树立推动历史前进的决定性力量是人民群众的科学观点。我们要在全党形成坚决相信群众，紧紧依靠群众，一切以人民群众的利益为重，事事向人民负责，老老实实向人民群众学习的良好风尚。"①党的十六大以来，以胡锦涛同志为主要代表的党中央依然坚持马克思主义的群众观，他指出："相信谁、依靠谁、为了谁，是否始终站在最广大人民的立场上，是区分唯物史观和唯心史观的分水岭，也是判断马克思主义政党的试金石。"②为此，胡锦涛同志提醒全党："记住世界上没有任何力量可以代替人民的力量，任何时候任何情况下群众观点都不能丢、不能忘。全党同志要牢固树立群众观点、不断增强群众观点、自觉实践群众观点，牢固树立正确的世界观、权力观、事业观，正确把握同人民群众的关系，摆正同人民群众的位置，增强贯彻执行群众路线的自觉性和坚定性，坚持思想上尊重群众、感情上贴近群众、工作上依靠群众，从群众中汲取智慧和力量，始终与人民群众同呼吸、共命运、心连心。"③刚刚进入新时代，2012 年 11 月在党的十八届中央政治局常委同中外记者见面时，习近平总书记指出，"人民是历史的创造者，群众是真正的英雄。人民群众是我们力量的源泉"，并强调，"我们的人民热爱生活，期盼有更好的教育、更稳定的

① 《江泽民文选》第 1 卷，人民出版社 2006 年版，第 98—99 页。

② 《十六大以来重要文献选编》上，中央文献出版社 2005 年版，第 369 页。

③ 《十七大以来重要文献选编》中，中央文献出版社 2011 年版，第 1012—1013 页。

工作、更满意的收入、更可靠的社会保障、更高水平的医疗卫生服务、更舒适的居住条件、更优美的环境，期盼孩子们能成长得更好、工作得更好、生活得更好。人民对美好生活的向往，就是我们的奋斗目标。”[①]针对当时党内存在的“形式主义、官僚主义、享乐主义、奢靡之风”“四风”问题，2013年6月起中国共产党开展群众路线教育实践活动，在此次活动的工作会议上，习近平总书记重申了马克思主义的人民观、群众观。他说：“我们党来自人民、根植人民、服务人民，党的根基在人民、血脉在人民、力量在人民”，“群众路线是我们党的生命线和根本工作路线”[②]。此后，他多次要求全党要站稳根本的政治立场、树立正确的宗旨观，指出“人民立场是中国共产党的根本政治立场，是马克思主义政党区别于其他政党的显著标志”，“全党同志要把人民放在心中最高位置，坚持全心全意为人民服务的根本宗旨，实现好、维护好、发展好最广大人民根本利益，把人民拥护不拥护、赞成不赞成、高兴不高兴、答应不答应作为衡量一切工作得失的根本标准，使我们党始终拥有不竭的力量源泉”。[③]在此基础上，习近平提出了“以人民为中心”的新理念，并把人民与发展联系起来，强调“坚持以人民为中心的发展思想”[④]。2017年习近平总书记在党的十九大报告中进一步阐述了“以人民为中心”的新理念，“坚持以人民为中心。人民是历史的创造者，是决定党和国家前途命运的根本力量。必须坚持人民主体地位，

---

① 《习近平谈治国理政》第1卷，外文出版社2018年版，第4页。

② 《十八大以来重要文献选编》上，中央文献出版社2014年版，第309页。

③ 《十八大以来重要文献选编》下，中央文献出版社2018年版，第352页。

④ 《习近平谈治国理政》第4卷，外文出版社2022年版，第9页。

坚持立党为公、执政为民，践行全心全意为人民服务的根本宗旨，把党的群众路线贯彻到治国理政全部活动之中，把人民对美好生活的向往作为奋斗目标，依靠人民创造历史伟业。”[①]2021 年他在庆祝中国共产党成立 100 周年大会上提出“江山就是人民、人民就是江山，打江山、守江山，守的是人民的心”[②]这样新的论断。2022 年他在党的二十大报告中将“坚持以人民为中心的发展思想”[③]作为中国共产党在前进道路上必须牢牢把握的重大原则。

总之，从马克思恩格斯开始，马克思主义经典作家和工人阶级政党领导人一直强调群众史观，强调人民是历史的真正创造者，并在此基础上提出共产党的宗旨、任务与使命。作为中国共产党一名年轻干部，必须牢牢树立正确的群众观。

（2）继承中国共产党善于做群众工作的优良传统。中国共产党成立一百年来，高度重视群众工作，在国民大革命和土地革命战争时期，注重加强对工农阶级的教育与宣传，并维护他们的利益，“将组织土地革命和改良群众生活作为群众工作的两大任务”[④]。毛泽东也指出“我们应该深刻地注意群众生活的问题，从土地、劳动问题，到柴米油盐问题”。到了抗日战争时期，对中国共产党的群众工作任务认识更全面，毛泽东就

---

① 《十九大以来重要文献选编》上，中央文献出版社 2019 年版，第 15 页。

② 习近平：《在庆祝中国共产党成立 100 周年大会上的讲话》，人民出版社 2021 年版，第 11 页。

③ 习近平：《高举中国特色社会主义伟大旗帜　为全面建设社会主义现代化国家而团结奋斗》，人民出版社 2022 年版，第 27 页。

④ 杨杨：《中国共产党百年群众工作的演进、特征与经验启示》，《湖北行政学院学报》2021 年第 2 期。

指出：“我们的第一个方面的工作并不是向人民要东西，而是给人民以东西。我们有什么东西可以给予人民呢？就目前陕甘宁边区的条件说来，就是组织人民、领导人民、帮助人民发展生产，增加他们的物质福利，并在这个基础上一步一步地提高他们的政治觉悟与文化程度。”[①]毛泽东在这里阐述了群众工作的两大任务：维护群众利益，加强对群众教育。在这两大任务中，维护群众利益是最基本任务，并且是对群众加强教育的前提。这是因为人是现实中的人，有自己的需要。现实需要决定他有自己的利益需求。马克思、恩格斯就说：“我们首先应当确定一切人类生存的第一个前提，也就是一切历史的第一个前提，这个前提是：人们为了能够‘创造历史’，必须能够生活。但是为了生活，首先就需要吃喝住穿以及其他一些东西。因此第一个历史活动就是生产满足这些需要的资料，即生产物质生活本身”。[②]可以说，中国共产党就是代表和维护人民群众的根本利益，才能够发动人民用“小车”和“小船”支持革命，并获得最终的胜利。到了社会主义建设时期，1958 年毛泽东再次强调：“一定要每日关心群众利益。”[③]但是非常可惜的是，之后中国共产党在“左”的错误上越走越远，最终导致“文化大革命”的爆发，党、国家和人民的利益都遭受到巨大损失。

1978 年在党的十一届三中全会闭幕式上，邓小平发表了《解放思想，实事求是，团结一致向前看》的讲话，其中提到了“不讲多劳多得，不重视物质利益，对少数先进分子可以，对广大群众不行，一段时间可

① 《毛泽东文集》第 2 卷，人民出版社 1993 年版，第 467 页。

② 《马克思恩格斯文集》第 1 卷，人民出版社 2009 年版，第 531 页。

③ 《毛泽东文集》第 8 卷，人民出版社 1999 年版，第 33 页。

以，长期不行。革命精神是非常宝贵的，没有革命精神就没有革命行动。但是，革命是在物质利益的基础上产生的，如果只讲牺牲精神，不讲物质利益，那就是唯心论”。[①]接着在1979年提出要“切实关心群众生活”，并指出“只要我们密切联系群众，深入地做工作，把道理向群众讲清楚，就能得到群众的同情和谅解，再大的困难也是能够克服的”。[②]在总结中国共产党能够较为顺利地平息1989年政治风波的原因时，邓小平说：“就是因为我们搞了改革开放，促进了经济发展，人民生活得到改善”。[③]到了20世纪90年代江泽民也指出：“最根本是一切从实际出发，实实在在地为群众谋福利”[④]，“对群众提出和反映的问题，必须满腔热情地加以处理，切实帮助群众解决生产生活中的实际困难，绝不能漠然置之，更不能粗暴地对待群众，激化矛盾。全心全意为人民谋利益，不能挂在嘴上，不能搞‘虚功’，而是要实实在在为群众办事，要从群众最关心、最迫切需要解决的实际问题入手开展工作，把我们党的根本宗旨切实落实到各项工作中，落实到广大人民群众身上。”[⑤]进入21世纪，胡锦涛也注意到物质利益在群众工作中的重要性，指出“要始终把群众的利益放在第一位，在各项工作各个环节都细心研究群众的利益，关心群众疾苦”[⑥]。“要坚持把人民拥护不拥护、赞成不赞成、高兴不高兴、答应不答应作为

---

① 《邓小平文选》第2卷，人民出版社1994年版，第146页。

② 《邓小平文选》第2卷，人民出版社1994年版，第228—229页。

③ 《邓小平文选》第3卷，人民出版社1993年版，第371页。

④ 江泽民：《论党的建设》，中央文献出版社2001年版，第306页。

⑤ 《江泽民文选》第2卷，人民出版社2006年版，第356—366页。

⑥ 《十六大以来重要文献选编》上，中央文献出版社2005年版，第371—372页。

制定各项方针政策的出发点和落脚点，确定涉及群众利益的重大政策和工作目标任务时充分考虑不同群众的利益和承受能力，有利于群众的就干，不利于群众的就不干，决不能干劳民伤财、违反群众意愿的事。”①

与领导革命不同，改革实际上是不同阶层、群体利益关系的再调整。这种利益关系的调整力度随着改革的推进而加大。进入20世纪末21世纪初，在各种复杂的利益关系面前，有的群众也无法正确认识和处理这些关系，因此处理不同利益之间的关系成为群众工作的重要内容。江泽民指出：“人民群众的整体利益总是由各方面的具体利益构成的。我们所有的政策措施和工作，都应该正确反映并有利于妥善处理各种利益关系，都应认真考虑和兼顾不同阶层、不同方面群众的利益”。②2002年党的十六大之后，胡锦涛依然高度重视不同利益群体之间的协调，他指出：“越是矛盾突出，越是问题复杂，越要耐心细致地做好宣传群众、教育群众的工作，引导群众正确分析形势，正确理解党和国家的方针政策，正确处理个人利益和集体利益、局部利益和整体利益、当前利益和长远利益的关系，正确认识自己的根本利益和实现自身利益的途径，自觉为改革发展稳定贡献力量。”③针对当时城市化空间再造和扩张过程中，一些地方、基层政府损害群众利益的现象，他专门强调：“尤其要注意解决好在土地征用、城镇拆迁、企业重组改制和破产过程中维护群众利益的问题。要切实关心群众的生产生活，凡是涉及群众切身利益的问题都要

① 《十七大以来重要文献选编》中，中央文献出版社2011年版，第1013页。

② 《江泽民文选》第3卷，人民出版社2006年版，第279—280页。

③ 《十六大以来重要文献选编》中，中央文献出版社2006年版，第317页。

当作大事来对待，凡是群众提出的意见都要真心实意地去听取。”[①]

进入新时代，在2020年年底实现全体人民脱贫，全面建成小康社会成为中国共产党要实现的第一个百年奋斗目标。2017年习近平总书记在深度贫困地区脱贫攻坚座谈会上的讲话中指出：“党的十八大以来，我最关注的工作之一就是贫困人口脱贫。”[②]脱贫实质是帮助困难群众远离贫困线，解决他们最关心最直接最现实的利益（温饱）问题。经过多年持续努力，全体困难群众实现脱离绝对贫困。2021年习近平总书记在全国脱贫攻坚总结表彰大会上的讲话中对全体贫困群众脱贫情况作了这样的总结：“党的十八大以来，平均每年1000多万人脱贫，相当于一个中等国家的人口脱贫。贫困人口收入水平显著提高，全部实现‘两不愁三保障’，脱贫群众不愁吃、不愁穿，义务教育、基本医疗、住房安全有保障，饮水安全也都有了保障。”在脱贫攻坚过程中，“广大扶贫干部舍小家为大家，同贫困群众结对子、认亲戚，常年加班加点、任劳任怨，困难面前豁得出，关键时候顶得上，把心血和汗水洒遍千山万水、千家万户。他们爬过最高的山，走过最险的路，去过最偏远的村寨，住过最穷的人家，哪里有需要，他们就战斗在哪里”。“党群关系、干群关系得到极大巩固和发展”。[③]

第二个任务是加强对群众的教育，这是因为一方面与党员相比，部分

---

① 《十六大以来重要文献选编》中，中央文献出版社2006年版，第363页。

② 习近平：《在深度贫困地区脱贫攻坚座谈会上的讲话》，人民出版社2017年版，第1页。

③ 习近平：《在全国脱贫攻坚总结表彰大会上的讲话》，人民出版社2021年版，第8—9页。

群众的觉悟还不够高，甚至有错误的认识，但是很多工作如果没有群众的参与是不可能完成的，所以作为先锋队组织，中国共产党需要加强对群众的思想教育，提高他们的思想觉悟，使他们自觉自愿开展党领导的各项工作。在抗战时期，毛泽东就指出："有许多时候，群众在客观上虽然有了某种改革的需要，但在他们的主观上还没有这种觉悟，群众还没有决心，还不愿实行改革，我们就要耐心地等待；直到经过我们的工作，群众的多数有了觉悟，有了决心，自愿实行改革，才去实行这种改革"。[①]对于群众的错误观点，毛泽东指出"对于群众中发生的不正确的意见，则必须教育群众，加以改进"[②]。新中国成立后，邓小平指出："坚持群众路线同充分的宣传、说服工作不能分开，不用充分的说服方法来进行工作，不可能有群众路线。群众路线就是任何工作、任何活动都要在群众自觉自愿的基础上进行。"[③]进入改革开放的20世纪80年代，针对当时党内外存在的一些错误观念，邓小平强调要高度重视思想教育工作，"现在群众中需要解决的思想问题很多，党内需要解决的思想问题也很多。我们一定要把思想政治工作放在非常重要的地位，切实认真做好，不能放松。这项工作，各级党委要做，各级领导干部要做，每个党员都要做。要做得有针对性、细致深入和为群众所乐于接受"[④]。党的十三届四中全会之后，江泽民也非常重要对群众的宣传教育。他指出："离开对群众艰苦细致的思想工作、宣传工作、组织工作，就不可能把群众真正动员和组织起来，实现对群众的领

---

① 《毛泽东选集》第3卷，人民出版社1991年版，第1012页。

② 《毛泽东选集》第4卷，人民出版社1991年版，第1310页。

③ 《邓小平文集（1949—1974年）》中卷，人民出版社2014年版，第206页。

④ 《邓小平文选》第2卷，人民出版社1994年版，第342页。

导也就会成为一句空话。”[①]进入21世纪，胡锦涛指出：“努力运用说服教育、示范引导和提供服务等方法，做好新形势下的群众工作，团结带领群众不断前进。”[②]党的十八大以来，习近平总书记注重群众物质利益维护与提高群众思想觉悟的有机结合，他指出：“把服务群众同教育引导群众结合起来，把满足需求同提高素养结合起来。”[③]

（3）改进群众工作方式方法。新时代群众工作中发生一些新的变化，针对当前群众工作存在的诸多不足，年轻干部需要改进群众工作方式方法，主要有以下几个方面。

第一，努力掌握马克思主义思想方法与工作方法。2018年习近平总书记在纪念马克思诞辰200周年大会上指出：“马克思主义思想理论博大精深、常学常新。新时代，中国共产党人仍然要学习马克思，学习和实践马克思主义，不断从中汲取科学智慧和理论力量”[④]。所以在做群众工作时，也要掌握马克思主义的思想方法与工作方法。首先是坚持问题导向。那么问题与矛盾是什么关系？习近平总书记认为：“问题是事物矛盾的表现形式，我们强调增强问题意识、坚持问题导向，就是承认矛盾的普遍性、客观性，就是善于把认识和化解矛盾作为打开局面的突破口。”[⑤]按照辩证唯物主义基本原理，矛盾分为主要矛盾与次要矛盾，还可以分为矛盾的主要方面与次要方面。习近平总书

---

① 《江泽民文选》第2卷，人民出版社2006年版，第141页。

② 《十六大以来重要文献选编》上，中央文献出版社2005年版，第371—372页。

③ 习近平：《论党的宣传思想工作》，中央文献出版社2020年版，第16页。

④ 《十九大以来重要文献选编》上，中央文献出版社2019年版，第428页。

⑤ 习近平：《论党的宣传思想工作》，中央文献出版社2020年版，第128页。

记指出："面对复杂形势、复杂矛盾、繁重任务，没有主次，不加区别，眉毛胡子一把抓，是做不好工作的。我们要有全局观，对各种矛盾做到了然于胸，同时又要紧紧围绕主要矛盾和中心任务，优先解决主要矛盾和矛盾的主要方面，以此带动其他矛盾的解决，在整体推进中实现重点突破，以重点突破带动经济社会发展水平整体跃升"。[①] 因此，在群众工作中坚持问题导向，就是要抓住群众工作中的主要矛盾以及矛盾的主要方面，并加以优先解决，进而带动其他矛盾的解决。其次是提高法治与底线思维能力。法治思维能力，就是增强尊法学法守法用法意识，善于运用法治方式做群众工作的能力。提高法治思维能力，要求年轻干部在群众工作过程中增强法治观念，尊崇和遵守宪法法律，做到在法治之下，而不是法治之外，更不是法治之上想问题、作决策、办事情，自觉在法治轨道上运用法治思维和法治方式化解矛盾、维护稳定。底线思维能力，就是在群众工作中客观地设定最低目标，立足最低点争取最大期望值的能力。提高底线思维能力，要求年轻干部善于运用底线思维的方法，居安思危、未雨绸缪，凡事从最坏处着眼、向最好处努力，打有准备、有把握之仗，牢牢把握工作主动权，着力防范化解群众工作中的重大风险。

第二，善于运用现有群众工作制度机制。应该说一百年来，中国共产党不仅积累了丰富的群众工作经验，也形成了一整套群众工作制度机制，年轻干部要善于运用这些制度机制，增强群众工作能力。这些制度机制包括：一是信访制度。按照《信访工作条例》的界定，信访是指公民、法人或者其他组织采用书信、电子邮件、传真、电话、走访等形式，向

---

① 《习近平谈治国理政》第 4 卷，外文出版社 2022 年版，第 31 页。

各级人民政府、县级以上人民政府工作部门反映情况，提出建议、意见或者投诉请求，依法由有关行政机关处理的活动。信访制度是群众主动表达的制度机制，是年轻干部了解群众诉求的重要渠道。信访包括来信来访。对于来访，由于是群众到政府提出建议，一般被称为“上访”。近年来全国一些地区形成一种接访下访机制，即领导干部主动深入群众，倾听他们的呼声，了解他们的诉求，实实在在解决他们的问题。二是调解制度。当下我国调解制度分为三类，分别为人民调解制度、行政调解制度以及司法调节制度。人民调解制度是指在人民调解委员会主持下，以国家的法律、法规、规章、政策和社会公德为依据，对民间纠纷当事人进行说服教育、规劝疏导，促使纠纷各方当事人互谅互让，平等协商，自愿达成协议，消除纷争的一种群众自治活动。行政调解制度是由我国行政机关主持，通过说服教育的方式，民事纠纷或轻微刑事案件当事人自愿达成协议，解决纠纷的一种调解制度，是以公共权力特别是行政权力为依托的一种调解制度，行政调解的组织是各级行政机构。司法调解制度是“当事人双方在人民法院法官的主持下，通过处分自己的权益来解决纠纷的一种重要方式。它以当事人之间私权冲突为基础，以当事人一方的诉讼请求为依据，以司法审判权的介入和审查为特征，以当事人之间处分自己的权益为内容，实际上是公权力主导下对私权利的一种处分和让与”[①]的制度。

第三，走好新时代网上群众路线。新时代也是互联网时代，如上文提到，截至 2021 年年底我国网民已达 10.32 亿人。在一定意义上说，绝

① 肖扬:《充分发挥司法调解在构建社会主义和谐社会中的积极作用》,《求是》2006 年第 19 期。

大多数成年人已经是网民，也就是说群众主要的活动空间不仅仅在线下，也在线上。所以年轻干部的群众工作空间也要随之扩展到线上。习近平总书记对于走好新时代网上群众路线作了重要论述。一是要重视走网上群众路线，是领导干部的基本功。他指出："很多网民称自己为'草根'，那网络就是现在的一个'草野'。网民来自老百姓，老百姓上了网，民意也就上了网，群众在哪儿我们的领导干部就要到哪儿去，不然怎么联系群众呢？各级党政机关和领导干部要学会通过网络走群众路线，经常上网看看，潜潜水、聊聊天、发发声，了解群众所思所愿，收集好想法好建议，积极回应网民关切、解疑释惑。善于运用网络了解民意、开展工作，是新形势下领导干部做好工作的基本功。"二是要在网络上加强群众的引导与言论的包容。他说："网民大多数是普通群众，来自四面八方，各自经历不同，观点和想法肯定是五花八门的，不能要求他们对所有问题都看得那么准、说得那么对。要多一些包容和耐心，对建设性意见要及时吸纳，对困难要及时帮助，对不了解情况的要及时宣介，对模糊认识要及时廓清，对怨气怨言要及时化解，对错误看法要及时引导和纠正，让互联网成为我们同群众交流沟通的新平台。"三是要净化网络空间，为贯彻群众路线创造风清气正的环境。习近平总书记强调："网络空间是亿万民众共同的精神家园。网络空间天朗气清、生态良好，符合人民利益。网络空间乌烟瘴气、生态恶化，不符合人民利益。谁都不愿生活在一个充斥着虚假、诈骗、攻击、谩骂、恐怖、色情、暴力的空间。""我们要本着对社会负责、对人民负责的态度，依法加强网络空间治理，加强网络内容建设，做强网上正面宣传，培育积极健康、向上向善的网络文化，用社会主义核心价值观和人类优秀文明成果滋养人心、滋养社会，做到正能量充沛、主旋律高昂”[①]。

4. 勇于担当，善于作为

有学者早在2014年就对2012年党的十八大以来习近平总书记数次讲话进行了统计，其中直接提到“担当”的就有60次之多[②]。那时党的十八大召开仅仅过了两年，到2022年习近平总书记讲话中直接提到“担当”的次数只会更多，这是一个党的十八大以来出现的“新概念”[③]。那么习近平总书记为什么如此重视担当？笔者认为主要有以下三个原因。第一个原因是中国共产党是一个有担当的马克思主义政党。《现代汉语词典》对担当的释义是“接受并负起责任”。党的100年历史就是一个有担当的历史，担当中华民族伟大复兴的历史。2021年习近平总书记在庆祝中国共产党成立100周年大会上指出：“中国共产党一经诞生，就把为中国人民谋幸福、为中华民族谋复兴确立为自己的初心使命。100年来，中国共产党团结带领中国人民进行的一切奋斗、一切牺牲、一切创造，归结起来就是一个主题：实现中华民族伟大复兴。”[④]1840年中国进入近代社会，不同于之前社会的是中国社会的半殖民地半封建特征。先进中国人担负起民族民主革命的重任。按照马克思主义设想，民族民主革命的领导者应该是资产阶级，但是因为中国民族资产阶级天生的软弱性和

① 习近平：《论党的宣传思想工作》，中央文献出版社2020年版，第195—196页。

② 陶文昭：《中华民族伟大复兴的历史担当——学习习近平同志关于担当精神的重要论述》，《中共中央党校学报》2014年第6期。

③ 孙业礼：《担当·定力·规矩——学习习近平系列讲话中的新概念、新韬略》，《党的文献》2014年第2期。

④ 《习近平谈治国理政》第4卷，外文出版社2022年版，第4页。

妥协性，无力领导这一伟大革命。最终实现民族独立与人民解放的目标就落在了中国共产党人身上。与世界其他国家相比，中国的革命敌人异常强大——三座大山。同时因为旧中国社会生产力发展水平非常低下，中国工人阶级也没有西方发达资本主义那般强大。面对敌我力量的悬殊，中国共产党没有选择退缩，而是迎难而上，实现了新民主主义革命的伟大胜利。此后，社会主义建设与改革任务同样艰难，但是中国共产党克服一个又一个困难，取得一个又一个胜利。第二个原因是建设中国特色社会主义面临不少困难和挑战，党的十九大报告作了明确表述。这些困难与挑战包括经济发展、生态保护、民生、国家治理体系与能力、国家安全、全面深化改革以及党的自身建设。这七个方面都是难啃的“硬骨头”，这表明“我们现在所处的，是一个船到中流浪更急、人到半山路更陡的时候，是一个愈进愈难、愈进愈险而又不进则退、非进不可的时候。改革开放已走过千山万水，但仍需跋山涉水，摆在全党全国各族人民面前的使命更光荣、任务更艰巨、挑战更严峻、工作更伟大”①。全体中国人，特别是领导干部（包括年轻干部）要有攻坚克难的勇气、敢于担当的精神。第三个原因是中华民族伟大复兴道路上会遇到难以预料的风险。就像从2019年开始肆虐全球的新冠疫情这样的重大公共卫生事件一样，谁也没有料到会给全球经济造成如此广泛而又深远的影响，时至今日还没有结束。“当今世界的变局百年未有，变革会催生新的机遇，但变革过程往往充满着风险挑战，人类又一次站在了十字路口”。“经济全球化大潮滚滚向前，但保护主义、单边主义为世界经济增长蒙上了阴影。新科

---

① 《十九大以来重要文献选编》上，中央文献出版社2019年版，第738—739页。

技革命和产业变革蓄势待发，但增长新旧动能转换尚未完成。国际格局深刻演变，但发展失衡未有根本改观。全球治理体系加快变革，但治理滞后仍是突出挑战”。[①]这些风险有政治安全、意识形态安全、经济发展、科技安全、社会稳定、生态安全、生物安全、外部环境安全等几个方面的风险。防范这些风险的难度比上文提到的七个方面困难的任务更重，更需要年轻干部的责任担当。

那么如何使年轻干部勇于担当呢？习近平总书记在2022年春季学期中央党校（国家行政学院）中青年干部培训班开班式上的讲话中指出：“担当和斗争是一种精神。”[②]精神是主观层面，除了加强担当精神教育之外，还需要一种客观的实践来支撑，这种实践就是“作为”，因此习近平总书记指出：“担当和作为是一体的，不作为就是不担当，有作为就要有担当。”[③]那么年轻干部如何做到担当作为呢？习近平总书记指出：“广大干部特别是年轻干部要在常学常新中加强理论修养，在真学真信中坚定理想信念，在学思践悟中牢记初心使命，在细照笃行中不断修炼自我，在知行合一中主动担当作为”[④]。具体包括两个方面：一方面要在知行合一中“真抓实干、做实干家。干部要面对大是大非敢于亮剑，面对矛盾敢于迎难而上，面对危机敢于挺身而出，面对失误敢于承担责任，

---

① 《习近平关于防范风险挑战、应对突发事件论述摘编》，中央文献出版社2020年版，第18页。

② 习近平：《筑牢理想信念根基树立践行正确政绩观　在新时代新征程上留下无悔的奋斗足迹》，共产党员网，https://www.12371.cn/2022/03/01/ARTI1646127126873978.shtml。

③ 习近平：《努力成为可堪大用能担重任的栋梁之才》，《求是》2022年第3期。

④ 《习近平谈治国理政》第3卷，外文出版社2020年版，第518页。

面对歪风邪气敢于坚决斗争，做疾风劲草、当烈火真金。干部成长无捷径可走，经风雨、见世面才能壮筋骨、长才干。要做起而行之的行动者、不做坐而论道的清谈客，当攻坚克难的奋斗者、不当怕见风雨的泥菩萨，在摸爬滚打中增长才干，在层层历练中积累经验”。另一方面在知行合一中就要敢于负责、勇于担当。“统筹推进‘五位一体’总体布局、协调推进‘四个全面’战略布局，贯彻落实新发展理念，打好三大攻坚战，做好稳增长、促改革、调结构、惠民生、防风险、保稳定工作，等等，都需要担当，都需要发扬斗争精神、提高斗争本领。要用知重负重、攻坚克难的实际行动，诠释对党的忠诚、对人民的赤诚”。[①]

5. 要守住“五关”

在2021年召开的十九届中央纪委六次全会上，习近平总书记指出：年轻干部正确对待权力，时刻自重自省，严守纪法规矩，扣好廉洁从政的“第一粒扣子”。年轻干部一定要有清醒的认识，经常对照党的理论和路线方针政策、对照党章党规党纪、对照初心使命，看清一些事情该不该做、能不能干，守住拒腐防变的防线。为此，年轻干部要守住“五关”。

一是要守住政治关。讲政治是马克思主义政党的根本要求。“在革命、建设、改革各个时期，我们党都高度重视党的政治建设，形成了讲政治的优良传统”[②]。作为党的一员，年轻干部也一定要旗帜鲜明讲政治。那么什么是政治？习近平总书记指出：“要紧扣民心这个最大的政治，把赢得民心民意、汇集民智民力作为重要着力点。”这也是中国共产党根本

① 《习近平谈治国理政》第3卷，外文出版社2020年版，第521—522页。

② 《十九大以来重要文献选编》上，中央文献出版社2019年版，第794页。

政治立场的重要体现。[①]所以年轻干部实际工作中“一定要从民心这个最大的政治出发”，加强自律，保持中国共产党的廉洁的政治本色，“让人民群众真正感受到清正干部、清廉政府、清明政治就在身边、就在眼前”[②]。同时要把稳正确的政治方向，“绷紧旗帜鲜明讲政治这根弦，在大是大非面前、在政治原则问题上做到头脑特别清醒、立场特别坚定，决不当两面派、做两面人，决不拿党的原则做交易”。[③]

二是要守住权力关，始终保持对权力的敬畏感。坚持公正用权。党的十八大报告明确指出公平正义是中国特色社会主义的内在要求。按照一般理解，公正是一视同仁和得所当得，主要是保障每个公民合法平等的权益。对于年轻干部而言，公正用权主要是在行使权力过程中，对于不同群体都必须一视同仁，不能根据人群的贫富、有无势力来用权，既不能杀富济贫，也不是嫌贫爱富。坚持依法用权。权力的一个非常重要的特征是强制性，即权力主体对权力客体命令、约束的能力。这种强制性特点决定了权力主体容易出现任性用权。所以必须要对用权的主体和过程进行约束。这种约束一方面通过内在的道德，另一方面通过外在的法律来实现。与道德相比，法律具有强制性、稳定性与可预期等特征，

---

① 习近平：《增强推进党的政治建设的自觉性和坚定性》，《求是》2019年第14期。

② 习近平：《筑牢理想信念根基树立践行正确政绩观　在新时代新征程上留下无悔的奋斗足迹》，共产党员网，https://www.12371.cn/2022/03/01/ARTI1646127126873978.shtml。

③ 习近平：《筑牢理想信念根基树立践行正确政绩观　在新时代新征程上留下无悔的奋斗足迹》，共产党员网，https://www.12371.cn/2022/03/01/ARTI1646127126873978.shtml。

所以依法用权可以保证权力在法律范围内行使，不会逾越法律的底线。那么年轻干部如何做到依法用权？他们要增强法治意识，自觉学法、守法、用法，这里的法不仅是国家法律，也包括以党章为核心的党内法规体系。坚持为民用权。主要要求年轻干部要明确用权的目的是为人民群众，维护群众合法权益。我国是人民当家作主的国家，国家的一切权力属于人民，年轻干部手中的权力直接或间接地来自人民授权，因此，年轻干部只能用手中的权力为群众谋福利，不能以权谋私，更不能去做损害人民群众切身利益的事情。为此年轻干部要树立正确的权力观，特别是权力的来源观和归宿观。坚持廉洁用权。廉洁用权是中国共产党廉洁自律准则之一，主要针对前些年出现的权钱交易、权色交易，把权力作为一种资源，将市场等价交换的原则带入党内，滋生大量腐败现象，严重影响党内政治生态。坚持廉洁用权主要是年轻干部要时刻提醒自我，管住自己的欲望，严格约束个人行为，管好家人和身边人，防止被“围猎”，不让权力寻租有可乘之机。

三是要守住交往关。交往必须有原则、有规矩，不断净化社交圈、生活圈、朋友圈，特别是构建“亲”“清”的政商关系。2016 年习近平总书记在全国两会上，对“亲”“清”政商关系的内涵进行了完整而透彻的阐述：对领导干部而言，所谓“亲”，就是要坦荡真诚同民营企业接触交往，特别是在民营企业遇到困难和问题情况下更要积极作为、靠前服务，对非公有制经济人士多关注、多谈心、多引导，帮助解决实际困难，真心实意支持民营经济发展。所谓“清”，就是同民营企业家的关系要清白、纯洁，不能有贪心私心，不能以权谋私，不能搞权钱交易。对民营企业家而言，所谓“亲”，就是积极主动同各级党委和政府及部门多沟通多交流，讲真话，说实情，建诤言，满腔热情支持地方发展。

所谓“清”，就是要洁身自好、走正道，做到遵纪守法办企业、光明正大搞经营[①]。

四是要守住生活关。年轻干部要培养健康情趣，如多参加读书、运动等活动。近年来各级党组织利用业余时间开展读书活动，营造积极向上、崇尚读书、学以致用的氛围。年轻干部要崇尚简朴生活，在物质层面坚持节约，反对铺张浪费，减少不必要的应酬，在生活中保持艰苦朴素和艰苦奋斗的优良作风。

五是守住亲情关。一方面要继承和弘扬中国共产党老一辈革命家的红色家风。党的老一辈革命家，如毛泽东、周恩来、朱德，包括习仲勋，都有非常好的家风。2018 年在纪念周恩来同志诞辰 120 周年座谈会上的讲话中，习近平总书记指出：“周恩来同志严格要求自己的亲属，给他们订立了‘十条家规’，从没有利用自己的权力为自己或亲朋好友谋过半点私利。周恩来同志谆谆教导晚辈，要否定封建的亲属关系，要有自信力和自信心，要不靠关系自奋起，做人生之路的开拓者。他特别叮嘱晚辈，在任何场合都不要说出同他的关系，都不许打总理亲属的牌子，不要炫耀自己，以谋私利。周恩来同志身后没有留下任何个人财产，连自己的骨灰也不让保留，撒进祖国的江海大地。‘大贤秉高鉴，公烛无私光。’周恩来同志一生心底无私、天下为公的高尚人格，是中华民族传统美德和中国共产党人优秀品德的集中写照，永远为后世景仰”[②]。另一方

---

① 何艳：《领导干部要光明磊落同企业交往——深入学习习近平总书记关于构建亲清政商关系重要论述》，《中国纪检监察》2020 年第 19 期。

② 习近平：《在纪念周恩来同志诞辰 120 周年座谈会上的讲话》，人民出版社 2018 年版，第 18—19 页。

面，要“严格家教家风，既要自己以身作则，又要对亲属子女看得紧一点、管得勤一点”[①]，“决不允许他们擅权干政、谋取私利，不得纵容他们影响政策制定和人事安排、干预正常工作运行，不得默许他们利用特殊身份谋取非法利益。”[②]

---

① 习近平：《筑牢理想信念根基树立践行正确政绩观　在新时代新征程上留下无悔的奋斗足迹》，共产党员网，https://www.12371.cn/2022/03/01/ARTI1646127126873978.shtml。

② 习近平：《论坚持党对一切工作的领导》，中央文献出版社2019年版，第93页。

参考文献

1.《马克思恩格斯选集》第1—4卷，人民出版社2012年版。

2.《马克思恩格斯文集》第1—10卷，人民出版社2009年版。

3.《马克思恩格斯全集》第25卷，人民出版社2001年版。

4.《马克思恩格斯全集》第42卷，人民出版社1979年版。

5.《列宁选集》第1—4卷，人民出版社2012年版。

6.《列宁全集》第13卷，人民出版社2017年版。

7.《列宁全集》第17卷，人民出版社2017年版。

8.《斯大林选集》下卷，人民出版社1979年版。

9.《毛泽东文集》第1—2卷，人民出版社1993年版。

10.《毛泽东文集》第3—5卷，人民出版社1996年版。

11.《毛泽东文集》第6—8卷，人民出版社1999年版。

12.《毛泽东选集》第1—4卷，人民出版社1991年版。

13.《刘少奇选集》下卷，人民出版社1985年版。

14.《邓小平文选》第2卷，人民出版社1994年版。

15.《邓小平文选》第3卷，人民出版社1993年版。

16.《陈云文选》第1—3卷，人民出版社1995年版。

17.《江泽民文选》第2卷，人民出版社2006年版。

18. 江泽民:《论党的建设》，中央文献出版社2001年版。

19. 江泽民：《论科学技术》，中央文献出版社 2001 年版。

20.《胡锦涛文选》第 1—3 卷，人民出版社 2016 年版。

21. 习近平：《摆脱贫困》，福建人民出版社 2014 年版。

22. 习近平：《之江新语》，浙江人民出版社 2014 年版。

23. 习近平：《论坚持党对一切工作的领导》，中央文献出版社 2019 年版。

24. 习近平：《论党的宣传思想工作》，中央文献出版社 2020 年版。

25. 习近平：《在基层代表座谈会上的讲话》，人民出版社 2020 年版。

26. 习近平：《在党史学习教育动员大会上的讲话》，人民出版社 2021 年版。

27. 习近平：《高举中国特色社会主义伟大旗帜　为全面建设社会主义现代化国家而团结奋斗》，人民出版社 2022 年版。

28.《习近平谈治国理政》第 1 卷，外文出版社 2018 年版。

29.《习近平谈治国理政》第 2 卷，外文出版社 2017 年版。

30.《习近平谈治国理政》第 3 卷，外文出版社 2020 年版。

31.《习近平谈治国理政》第 4 卷，外文出版社 2022 年版。

32.《习近平关于全面深化改革论述摘编》，中央文献出版社 2014 年版。

33.《习近平关于党风廉政建设和反腐败斗争论述摘编》，中央文献出版社、中国方正出版社 2015 年版。

34.《习近平关于全面依法治国论述摘编》，中央文献出版社 2015 年版。

35.《习近平关于科技创新论述摘编》，中央文献出版社 2016 年版。

36.《习近平关于全面建成小康社会论述摘编》，中央文献出版社

2016 年版。

37.《习近平关于严明党的纪律和规矩论述摘编》，中央文献出版社、中国方正出版社 2016 年版。

38.《习近平关于社会主义社会建设论述摘编》，中央文献出版社 2017 年版。

39.《习近平关于社会主义政治建设论述摘编》，中央文献出版社 2017 年版。

40.《习近平关于社会主义文化建设论述摘编》，中央文献出版社 2017 年版。

41.《习近平关于“不忘初心、牢记使命”论述摘编》，党建读物出版社、中央文献出版社 2019 年版。

42.《习近平关于注重家庭家教家风建设论述摘编》，中央文献出版社 2021 年版。

43.《习近平关于全面从严治党论述摘编》，中央文献出版社 2021 年版。

44. 习近平：《努力造就一支忠诚干净担当的高素质干部队伍》，《求是》2019 年第 2 期。

45. 习近平：《增强推进党的政治建设的自觉性和坚定性》，《求是》2019 年第 14 期。

46. 习近平：《深入实施新时代人才强国战略 加快建设世界重要人才中心和创新高地》，《求是》2021 年第 24 期。

47. 习近平：《努力成为可堪大用能担重任的栋梁之才》，《求是》2022 年第 3 期。

48. 中共中央文献研究室、中央档案馆编：《建党以来重要文献选编

（1921—1949）》第1—25册，中央文献出版社2011年版。

49. 中央档案馆：《中共中央文件选集》第1册，中共中央党校出版社1989年版。

50. 中央档案馆、中共中央文献研究室：《中共中央文件选集》第1—6册，人民出版社2013年版。

51. 中共中央党史研究室、中央档案馆：《中国共产党第六次全国代表大会档案文献选编》下卷，中共党史出版社2015年版。

52.《建国以来重要文献选编》第9册，中央文献出版社1994年版。

53.《建国以来重要文献选编》第18册，中央文献出版社1998年版。

54.《三中全会以来重要文献选编》上、下，中央文献出版社1982年版。

55.《十二大以来重要文献选编》上，中央文献出版社1986年版。

56.《十二大以来重要文献选编》中，中央文献出版社1986年版。

57.《十二大以来重要文献选编》下，中央文献出版社1988年版。

58.《十三大以来重要文献选编》上，中央文献出版社1991年版。

59.《十三大以来重要文献选编》中，中央文献出版社1991年版。

60.《十三大以来重要文献选编》下，中央文献出版社1993年版。

61.《十四大以来重要文献选编》上，中央文献出版社1996年版。

62.《十四大以来重要文献选编》中，中央文献出版社1997年版。

63.《十四大以来重要文献选编》下，中央文献出版社1999年版。

64.《十五大以来重要文献选编》上，中央文献出版社2000年版。

65.《十五大以来重要文献选编》中，中央文献出版社2001年版。

66.《十五大以来重要文献选编》下，中央文献出版社2003年版。

67.《十六大以来重要文献选编》上，中央文献出版社2005年版。

68.《十六大以来重要文献选编》中，中央文献出版社 2006 年版。

69.《十六大以来重要文献选编》下，中央文献出版社 2008 年版。

70.《十七大以来重要文献选编》上，中央文献出版社 2009 年版。

71.《十七大以来重要文献选编》中，中央文献出版社 2011 年版。

72.《十七大以来重要文献选编》下，中央文献出版社 2013 年版。

73.《十八大以来重要文献选编》上，中央文献出版社 2014 年版。

74.《十八大以来重要文献选编》中，中央文献出版社 2016 年版。

75.《十八大以来重要文献选编》下，中央文献出版社 2018 年版。

76.《十九大以来重要文献选编》上，中央文献出版社 2019 年版。

77.《十九大以来重要文献选编》中，中央文献出版社 2021 年版。

78.《中国共产党章程》，人民出版社 2022 年版。

79.《党政领导干部选拔任用工作条例》，人民出版社 2019 年版。

80.《中国共产党党和国家机关基层组织工作条例》，人民出版社 2020 年版。

81.《中共中央关于加强对“一把手”和领导班子监督的意见》，人民出版社 2021 年版。

82.《毛泽东思想年编（1921—1975）》，中央文献出版社 2011 年版。

83. 薄一波：《若干重大决策与事件的回顾》上，中共中央党校出版社 1991 年版。

84. 薄一波：《若干重大决策与事件的回顾》下，中共中央党校出版社 1993 年版。

85.《共产国际与中国革命资料选辑（1919—1924）》，人民出版社 1985 年版。

86. 中共中央党校党史教研室编：《中国共产党史稿（1919—1949）》

第 1 卷，中共党史出版社 2006 年版。

87. 罗荣渠：《现代化新论——世界与中国的现代化进程》，北京大学出版社 1993 年版。

88. 陈明明：《在革命与现代化之间——关于党治国家的一个观察和讨论》，复旦大学出版社 2015 年版。

89. 韩晓青：《组织的力量——新中国成立以来中国共产党组织工作研究》，人民出版社 2017 年版。

90. 亨廷顿：《变化社会中的政治秩序》，王冠华等译，上海人民出版社 2008 年版。

91. 巴林顿 · 摩尔：《专制与民主的社会起源》，王茁等译，上海译文出版社 2013 年版。

92. 刘云：《全球科技人才争夺的总体格局及各国的举措》，《科技导报》2002 年第 5 期。

93. 王挺：《日本吸引海外人才的政策与措施》，《全球科技经济瞭望》2009 年第 5 期。

94. 杜凤娇：《仕途“天花板”：突不破的“围城”？——干部成长“天花板”调查》，《人民论坛》2009 年第 23 期。

95. 杨光斌：《制度变迁中的政党中心主义》，《西华大学学报》2010 年第 2 期。

96. 潘兴明：《欧盟“蓝卡”计划评析——兼论中国人才战略对策》，《国际展望》2010 年第 3 期。

97. 李春生、白钢：《日本全球化人才培养战略及启示》，《中国高等教育》2013 年第 13 期。

98. 蓝志勇、刘洋：《美国人才战略的回顾及启示》，《国家行政学院学报》2017 年第 1 期。

99. 唐皇凤:《使命型政党：新时代中国共产党长期执政能力建设的政治基础》,《武汉大学学报（哲学社会科学版）》2018 年第 3 期。

100. 中共湖北省委组织部:《强化源头培养跟踪培养全程培养 全面提高干部队伍素质》,《党建研究》2018 年第 9 期。

101. 刘少杰:《中国网络社会的发展历程与时空扩展》,《江苏社会科学》2018 年第 6 期。

102. 高中伟:《新时代党的组织路线的历史逻辑》,《湖湘论坛》2019 年第 3 期。

103. 王乐平:《新时代中国特色干部选拔任用工作的探索及创新》,《中国井冈山干部学院学报》2019 年第 5 期。

104. 谢春涛:《中国共产党 70 年治国理政的主要经验》,《中国领导科学》2019 年第 7 期。

105. 任建明:《“不干净”的深层根源》,《人民论坛》2019 年第 8 期。

106. 韩强、李剑:《新时代党的组织路线的科学内涵与实践路径》,《党政研究》2020 年第 5 期。

107. 何艳:《领导干部要光明磊落同企业交往——深入学习习近平总书记关于构建亲清政商关系重要论述》,《中国纪检监察》2020 第 19 期。

108. 孙锐:《“十四五”时期人才发展规划的新思维》,《人民论坛》2020 年第 11 期。

109. 杨德山、朱一鸣:《中国共产党组织建设百年历史经验研究》,《中共中央党校（国家行政学院）学报》2021 年第 2 期。

110. 齐卫平:《中国共产党组织建设百年历史实践纵论》,《行政论坛》2021 年第 2 期。

111. 邵景均:《年轻干部腐败的特点、成因及治理对策》,《中国党政干部论坛》2021 年第 11 期。

112. 林青:《纠正党内监督存在的认识误区》,《学习时报》2016 年 7 月 18 日。

113. 邓向阳:《以正确用人导向促进政治文化建设》,《中国组织人事报》2017 年 2 月 27 日。

114. 李朝文:《着力推进干部工作五大体系建设》,《中国组织人事报》2018 年 9 月 21 日。

115. 于绍良:《构筑全方位从严管理体系》,《中国组织人事报》2018 年 10 月 8 日。

116. 李冕:《建立科学精准的知事识人体系》,《中国组织人事报》2018 年 11 月 21 日。

117. 曾万明:《完善"四管"从严管理机制》,《中国组织人事报》2020 年 8 月 31 日。

118. 范伟达:《中国共产党百年调查研究历程探究》,《中国社会科学报》2021 年 7 月 14 日。

后记

本书是2018年度安徽省哲学社会科学规划重大项目“习近平总书记关于全面从严治党重要论述研究”子课题“贯彻落实好党的组织路线——习近平总书记关于党的组织建设重要论述研究”最终成果。由安徽师范大学马克思主义学院严宏教授、首都师范大学孙照红教授、安徽师范大学法学院陈鹏副教授、朱启友副教授共同完成。具体分工如下：严宏教授负责前言、第四章撰写及全书统稿，孙照红研究员负责第一章撰写，朱启友副教授、严宏教授负责第二章撰写，陈鹏副教授、严宏教授负责第三章撰写。此外，博士生瞿津津协助全书统稿。

本课题研究自始至终都是在课题组总负责人姚宏志教授指导下进行的，他为本书的成稿付出了很多心血。在书稿撰写过程中参考了学术界和理论界有关专家的研究成果，北京市社会科学院、安徽师范大学法学院、马克思主义学院领导和同事们对本课题研究曾给予很大支持，在此一并表示衷心的感谢。

习近平总书记关于组织路线的重要论述内容丰富，并不断发展，是新时代我们党不断加强组织建设的根本遵循。由于我们水平有限，书中论述不一定全面、分析不一定透彻、观点不一定准确，敬请广大读者批评指正！

严　宏

2023年1月